项目资助：

中央高校基本科研业务费专项资金资助项目

中央财经大学第四批青年科研创新团队支持计划

会计信息质量与公司资金投向选择

——理论逻辑、数据验证与 SAS 实现

翟进步　著

中国财经出版传媒集团

经济科学出版社

Economic Science Press

图书在版编目（CIP）数据

会计信息质量与公司资金投向选择：理论逻辑、
数据验证与 SAS 实现/翟进步著. —北京：经济
科学出版社，2017.5
ISBN 978 - 7 - 5141 - 8112 - 8

Ⅰ.①会… Ⅱ.①翟… Ⅲ.①会计信息 - 影响 -
公司 - 投资 - 研究 Ⅳ.①F230②F276.6

中国版本图书馆 CIP 数据核字（2017）第 134268 号

责任编辑：王 娟 程辛宁
责任校对：杨 海
责任印制：邱 天

会计信息质量与公司资金投向选择

——理论逻辑、数据验证与 SAS 实现

翟进步 著

经济科学出版社出版、发行 新华书店经销
社址：北京市海淀区阜成路甲 28 号 邮编：100142
总编部电话：010 - 88191217 发行部电话：010 - 88191522
网址：www. esp. com. cn
电子邮件：esp@ esp. com. cn
天猫网店：经济科学出版社旗舰店
网址：http://jjkxcbs. tmall. com
北京季蜂印刷有限公司印装
710 × 1000 16 开 21.75 印张 370000 字
2017 年 6 月第 1 版 2017 年 6 月第 1 次印刷
ISBN 978 - 7 - 5141 - 8112 - 8 定价：66.00 元
（图书出现印装问题，本社负责调换。电话：010 - 88191510）
（版权所有 侵权必究 举报电话：010 - 88191586
电子邮箱：dbts@ esp. com. cn）

前　　言

资本市场的基本功能是实现资本优化配置，即外部资本通过资本市场的机制调节能够流向发展前景好且急需资金的上市公司，并且上市公司能够高效利用所获资本，持续为资本提供者创造价值增值。但外部资本提供者与上市公司之间存在着信息不对称，当这种信息不对称程度较严重或者上市公司提供扭曲或者失真信息时，就会造成外部资本的错配或低效率配置。当上市公司提供了虚假、失真或扭曲的信息，那么他们后续需要更多的"说谎"行为来为前期的错误信息进行说明和补充，随着时间的推移，这种信息的错误传递会最终暴露而被资本市场所识别和发现，造成新的外部资本会停止进入该类公司，而已有资本会逐步撤出并寻找新的投资对象，因此资本市场中的信息具有对资本错配或者资本低效率配置行为进行反馈和纠偏的功能。

资本市场中充斥着各类信息，但上市公司会计信息是持续的、公开的和要求披露的信息，是资本市场信息环境中的重要组成部分，因此，笔者将基于会计信息，从治理功能和治理效率角度研究高质量会计信息是否有利于资本市场"倒逼机制"的形成，从而促进上市公司提出合理的资金投向选择决策，专注于主营业务，从而提高公司资本配置效率，这是本书要回答的主要问题。

而实践中，上市公司大面积、大规模地频繁变更募投资本流向已经成为我国资本市场上的突出问题，造成公司所掌控资本的使用效率低下，严重扭曲了资本市场资本配置的合理性，因此如何形成有效监督和约束机制、保证上市公司专注主营业务并提高资本使用效率已是我国资本市场迫切需要解决的问题。这使得本书的研究具有实践价值。

研究表明，高质量会计信息对上市公司的资金投向选择起到了重要的保障和优化作用，同时笔者还发现，高质量会计信息是对公司内外部治理机制的重要补充，具有独立发挥治理功能的作用。这些结论启示监管层应更多注意从强化资本市场监督和约束的市场力量着手，让市场之手能够对上市公司的决策行为进行有效监督，而完善以提高会计信息质量为核心的会计准则体系建设和相关制度制定，推动会计信息治理功能的有效发挥、进而强化资本市场倒逼机制作用发挥是提高公司资本配置效率的重要举措。

本书不仅注重对所研究问题的理论分析，还注重利用数据对理论分析结果进行详细验证，为此，笔者将本书分析数据的 SAS 程序全部详细代码进行归纳和梳理后一同分享给读者，作为本书的重要贡献，该部分内容详实，是笔者精心思考、努力和组织的结晶，特别是对热爱学术研究的学者、在读博士研究生或硕士研究生，以及期望利用 SAS 软件进行大样本数据分析的朋友们具有重要参考价值。

目　　录

第三篇 数据处理的 SAS 程序

第一篇　研究概论与理论分析

第 1 章

引　言

1.1　研究的问题和意义

2006 年财政部正式颁布了由 1 项基本准则、38 项具体准则和应用指南构成的企业新会计准则体系，其基本准则规定"财务报告的目标是向财务报告使用者提供与企业财务状况、经营成果和现金流量等有关的会计信息，反映企业管理层受托责任履行情况，有助于财务报告使用者做出经济决策……"因此，从我国政府的角度，希望会计信息至少能够达到两方面的目标：一是通过会计信息这一重要信息来源，让投资者更好地了解上市公司状况，降低他们与上市公司之间的信息不对称，有助于投资者评价与投资有关的未来收益金额、时间和风险，引导投资者进行价值判断和理性的投资决策，从而实现外部资本的正确流向，提高资本配置效率；二是通过会计信息的提供，能够实现外界对公司管理层的良好监督和治理，从而使得公司管理层认真履行好股东和债权人的受托之责，高效利用手中所掌握的外部资本并使其能为投资者带来更好的回报，最终实现资本市场上的优化资本配置之功能。而实践中，我国资本市场经过近 20 年的发展约有42271 亿元的外部资本通过 IPO、增发、配股或公司债等形式流入上市公司（中国统计年鉴，2010），但是当公司获得这些巨额外部资本并对其具有控制权后，这些资本能否大部分流入未来有发展前景或者净现值为正的项目？需要多种机制对此进行引导和保障。那么，基于我国新企业会计准则体系中所规定的财务报告目标，会计信息能否发挥其相应功能从而影响公司资本配置效率呢？这是政府、投资者以及学者长期以来一直都在关心和思考的问题。

会计信息质量是公司信息透明度的重要组成部分（Bushman et al，2004；周中胜、陈汉文，2008），其会影响上市公司获得外部资本的难易程度及其为此所付出的代价。弗朗西斯等（Francis et al，2009）认为股票价格在一定程度上反映了上市公司特有信息的含量，因此较高的会计信息质量和透明度会使上市公司所具有的增长机会能够通过其股价体现出来，从而引导外部投资者的资本流向，使这些增长潜力大的公司获得外部资本的难度降低。此外，融资资本成本是影响外部资本能否顺利流入上市公司的另一重要影响因素。梅叶斯和梅吉拉夫（Myers and Majluf，1984）和伊斯利和奥哈拉（Easley and O'Hara，2004）认为公司外部融资资本成本高于内部融资资本成本的主要原因在于信息不对称，信息不对称会引起投资者对公司发展的担忧，并相应提高其预期风险和必要投资报酬率，从而使公司外部融资成本增加，因此，信息不对称犹如一个楔子横在内部与外部资本之间并使其相应资本成本存在较大差异，其给我们的启示就是高质量的会计信息和公司信息透明度可以减轻信息不对称程度，使上市公司能以较低的成本获得急需之外部资本，并促使外部资本配置效率不断提高。

更为重要的是，当上市公司获得外部资本后，如何保证这些资本的利用效率呢？高质量的会计信息可以让投资者及时获知资本配置去向，并对公司管理层的不当决策行为进行监督和约束，从而为后续相关决策提供重要依据。布施曼和史密斯（Bushman and Smith，2003）通过研究发现，公司更好、更多的信息披露利于投资者监督公司管理层并能使他们做出有效率和效益的项目投资决策，因此，公司信息透明度的提高可以降低公司管理层的逆向选择和道德风险，使外部投资者所提供资本能够大多流向净现值为正的项目，从而为投资者带来好的回报，这样管理层掌控的资本配置效率就会提高。

由上述分析可知，会计信息可能会影响两个层面的公司资本配置效率。首先，投资者能否通过会计信息来降低与公司间的信息不对称，从而使得外部资本流向正处于高速发展期但资金不足的公司，这是公司的第一次资本配置，如果外部资本流向正确的公司，则公司一次资本配置效率是高效的；其次，当公司获得外部资本并对其具有控制权后，这些资本能否按照事先计划而有效流向公司主营业务或者公司融资前所承诺的业务，这是公司资金投向选择的问题，其效率高低取决于公司对资本具有掌控权的管理层的监督能力和程度，而会计信息能否发挥其信息功能和监督功能从而影响公司资金投向选择呢？这正是本书研究的主要问题。然而，会计信息质量高低不同，则其能够降低资本市场信息不对称的程度以及能够发挥其监督作用的强度也不同，从而对公司资本配置效率的影响程度各异。可以预期，会计信息质量与公司资金投向选择具有正向关系，高质量会计信息能够保证和优化上市公司资金投向选择，从而提高公司资本配置效率。

本书主要研究问题如图1-1所示。

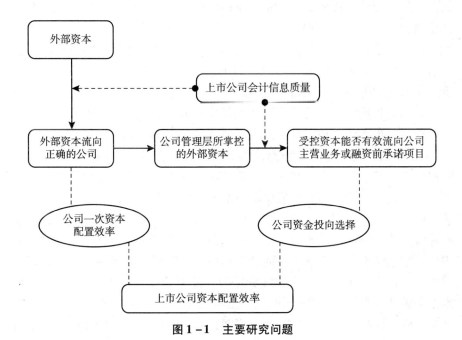

图1-1　主要研究问题

国内学者直接研究会计信息质量与资本配置效率关系的文献较少，周中胜、陈汉文（2008）基于1999～2004年间深沪两市所有 A 股上市公司数据，以24个细分行业为研究对象，考察了行业会计信息透明度对行业资本配置情况（以通过配股和增发新筹集的资金来衡量）的影响，研究发现，行业会计信息透明度对资本配置效率产生了显著影响，信息透明度越好，资本配置的效率越高。该文章研究的局限性在于，一是资本配置情况仅仅研究了本书所描述的一次资本配置效率（即外部资本是否流向了正确的公司），未考虑资金投向选择情况（即被管理层掌控的资本是否有效流向了公司主营业务或者融资前所承诺项目），而资金投向选择情况对投资者来讲至关重要；二是资本配置中仅仅考虑了外部资本中的权益资本，而忽略了流向上市公司的债务资本，其结果不能较客观反映行业或者公司的资本配置情况。

李青原（2009）针对我国资本市场 A 股上市公司 2004～2006 年间 3600 个公司/年度样本（截面数据），研究了会计信息质量对上市公司投资不足和过度投资的影响，结果表明，高质量会计信息能够通过改善契约和监督，降低道德风险和逆向选择，抑制上市公司投资不足和过度投资，从而提高公司资本配置效率。该文章的局限性在于，一是主要研究了会计信息质量对资本配置过程的影响，而未进一步研究会计信息质量对资本配置结果的影响；二是文章仅从较短的时间窗口，并利用截面数据研究了会计信息质量对资本配置效率的影响，而更好的角度应从长时间窗口，并基于时间系列数据进行相关研究。

会计信息质量或者信息透明度如何影响资本配置效率，国外学者对此问题的研究也才始于最近几年。巴塔查里亚等（Bhattacharya et al，2003）以 34 个国家为研究对象，考察了会计信息不透明度（accounting opacity）对权益资本的资本成本的影响，结果显示，国家会计信息透明度越低，其整体权益资本成本越高并且股票市场交易规模越低。由此可见，会计信息透明度会影响一个国家资本市场的资本配置效率。在此文基础上，比德尔和希拉里（Biddle and Hilary，2006）仍以相同的 34 个国家为研究样本，不仅考察了国家层面会计信息质量对其资本投资效率的影响（资本投资效率用资本投资数额对经营活动现金净额的敏感性衡量：投资敏感性越高，则投资效率越低），还考察了公司层面会计信息质量对其资本投资效率的影响，研究结果发现，无论是国家层面还是公司层面，高质量的会计信息降低了公司管理层和外部资本提供者之间的信息不对称，使得资本投资效率提高。弗朗西斯等（2009）以 37 个国家及每个国家的 37 个分类制造行业为研究对象，考察了国家层面信息透明度（不仅仅限于会计信息质量）对资源配置效率（以配对国家相同制造行业之间的行业增长率相关性来衡量资源配置情况）的影响，结果显示，配对国家的信息透明度越高，则配对国家的行业增长率相关性越高。因此，对于具有较好信息透明度环境的国家，相关资源能够比较顺利流向发展较好的行业，使得行业资源配置效率较高。

延续比德尔和希拉里（2006）的研究，比德尔等（2009）从公司过度投资（over-investment）和投资不足（under-investment）两方面深化和细化了公司资本投资效率的范畴，从更加微观的角度研究了高质量会计信息质量对公司资本配置效率的影响。从对投资不足和过度投资这两个变量的衡量看，文中更多强调了资本配置效率中的配置过程问题，即主要研究了公司会计信息质量对公司所掌控资本的配置过程的影响。

上述国外经典文献从不同维度、不同层次考察了会计信息质量或者信息透明度对资本配置效率的影响，但仍存在一定的局限性，一是它们主要分析了国家或者行业等宏观层面的资本配置效率，而对投资者更加关注的公司层面资本配置效率情况，缺乏微观分析和研究；二是大量文献仍然集中在对一次资本配置效率情况的研究（即关注重点较多放在资本是否流向了正确的行业或公司），而对资本流入后的使用效率情况关注度不够，只有少量文献对此进行了研究，如弗朗西斯等（2009）主要研究了国家信息透明度对国家资本配置效率中的配置结果的影响，比德尔等（2009）研究了公司会计信息质量对公司资本配置效率中的配置过程的影响。

国内外有关会计信息质量、信息透明度与资本配置效率关系研究的局限性为本书的研究提供了较好的切入点，因此，本书的主要研究问题具有较强的理论意义，主要表现在：第一，以公司层面为出发点研究了会计信息质量和资本配置效率之间的关系，这对将研究重点主要放在国家或者行业层次的相关文献是个重要补充。第二，本书对上市公司外部资本配置的阶段进行了更为合理的思考，对资本配置效率进行了更深层次研究。根据本书的划分，国内外主要文献研究侧重点放在了一次资本配置效率方面，但对投资者和监管层十分关注的资本进入公司后的资金投向选择情况则研究不足，因此我们对资金投向选择的研究具有重要意义。第三，从配置过程和配置结果两个维度对资金投向选择进行了更为细微的分析，本书将延续李青原（2009）的研究，并基于长时间窗口和时间系列数据重点分析会计信息质量对公司资本配置效率中的配置结果的影响。第四，本书对中国上市公司资本配置情况的研究中，其资本不仅指通过增发或者配股所获得的权益资本，还包括债务资本，也就是说本书研究了会计信息质量对公司两类性质资本配置效率的影响，这对国内文献仅仅考虑权益资本而忽略债务资本的相关资本配置效率研究是重要的延伸和补充。

资本市场是实现资本优化配置的重要场所，而保证其正常运行的相应政策、规范能否创造一个公平、公正和公开的信息环境以引导资本流向发展具有潜质的公司和行业，能否从制度上保证上市公司有效利用这些流入的资本，这是政策、标准和规范制定者和监管层非常想了解和关心的层面，而会计信息作为资本市场信息环境中重要组成部分，其对资本市场的资本配置效率影响如何，投资者和监管层更对此给予了高度关注，因此，本书研究探讨会计信息质量与上市公司资金投向选择之间关系的问题具有重要实践意义。

1.2 研究思路和方法

本书主要研究和探讨会计信息质量是否影响以及如何影响公司资金投向选择的问题，因此其分析思路主要从四个层次展开，具体描述如下：

（1）会计信息目标和会计信息功能的理论分析。本层次主要通过对国内外相关文献的梳理和思考，分析会计信息目标的演进过程，并从更加微观的角度对会计信息目标下的会计信息功能进行详细分析。通过对会计信息目标和功能的深入理解和认识，将为会计信息质量及其经济后果研究奠定理论基础，因此，本部分内容的讨论将是全书的研究根基。

（2）如何描述和衡量公司会计信息质量高低以及如何描述和衡量公司资金投向选择的问题。选取能够准确描述会计信息质量的指标是本书研究需要解决的关键问题之一，有关描述和衡量会计信息质量的国内外文献较多，但基本上是从两个角度进行分析：一是主要以公司会计盈余（earnings）为核心和基础来衡量会计信息质量，该方法本质就是从公司自身角度反映会计信息质量，因此具有较好的信度和效度；二是以资本市场股价信息为基础来描述会计信息质量或者公司信息透明度，该方法实质体现了投资者对公司信息质量的认知程度，而投资者的认知成熟程度要受资本市场发展时间长短以及自身专业素质等多种因素的影响，因此以股价信息为基础的指标能否反映公司会计信息质量，其需要考虑公司所处资本市场的成熟程度而应谨慎使用。相比欧美国家，中国资本市场发展时间较短且成熟度较低，因此本书会计信息质量的描述和衡量主要以第一种角度展开研究。这部分主要运用描述性统计、回归分析方法。

本书所涉及的第二个关键变量为公司资金投向选择，如何定义和衡量该变量是本书研究的难点。资本市场的外部资本是否流向正确的公司，这是公司一次资本配置效率的问题，国外经典文献已从国家层面和公司层面对此进行了较详细的研究：乌格尔（Wurgler，2000）用机械制造行业净固定资产投资额增长率对该行业产值增长率的弹性系数来衡量一个国家的资本配置效率，并以此为基础，研究国家间金融市场发展状况对资本配置效率的影响；延续该研究思路，比德尔和希拉里（2006）用资本投资额对经营现金流的敏感性（investment-cash sensitivity）来衡量公司层面的资本配置效率（投资敏感性越高，则投资效率越低）进而衡量国家层面资本配置效率。但是作为公司资金投向选择，我们分析的主要问题是公司掌控的资本是否有效流向了公司主营业务或者融资前所承诺项目，即我们主要关心公司利用手中所掌控资本从事主营业务或者所承诺项目的效率和效益如何，上述经典文献对资本配置效率的衡量思路不适用于本书。

那到底该如何合适的描述和衡量公司资金投向选择呢？弗朗西斯等（2009）以配对国家相同制造行业之间的行业增长率相关性来衡量国家层面资本配置效率情况，借鉴其思路，我们认为，从公司层面出发考虑，如果一个公司专注于自己熟悉的行业并将所掌控资本投向主营业务或者所承诺项目，则其资本利用效率和效益应该较高，即公司净利润增长率与本行业净利润增长率应该具有较高的相关性和同步性，因此本书将以 10 年为一个循环计算周期，通过公司净利润增长率与行业增长率相关系数大小来衡量公司资金投向选择，另外，为使该变量的衡量更具稳健，本书又借鉴默克等（Morck et al，2000）所提出的股价同步性（stock price synchronicity）的思路和思想，用行业净利润增长率与公司净利润同步性作为替代变量来衡量公司资金投向选择。同时，考虑到公司资金投向选择这一概念在本书中的重要性及其衡量难度，我们又进一步分析了用公司净利润增长率与行业净利润增长率之间相关性、同步性来描述公司资金投向选择展开研究所存在的局限性，使用超行业净利润增长率作为代理变量来描述公司资金投向选择进行相关分析（详见本书第 4 章分析和描述）。这部分主要运用了相关性分析、回归分析等统计方法。

（3）会计信息质量是否影响以及如何影响公司资金投向选择的问题。本书以 10 年为循环时间周期，计算会计信息质量指标以及公司资金投向选择，其中被解释变量为公司资金投向选择、解释变量为公司会计信息质量，在分析会计信息质量是否影响以及怎样影响公司资金投向选择时，我们首先运用单因素分析法、非参数检验法对二者之间关系进行初步分析和判断，最后用多因素分析法（回归分析法）为其分析结果提供进一步的经验证据。为客观反映公司会计信息质量，我们尽量从多维度和多层次选择指标，但是我们无法得知这多个指标中哪个更具有重要性，为解决该问题，我们不仅分析了单个会计信息质量指标与公司资金投向选择的关系，还以单个指标为基础构建了综合会计信息质量指标来进行进一步研究和分析（具体方法详见本书第 3 章）。同时，主干分析中用公司净利润增长率与行业净利润增长率之间的相关性、同步性来描述公司资金投向选择，稳健检验中用超行业净利润增长率作为代理变量来描述公司资金投向选择并展开相关分析（详见本书第 5 章分析和描述）。

（4）进一步分析：是公司治理机制还是会计信息质量在影响公司资金投向选择。该层次研究问题的提出和展开主要基于会计信息质量对公司资金投向选择的影响是间接的，其背后真正发挥作用的是公司治理机制这样的疑问。经典文献表明，公司治理机制在影响会计信息质量方面起着重要的作用，于是就存在需要进一步研究的问题：会计信息质量对公司资金投向选择的影响是不是间接的、其背后的真正原因是不是公司内外部治理机制在起作用？结合中国的实际国情和特殊制度背景，通过文献分析，本层次将首先研究公司内外部治理机制对公司资金投向选择的影响，更为重要的是，本层次将主要研究在考虑了内外部治理机制对公司会计信息质量的影响后，会计信息质量能否继续对公司资金投向选择产生影响。

综上所述，本书采用理论分析和实证分析相结合的研究方法，采取层层递进的研究思路，拟对所研究问题不仅进行详尽的理论阐述和分析，而且还将以中国资本市场深沪两市所有 A 股上市公司为研究对象，从统计分析和计量分析角度对所研究问题的理论分析结果提供经验证据。

1.3　研究内容和结构安排

本书分为三个部分，共 15 章，各篇章内容安排如下：

第一篇为研究概论与理论分析。本部分包括第 1 章和第 2 章。第 1 章为引言。介绍了本书所要研究的问题、意义、研究思路和方法、研究框架以及本书的主要贡献和局限性。第 2 章为文献回顾、理论分析与研究假设。该部分内容将围绕以下目的对既有文献进行梳理和综述。首先，以相关文献为基础对会计信息目标的演进过程和逻辑进行分析，在此基础上，从信息经济学、委托代理理论、契约理论等角度对会计信息功能进行阐述，通过深入分析进一步理清会计信息影响资本配置效率的内在逻辑，从而为本书研究问题奠定理论基础。会计信息功能的有效发挥需要高质量的会计信息作为保证，因此本书接着对如何描述和衡量会计信息质量的经典文献进行回顾并对所涉及的相关衡量指标进行比较和分析，以便为本书研究选取合适的会计信息质量衡量指标。另外，资本配置效率是本书的研究主题，在对其概念进行深刻理解和分析的基础上，以相关文献为基础，我们通过公司资金投向选择来衡量公司资本配置效率。最后，在回顾现有会计信息质量或者信息透明度与资本配置效率之间关系的经典文献的基础上，结合前述理论分析，提出本书的主要研究假设。

第二篇为会计信息质量与公司资金投向选择的实证分析。本部分包括第 3 章至第 7 章。第 3 章会计信息质量的描述与计量。本章着重分析了本书所选取的用以衡量会计信息质量的四种指标，并以中国资本市场深沪交易所 1991～2009 年所有 A 股上市公司的财务数据为基础，运用回归分析方法，以 10 年时间为循环周期，计算每个公司的会计信息质量，在此基础上，对指标及其指标间进行了描述性统计分析和相关性分析。同时为解决多个单会计信息质量指标中哪个更具有重要性的问题，本章还以单个指标为基础、采用排序加总方法构建了综合会计信息质量指标来进行进一步研究和分析。由于某些会计信息质量指标的计算会涉及经营活动现金流净额数据（上市公司 1998 年开始披露），因此最后导致每个会计信息质量指标的观测数不同。第 4 章资金投向选择变量的描述与计量。本章着重分析了公司资金投向选择这一关键变量的衡量，在对其概念进行深刻理解和分析的基础上，我们以已有经典文献为依托，提出用公司净利润增长率与行业增长率的相关性和同步性两种思路来对该变量进行衡量。以此为基础，最后运用深沪交易所 1991～2009 年所有 A 股上市公司的财务数据，以 10 年时间为循环周期，用回归分析和相关性分析方法进行相应计算。考虑到用公司净利润增长率与行业净利润增长率之间的相关性、同步性来衡量和描述公司资金投向选择时存在的局限性，本章还进一步用超行业净利润增长率作为代理变量来描述和衡量公司资金投向选择并展开相关分析。第 5 章会计信息质量对公司资金投向选择的影响。本章是本书所研究问题的重点分析章节，在本章，我们综合运用了描述性统计、非参数检验、回归分析等方法，采取层层递进的思路，深入分析了会计信息质量对公司资金投向选择的影响。具体来说，分别研究了应计项质量、盈余持续性、盈余可预测性和盈余平滑性四个衡量会计信息质量的指标对公司资金投向选择的影响，并在此基础上，进一步考察了综合会计信息质量指标（以上述四种会计信息质量指标为基础）对公司资金投向选择的影响。第6章公司内外部治理机制、会计信息质量与公司资金投向选择，是在延续第5章所研究问题的基础上进行了进一步的思考和讨论：会计信息质量对公司资金投向选择的影响可能只是一种表面现象，其背后更重要的作用力量可能在于公司治理机制，为研究这种情况是否存在，本书将分两个阶段来分析在考虑公司治理机制情况后的会计信息质量是否仍对公司资金投向选择产生影响：首先，本章研究了公司内外部治理机制对公司资金投向选择的影响；其次，本章主要研究了在考虑了内外部治理机制对公司会计信息质量的影响后，会计信息质量能否继续对公司资金投向选择产生影响，具体将通过观察回归分析结果中的公司会计信息质量指标前系数，以及会计信息质量指标与公司内外部治理机制指标的交互项结果进行分析。在稳健检验中运用两阶段回归模型（2SLS）进一步分析在考虑公司治理机制情况后的会计信息质量是否仍对公司资金投向选择产生影响。第7章结论、建议及后续研究方向。总结全书，概括主要研究结论及其理论意义、实践意义，并对未来的研究方向做进一步的设想。

第三篇为数据处理的 SAS 程序。本部分包括第8章至第15章。本部分主要对第5章和第6章的实证分析部分进行检验分析。其中包括：计算资金投向选择指标的 SAS 程序；计算会计信息质量指标的 SAS 程序；会计信息质量与公司资金投向选择关系的 SAS 程序：单因素分析；稳健性检验 SAS 程序：单因素分析；会计信息质量与公司资金投向选择关系的 SAS 程序：多因素分析；公司治理机制变量构建和描述性统计分析的 SAS 程序；公司治理机制、会计信息质量对公司资金投向选择影响回归分析的 SAS 程序；稳健性检验的 SAS 程序：两阶段回归模型（2SLS）分析。

本书的主要研究框架如图 1 - 2 所示。

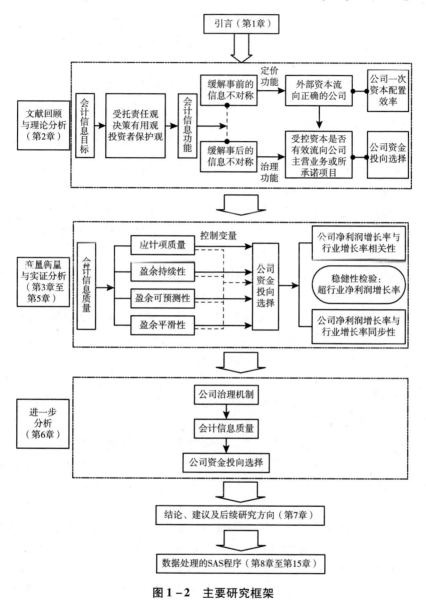

图 1-2 主要研究框架

1.4 主要创新点及其局限性

本书的创新点主要有四点，具体描述如下：

第一，对上市公司外部资本的配置过程和阶段进行了更深入的理解和思考：外部资本能否流向正确的公司，这是一次资本配置效率的问题；当公司获得外部资本并对其具有控制权后，这些资本能否有效流向了公司主营业务或者融资前所承诺项目，这是资金投向选择的问题，国内外经典文献主要从行业或者国家层面对一次资本配置效率进行了研究，本书则研究了公司层面的资金投向选择问题，即公司是否专注于自己所熟悉的主营行业或所承诺项目并实现所掌控资本的有效投入和利用。

第二，书中不仅区分了一次资本配置效率和资金投向选择的问题，还从配置过程和配置结果两个维度对公司资金投向选择进行了更为细微的分析，本书在已有文献（如李青原，2009）基础上，并基于长时间窗口和时间系列数据（1991～2009年）重点研究会计信息质量对公司资金投向选择中的配置结果的影响。

第三，外部资本能否流入正确的上市公司继而流入正确的项目，需要某种机制对此进行引导和保障，本书从资本市场上会计信息功能的角度，分析了高质量的会计信息不仅可引导外部资本流入正确的上市公司，而且高质量的会计信息还有利于公司所掌控资本的正确流向，因此，从会计信息具有治理功能角度，研究会计信息质量对公司资金投向选择的影响将是本书的主要贡献。

第四，为全面深入地考察会计信息质量对公司资金投向选择的影响，本书还在研究方法上做了一定程度的创新。公司资金投向选择是本书的一个关键概念，考虑到这一概念在本书中的重要性及其衡量难度，本书遵循慎重、稳健、科学的研究态度，从公司净利润增长率与行业增长率的相关性和同步性、超行业净利润增长率三个角度提出了衡量公司资金投向选择的思路和计算方法，并以此为基础进行相关分析。此外，本书在区分以财务信息和股价信息描述会计信息质量的基础上，构建了多维度单会计信息质量指标和综合会计信息质量指标，考察了会计信息质量对公司资金投向选择的影响，这种由具体到总体、由点到面的研究思路，将增强本书研究成果的说服力。与现有文献相比，本书采用了我国资本市场建立以来截至2009年的时间系列数据，并通过科学的统计分析方法，对相关问题进行了深入、细致的研究分析。

本书的主要局限性表现在：

一是相关变量的观测数有限。本书的关键变量为会计信息质量和公司资金投向选择，在对它们进行衡量和计算的时候，我们以10年为时间周期进行循环计算。由于中国资本市场发展只有 20 多年，因此在以 10 年为时间跨度计算相关变量时会导致其观测总数有限，尤其当指标计算涉及公司经营活动现金流时（上市公司 1998 年开始披露），其观测数更受到限制（如关于公司应计项质量的观测数仅为 7110 个）。

　　二是会计制度的变化会影响相关指标的准确计算。2007 年 1 月 1 日起，中国资本市场上市公司开始执行新的会计准则，该变化使 2007 年前后的财务数据方面存在一定差异，由于本书相关关键变量计算的时间跨度为 10 年且以财务数据为基础，因此会计制度的变化使得相关变量的计算结果存在一定误差，考虑到数据的有限性，我们不得不在计算相关变量时忽略了这种会计制度变化所引起的误差。

第 2 章

文献回顾、理论分析与研究假设

2.1 会计目标和会计信息功能的相关文献研究

2.1.1 会计目标的主要观点

会计目标是会计理论结构的起点和理论基石（赵德武，1995），关于会计目标存在两个重要的观点：受托责任观和决策有用观。

受托责任观是在公司两权分离（所有权和经营权相分离）的情况下发展起来的，按照产权理论，公司管理层（受托人）接受投资者（包括股东和债权人，即委托人）的委托有权对所控制资源进行独立自主经营，这样在委托者和受托者之间就形成了受托责任关系，而财务报表就是提供给投资者易于评价公司管理层受托责任关系的报告（Beaver W. H.，1999）。美国会计学者俞吉·利瑞和艾麦斯·帕拉克（Yuji Ljiri and Ernest J. Parlock）是受托责任观的主要代表人物，他们认为会计目标就是以恰当的方式向资源提供者有效反映和报告资源的受托管理和履行情况，这种观点下，会计目标立足财务会计的传统角色，重点反映历史客观信息而不考虑会计信息是否有益于管理层决策，即会计是一个便于顺利履行各利益集团之间受托责任关系的系统（Yuji Ljiri，1975）。

决策有用观认为，会计信息的根本目的是为信息使用者提供对他们决策有用的信息，强调会计信息系统在提供信息时，应该考虑信息使用者的决策需要，因此该观点下的会计目标一改受托责任观下的财务会计传统角色而具有鲜明的时代特色，而且信息服务对象范围更广，包括现在和潜在的投资者、债权人、管理层、政府等。决策有用观的主要代表人物有罗伯特·阿色尼（Robert N. Anthony）、罗伯特·斯普斯（Robert T. Spruse）等，同时美国会计学会 AAA 和美国财务会计委员会 FASB 也是该观点的主要倡导和推动者。

决策有用观下的会计目标相对于受托责任观能够满足更多财务信息使用者的需要，其外延更加广泛，因此会计目标决策有用观逐渐为理论界和实务界所接受。然而，盈余管理、会计丑闻等问题的频繁发生，使得投资者利益不断受到侵害，会计准则制定部门和资本市场监管部门开始反思过度追求会计信息决策有用性是否恰当，对会计信息的评价观念开始发生变化，由强调决策有用性的用户需求观逐渐演变为强调透明度的投资者保护观（崔学刚，2007），而美国安然事件的发生，使得会计目标的投资者保护观更受到前所未有的重视。

2.1.2　会计目标下的会计信息功能及其与资本配置效率的关系

无论是受托责任观、决策有用观下的会计目标，还是目前得到重视的投资者保护观下的会计目标，会计信息的基本功能就是缓解相关利益者与公司之间的信息不对称，尤其是投资者与公司管理层之间的信息不对称。外部资本流入公司前，透明的会计信息有利于缓解事前信息不对称，向投资者提供正确评估资产价值和进行投资决策的相关信息，减少由于错误的定价或投资决策带来的损失，并引导外部资本流入高速发展期但资金不足的公司，可见会计信息具有定价功能并能使外部资本流向正确的公司；当外部资本流入公司为管理层所掌控后，透明的会计信息有利于缓解事后信息不对称，监督和约束内部控制人的机会主义行为，并引导这些资本流向具有更多具有正净现值的项目，以使投资者获得较好的回报，可见会计信息具有治理功能并能使公司掌控资本流向正确的项目。

比弗（Beaver，1989）也认为，会计信息的最高目标是决策有用性，而且决策有用性主要体现在两方面，一是估值有用性，即会计信息有利于投资者进行估值决策，其表现为会计信息的定价功能；二是契约有用性，即会计信息有利于契约，尤其是投资者和管理者之间的契约，表现为会计信息的治理功能。由此可见，会计信息的定价功能有利于外部资本流入公司，而会计信息的治理功能有利于投资者和管理者之间契约的有效实施和执行，使得流入公司的资本得以正确和有效使用。

2.1.2.1 会计信息的定价功能

会计信息定价功能实现的主要原因在于会计信息可以缓解投资者与公司间的事前信息不对称，并降低投资者获取信息的成本，其直接结果表现在会计信息质量或透明度影响公司融资资本成本和公司股票定价继而影响公司获得外部资本的规模和难易程度。梅尔斯和马杰洛夫（Myers and Majluf，1984）、伊斯利和奥哈拉（2004）认为公司外部融资资本成本高于内部融资资本成本的主要原因在于信息不对称，信息不对称会引起投资者对公司发展的担忧，并相应提高其预期风险和必要投资报酬率从而使公司外部融资资本成本增加。在中国资本市场上，曾颖、陆正飞（2006）发现在控制公司的β、财务杠杆率、总资产周转率等因素的条件下，信息披露质量较高的样本公司边际权益融资成本较低。债务市场上也有研究证据表明，更稳健的公司财务报告降低了与债务契约相关的信息成本，使得公司可以从贷款人那里获得更低利率的贷款。

外部融资资本成本的增加会引起两种主要后果：一是如果公司通过IPO进行权益资本融资，则过高的资本成本会降低公司所发行股票的估值水平从而影响公司权益融资规模；二是如果公司进行负债融资，则直接会增加公司债务融资的利率水平，其后果是导致负债融资难度增加并最终影响负债融资规模。可见高质量的会计信息或者公司信息透明度可以减轻投资者与管理者间的信息不对称程度，使得公司融资资本成本面临一个较合理的定价，并使公司能以较低的成本获得急需之外部资本，促使公司一次资本配置效率提高。

会计信息定价功能还直接体现在公司股票价格上，弗朗西斯等（2009）认为股票价格一定程度上反映了上市公司特有信息的含量，因此较高的会计信息质量和透明度会使上市公司所具有的增长机会能够通过其股价体现出来，从而引导外部投资者的资本流向，使这些增长潜力大的公司通过获得外部资本的难度降低。可见，会计信息的定价功能将会促使公司通过增发或者配股等手段较容易获得外部权益资本，有效提高了公司一次资本配置效率。

综上所述，会计信息主要通过影响公司融资的资本成本和股票价格而实现其定价功能，高质量会计信息会降低事前信息不对称，降低公司融资的资本成本，并提高公司IPO或者增发股票的估值水平，最终获得理想的融资规模，从而提高了外部资本的首次配置效率，即公司一次资本配置效率。

2.1.2.2 会计信息的治理功能

会计信息治理功能实现的主要原因在于会计信息可以缓解契约各方事后信息不对称,降低契约不完备程度,从而约束和监督公司内部控制人的机会主义行为。波尔和什瓦库玛(Ball and Shivakumar, 2005)认为高质量的会计信息能够强化投资者对管理层的监督,约束管理层对他们自身或者其他利益集团的机会主义支付,并优化管理层的投资决策,从而缓解投资者与管理层的代理问题,减少代理成本。同时,高质量的会计信息还可以让投资者及时获知资本配置去向,并对公司管理层的不当决策行为进行监督和约束,从而为后续相关决策提供重要依据。布施曼和史密斯(2003)通过研究发现,公司更好更多的信息披露利于投资者监督公司管理层并能使他们做出有效率和效益的项目投资决策,因此,公司信息透明度的提高可以降低公司管理层的逆向选择和道德风险,使外部投资者所提供的资本能够大多流向净现值为正的项目,从而为投资者带来好的回报,进而使管理层掌控的资本配置效率不断提高。同样,比德尔等(2009)认为高质量会计信息会抑制公司资金充足时管理层构建"规模帝国"等有损于公司价值的行为,有利于与管理层签订比较完备的契约从而防止其进行无效率投资,并能提高外部投资者监督管理层投资决策行为的能力。可见,高质量的会计信息可以较好发挥其监督和治理功能,使得流入公司并为管理层所掌控的外部资本能够得到高效使用,尤其对于重大投资决策项目,会计信息治理功能会引导公司决策层做出更理性的选择,专注于公司主营业务或融资前承诺项目,提高资本利用效率和资本配置效率。

企业从本质上说是一系列契约关系的组合(Jensen and Meckling, 1976),而会计信息是企业契约的重要因素之一,表现为在组织设计和组织控制中,会计信息能为各类契约的订立与执行提供相应数据,从而会引导和修正公司管理层的决策行为。薪酬契约是公司重要的契约组成部分,而会计信息已成为管理者薪酬激励机制实施的基本前提(卢静、胡运权,2007),其直接结果就是公司管理层在决定所掌控资本的投资方向时,必须考虑所投资者项目未来能否为公司带来更多回报,从而既有利于投资者也有利于管理层自身。尹格欧、赫页斯和王(Engel, Hayes and Wang, 2003)的研究也表明,当会计信息越能准确反映 CEO 的努力积极性程度时,CEO 更替与会计信息的相关程度便越高,这说明一个精确的会计业绩衡量体系能够增强会计信息在内部治理中的作用，会给公司管理层以压力，从而有利于抑制管理层的机会主义投资决策行为，并引导他们更加有效利用所掌控资本，直接有益于公司资本配置效率的提高。

综上所述，无论从信息不对称角度还是契约要素角度进行理论分析，会计信息治理功能会影响公司管理层所掌控资本的资本配置效率，高质量的会计信息会强化其治理功能，从而优化公司的资金投向选择。

2.2　会计信息质量计量的相关文献研究

会计信息功能的实现需要高质量的会计信息来保证，但是如何描述和衡量会计信息质量呢？国内外经典文献已对此进行了多层次、多维度的研究和分析，本书将从评价会计信息质量所用信息源的角度，对经典文献相关研究进行归纳、阐述和分析，并在此基础上，提出本书研究所要采用的衡量会计信息质量的指标。

2.2.1　以公司会计数据为核心和基础来衡量会计信息质量的相关文献

经典文献中，以公司会计数据为核心和基础来衡量会计信息质量的主要角度包括应计项质量、盈余可持续性、盈余可预测性、盈余平滑性、盈余激进程度和盈余避亏程度等。

2.2.1.1　从应计项质量角度衡量会计信息质量

公司会计盈余等于应计项（accruals）和现金流（cash flow）之和，因此通过调整应计项可以调整公司会计盈余，过高或者非正常的应计项数额会使公司会计盈余虚高（因为无现金流与之相对应），从而使得会计盈余质量下降，所以从应计项角度可以描述和衡量会计信息质量。

（1）以琼斯模型（Jones Model）为基础反映公司应计项质量。以应计项作为切入点来衡量会计信息质量是一个合理也很令人信服的角度，但是其难点在于如何区分一个公司的正常应计项和非正常应计项，因此国内外学者围绕着如何解决这一关键问题提出了不同观点，但琼斯（Jones，1991）在这方面做出了奠基性贡献。

琼斯（1991）将应计项区分为非操控性应计项（Nondiscretionary Accruals，NDA）和操控性应计项（Discretionary Accruals，DA），其中操控性应计项等于总应计项减去非操控性应计项，详细计算方法为：

第一步，对以下模型进行 OLS 回归并获得参数 α_1，α_2，α_3 的估计值；

$$\frac{\text{Total Accruals}_t}{\text{Total Assets}_{t-1}} = \alpha_1 \left[\frac{1}{\text{Total Assets}_{t-1}} \right] + \alpha_2 \left[\frac{\Delta\text{Revenue}_t}{\text{Total Assets}_{t-1}} \right] + \alpha_3 \left[\frac{\text{PPE}_t}{\text{Total Assets}_{t-1}} \right]$$

第二步，将参数 α_1，α_2，α_3 估计值代入上述模型得到非操控性应计项 NDA：

$$\text{NDA}_t = a_1 \left[\frac{1}{\text{Total Assets}_{t-1}} \right] + a_2 \left[\frac{\Delta\text{Revenue}_t}{\text{Total Assets}_{t-1}} \right] + a_3 \left[\frac{\text{PPE}_t}{\text{Total Assets}_{t-1}} \right]$$

第三步，计算操控性应计项 DA：

$$\text{DA}_t = \frac{\text{Total Accruals}_t}{\text{Total Assets}_{t-1}} - \text{NDA}_t$$

其中，Total Accruals_t 为 t 期应计项总额，有资产负债表法和现金流量法两种计算方法（夏立军，2002）；$\Delta\text{Revenue}_t$ 为 t 期收入与 t−1 期收入的差额；PPE_t 为 t 期期末厂房、设备等固定资产账面价值；$\text{Total Assets}_{t-1}$ 为 t−1 期期末总资产。

琼斯模型作为衡量操控性应计项或者非正常应计项（abnormal accruals）的经典模型，国内外学者后来在此基础上进行了修正和完善，迪超、斯隆和斯威尼（Dechow，Sloan and Sweeney，1995）将 Jones Model 中第二步计算非操控性应计项的模型进行了修正，并将其设定为（第一步和第三步计算方法不变）：

$$\text{NDA}_t = a_1 \left[\frac{1}{\text{Total Assets}_{t-1}} \right] + a_2 \left[\frac{\Delta\text{Revenue}_t - \Delta\text{Receivables}_t}{\text{Total Assets}_{t-1}} \right] + a_3 \left[\frac{\text{PPE}_t}{\text{Total Assets}_{t-1}} \right]$$

该模型被称为琼斯修正模型（Jones Modified Model），该模型是为了消除琼斯模型在估量操作时所存在的错误主观猜测倾向（夏立军，2002），其中 $\Delta\text{Receivables}_t$ 为 t 期净应收账款与 t−1 期净应收账款的差额。

（2）以 DD 模型（DD Model）为基础来反映公司应计项质量。琼斯模型和琼斯修正模型常被国内外学者用来衡量公司的盈余管理（earning management）程度或者评价公司净利润中应计项部分的程度和质量，其基本思想是如何更客观的区分和衡量出应计项中的正常部分和非正常部分，但是对这两类应计项进行合理的区分并不是一件很容易的事情。由此，迪超和迪彻（Dechow and Dichev，2002）提出了另外一种方法来衡量公司净利润中应计项的质量，其基本思想是：应计项大小反映了公司过去、现在和未来所能够实现现金的近似估计值，因此，如果公司在过去、现在和未来实现的现金数额越接近于应计项所对应的现金流数额，则说明公司净利润中的应计项质量越高，相反，如果公司过去、现在和未来实现的现金流与应计项所对应的现金流数额之间存在较大的估计偏差，则说明公司净利润中的应计项质量较差。从理论上讲，在一个相对较长的时间窗口内，公司应计项大小应该与公司过去、现在和未来所实现的现金流是一致的，但是如果公司存在会计信息舞弊或者盈余管理等行为，则其应计项与过去、现在和未来实现现金流之间的匹配性和一致性就会降低，可见从匹配性程度这个角度能够反映公司应计项的质量水平，这正是迪超和迪彻（2002）描述和衡量应计项质量的出发点。

迪超和迪彻（2002）考虑了公司当期（t 期）应计项大小与公司上一期（t－1 期）、当期（t 期）及其下一期（t＋1 期）现金流大小的匹配程度，其基本模型（DD Model）如下：

$$\Delta WC_t = b_0 + b_1 CFO_{t-1} + b_2 CFO_t + b_1 CFO_{t+1} + \varepsilon_t$$

该模型中，ΔWC_t 表示第 t 期与第 t－1 期公司营运资本（working capital）的差额，并用该变量来衡量公司 t 期应计项大小；CFO 表示公司经营活动现金流。对该模型进行回归所获得的残差项（residuals）大小表示相对于公司应计项而未实现的现金流，所有观测的残差项的标准差（σ(residuals)）代表了公司的应计项质量，标准差越大，表示公司应计项质量越低。

相比于以琼斯模型为基础的经典模型，DD 模型更客观、更全面地反映了公司应计项质量或者盈余质量，其表现在：经典模型中存在一个很强的假设即应计项质量或者盈余质量仅仅会受到管理层有意识操纵的影响，但在 DD 模型中则放松了此假设，其对应计项质量或盈余质量的评价不仅考虑了管理层有意识操纵会计信息的因素，还考虑了无意识行为对会计信息的影响，因此该模型使得衡量应计项质量或盈余质量的外延得到了延伸。

2.2.1.2　从盈余质量角度衡量会计信息质量

比德尔等（1995）和弗朗西斯等（2003）通过实证研究发现，盈余信息（earnings）是有关公司发展状况的主要信息源，相对于股利、现金流以及税息折旧摊销前利润（Earnings Before Interest Taxes Depreciation and Amortization，EBITDA）等会计信息数据，投资者更加注重该指标。同样，格若汉姆等（Graham et al, 2003）的调查问卷研究结果也表明，公司盈余是公司管理层、投资者以及分析师评价公司的关键指标，因此从公司盈余角度来反映会计信息质量具有一定的全面性和概括性。

（1）盈余持续性（persistence）。盈余持续性反映了一个公司所具有的持续盈利能力，优秀的公司具有较好的盈余持续性，而高质量的会计信息能够将这种盈余持续性体现出来，因此盈余持续性是描述会计信息质量的主要角度之一。彭曼和张（Penman and Zhang, 2002），雷夫森等（Revsine et al, 2002）及理查森（Richardson, 2003）认为盈余具有持续性是公司良好运营的重要体现，分析师也十分关注公司盈余持续性（AICPA 1994, Chapter6），可见无论在理论界还是实务界，盈余持续性都得到了广泛关注。列弗（Lev, 1983）、阿里和扎欧温（Ali and Zarowin, 1992）基于时间系列数据，通过当期盈余对上期盈余进行回归所获得的回归系数来衡量公司盈余的持续性，模型如下：

$$X_t = \alpha_0 + \alpha_1 X_{t-1} + \varepsilon$$

其中，X_t 表示 t 期公司每股扣除非经常性收益，则回归系数 α_1 大小表示公司盈余持续性的高低，该值越接近 1 表示公司盈余越具有较好的持续性。

（2）盈余可预测性（predictability）。盈余可预测性是另外一个能够反映会计信息质量的属性，财务会计准则委员会（FASB）将其视为会计概念框架的重要组成部分，同时该属性也是金融分析师评价公司及其估值时予以关注的重要方面（Lee, 1999）。利普（Lipe, 1990）将其定义为能够根据公司盈余来预测未来盈余的能力，并基于时间序列数据提出用以下模型来衡量公司盈余的可预测程度：

$$X_t = \alpha_0 + \alpha_1 X_{t-1} + \varepsilon$$

其中，X_t 表示 t 期公司每股扣除非经常性收益，通过对该模型进行回归得到残差项并取其标准差（$\sigma(\text{residuals})$），该值大小衡量了公司盈余的预测偏差即公司盈余预测性，标准差越大，说明公司盈余可预测性越差。

（3）盈余平滑性（earnings smoothness）。楚曼和提曼（Trueman and Titman, 1988）和福德博格和蒂欧（Fudenberg and Tirole, 1995）认为公司出于某些管理动机会来平滑利润，他们一方面加速未来收益的确认或者推迟当期成本的确认来掩饰糟糕的业绩，另一方面他们也会通过相反操作来防止业绩大幅波动并为未来储备业绩。但是无论哪种情况，这种人为的利润平滑行为显然降低了会计信息质量，增加了盈余的不透明度（Bhattacharya et al，2003），因此，从盈余平滑角度可以分析和衡量会计信息质量。由于权责发生制下的会计数据存在内在的逻辑和钩稽关系，使得净利润中的应计项、现金流两部分之间存在此消彼长的关系，因此盈余平滑行为将会使这两部分的关系存在较大的波动性，基于此，鲁兹等（Leuz et al，2003）用两种方法衡量了盈余平滑性：

第一种方法是基于一个较长时间窗口，考察公司净利润标准差（即盈余波动性）与经营现金流标准差（即现金流波动性）的比值，即σ（净利润）/σ（经营现金流），该比值越大，说明公司人为平滑盈余的程度和可能性越大，会计信息质量越低。

第二种方法是基于一个较长时间窗口，考察公司当期应计项变化额与当期经营现金流变化额之间的相关性，即 corr（Δ净利润，Δ经营现金流），这二者之间是负向关系，其相关性系数越大表示公司进行盈余平滑的程度和可能性越大。

弗朗西斯等（2004）利用上述第一种方法来描述和衡量公司盈余平滑性，而巴塔查里亚等（2003）则基于上述第二种方法来描述和衡量公司盈余平滑性，由于这两种方法的原理都基于净利润中应计项与现金流两部分之间所存在的此消彼长关系，因此无论使用哪种方法，其对公司盈余平滑性的评价结果应该是一致的。

（4）盈余激进程度（earnings aggressiveness）。波尔、卡萨瑞和罗宾（Ball，Kothari and Robin，2000）认为盈余稳健的相反含义就是盈余激进，即公司推迟损失或者成本确认而加速收入确认的倾向和程度，过度的盈余激进使得公司盈余信息被高估或夸大，盈余信息中噪音增加，造成会计信息质量下降。盈余激进会引起公司应计项增加，因此巴塔查里亚等（Bhattacharya et al，2003）用应计项大小来衡量公司盈余激进程度，计算方法如下：

$$ACC_t = (\Delta CA_t - \Delta CL_t - \Delta CASH_t + \Delta STD_t - DEP_t + \Delta TP_t)/TA_{t-1}$$

其中，ACC_t 表示 t 期应计项大小；ΔCL_t 表示 t 期相对于 t-1 期的流动资产变化额；ΔCL_t 表示 t 期相对于 t-1 期的流动负债变化额；$\Delta CASH_t$ 表示 t 期相对于 t-1 期的现金及其现金等价物变化额；ΔSTD_t 表示 t 期相对于 t-1 期的一年之内到期的长期负债的变化额；DEP_t 表示 t 期的折旧和摊销额；ΔTP_t 表示 t 期相对于 t-1 期的应缴税金变化额；TA_{t-1} 表示 t-1 期总资产。该值越大，表示公司具有较高的盈余激进性和较低的会计信息质量。

上述应计项的计算中，其数据主要源于公司资产负债表，所以又称为资产负债表法（夏立军，2002）。迪超等（Dechow et al，1995）、黑尔勒（Healy，1985）、琼斯（Jones，1991）、鲁兹等（Leuz et al，2003）对应计项的相关研究也主要采用了这种方法。

（5）盈余避亏程度（earnings loss avoidance）。博格斯坦勒和迪彻吾（Burgstahler and Dichev，1997）针对美国企业的研究发现，有充分证据支持它们存在盈余管理行为并借此避免盈余亏损。同样迪乔治等（Degeorge et al，1999）的研究证据显示，避免公司盈余亏损、增加公司季报盈余和迎合分析师的预测是公司管理层常见的盈余扭曲行为。可见，公司只报告盈利而避免报告亏损的动机，会使会计信息可靠度下降，会计信息质量下降。

巴塔查里亚等（Bhattacharya et al，2003）从国家层次衡量了一个国家盈余避亏的倾向和程度，他们用以下公式进行衡量：

$$避亏程度 = (N_{[0,1\%]} - N_{[-1\%,0]})/N_{all-firms}$$

其中，$N_{[0,1\%]}$ 表示一个国家中 ROA（资产净利率）大小在区间 $[0, 1\%]$ 的公司数量即微盈的公司数；$N_{[-1\%,0]}$ 表示一个国家中 ROA（资产净利率）大小在区间 $[-1\%, 0]$ 的公司数量即微亏的公司数；$N_{all-firms}$ 表示一个国家所有的公司数。该比值越大，表示一个国家避亏倾向越强烈、程度越高。

上述五个指标分别从不同角度描述和衡量了会计信息质量，其计算数据主要取自公司财务报告中的资产负债表、利润表以及现金流量表，与以股票价格数据为基础来衡量会计信息质量相比，会计信息数据中的噪声较少，因此以会计信息数据为基础来衡量会计信息质量其可信度较高。

2.2.2　以资本市场股价数据为核心和基础来衡量会计信息质量的相关文献

从资本市场股价数据来衡量和描述会计信息质量的出发点在于公司盈余信息会导致某种经济后果，如公司股票价格的变化，即公司盈余质量如何，资本市场会对此做出甄别和判断，最终通过股票价格反映出来。据此思路，经典文献主要从研究公司盈余与股票价格或者股票收益率关系的角度来分析和衡量会计信息质量，其中盈余价值相关性、及时性和稳健性为衡量会计信息质量的三个主要方面。

2.2.2.1 盈余价值相关性（value relevance）

价值相关性是 FASB 会计概念框架中有关会计质量信息的一个重要特征，其与决策有用性密切相关，很多学者从会计信息能否对证券投资决策发挥作用的角度对价值相关性加以描述（Joos and Lang，1994；Coolins et al，1997；Francis and Schipper，1999；Lev and Zarowin，1999），因此，价值相关性作为一个特定的会计信息质量可通过会计数据与股票价格变化之间关系的建立加以考察分析。弗郎西斯和斯彻普尔（Francis and Schipper，1999）、库林等（Coolins et al，1997）和布施曼等（Bushman et al，2004）对价值相关性的衡量主要基于公司盈余及其变化对股票收益率的解释程度，基本模型如下：

$$RET_t = \beta_0 + \beta_1 EARN_t + \beta_2 \Delta EARN_{t-1} + \varepsilon$$

其中，RET_t 表示 t 年年初至 t+1 年第 3 个月末共 15 个月的股票收益率，$EARN_t$ 表示经 t-1 年末公司市场价值平滑过的经常性损益；$\Delta EARN_{t-1}$ 表示经 t-1 年末公司市场价值平滑过的经常性损益变化数额（t 年相对于 t-1 年），则基于该模型回归所得到的 Rsquare 反映了公司盈余对股票收益率的解释程度即公司盈余价值相关性。Rsquare 越大，表示公司盈余信息对股票投资决策帮助越大即公司盈余价值相关性越高。

2.2.2.2 盈余及时性（timeliness）

及时性要求企业对于已经发生的交易或者事项，应当及时进行确认、计量和报告，不得提前或者延后。会计信息的价值在于帮助信息使用者做出经济决策，具有时效性，即使是可靠的、相关的会计信息，如果不及时提供，就失去了时效性，对于使用者的效用就大大降低，甚至不再具有实际意义。因此，盈余及时性是中国会计准则对会计信息质量的重要要求之一。

及时性的含义容易理解，但是如何衡量盈余的及时性程度呢？波苏（Basu，1997）将会计信息分为"好消息"和"坏消息"，并以股票收益率作为消息好坏的替代变量：如果股票收益率小于 0，则为坏消息；如果股票收益率大于 0，则为好消息，在此基础上，研究了会计盈余和股票收益率之间的关系。如果股票收益率对会计盈余的解释程度越高，则表示公司盈余信息及时性越好。波尔等（Ball et al，2000）、布施曼等（Bushman et al，2004）用以分析盈余及时性的模型如下：

$$EARN_t = \beta_0 + \beta_1 NEG_t + \beta_2 RET_t + \beta_3 NEG_t \times RET_t + \varepsilon$$

其中，$EARN_t$ 表示经 t – 1 年末公司市场价值平滑过的经常性损益；RET_t 表示 t 年初至 t + 1 年第 3 个月末共 15 个月的股票收益率；NEG_t 是哑变量，如果 RET_t 小于 0（即表示坏消息），则 $NEG_t = 1$，否则为 0，则基于该模型回归所得到的 Rsquare 反映了股票收益率（即好消息或者坏消息）对公司盈余信息的解释程度，即公司会计信息能够反映在盈余信息中的及时程度，Rsquare 越大，表示公司会计信息越能够及时反映在盈余信息中，即盈余及时性越好。

2.2.2.3　盈余稳健性（conservatism）

稳健性最常见的定义是波苏（Basu，1997）的定义，他将稳健性定义为"好消息"必须在事项基本能确定发生时才予以确认，或者分期确认"好消息"带来的利益；而对于坏消息则应该尽早确认损失。他以股票收益率作为消息好坏的替代变量：如果股票收益率小于 0，则为坏消息；如果股票收益率大于 0，则为好消息，在此基础上，研究了会计盈余和股票收益率之间的关系。如果公司盈余对"坏消息"比对"好消息"的反应迅速和强烈，则说明公司盈余信息比较稳健，正是基于这一点，波苏（Basu，1997）、迫普和瓦克（Pope and Wailker，1999）、格吾利和哈页恩（Givoly and Hayn，2000）基于以下模型的回归系数来衡量盈余稳健性：

$$EARN_t = \beta_0 + \beta_1 NEG_t + \beta_2 RET_t + \beta_3 NEG_t \times RET_t + \varepsilon$$

其中，$EARN_t$ 表示经 t – 1 年末公司市场价值平滑过的经常性损益；RET_t 表示 t 年初至 t + 1 年第 3 个月末共 15 个月的股票收益率；NEG_t 是哑变量，如果 $RET_t < 0$（即表示坏消息），则 $NEG_t = 1$，否则为 0。基于该模型进行回归，"坏消息"系数是 $\beta_2 + \beta_3$，而好消息的系数是 β_2，则会计盈余对坏消息的反应系数相对于其对好消息的反应系数之间的比值即 $(\beta_2 + \beta_3)/\beta_2$ 反映了会计信息的稳健性程度，该比值越大，表示会计信息越趋于稳健。由于国内股市的波动性较大，普遍存在着同涨或同跌的现象，这使得用股票收益率正负区分好坏消息存在偏差，因此国内学者在使用波苏（1997）模型时，通常用市场股票收益率对公司股票收益率进行调整，例如，邱月华和曲晓辉（2009）、徐昕和沈红波（2010）。

以会计信息为基础衡量的会计信息质量体现了从公司自身角度反映的认知程度，而以资本市场股价信息为基础衡量的会计信息质量则体现了投资者对公司信息质量的认知程度，因此盈余价值相关性、盈余及时性和盈余稳健性能否很好衡量会计信息质量与公司所处资本市场成熟度密切相关。

2.2.3 以综合数据为基础来衡量会计信息质量的相关文献

仅仅依靠财务报告中的会计信息数据或者资本市场的股价数据并不能全面反映和概括一个公司的会计信息质量状况，为此，学者尝试从多角度对公司会计信息质量进行综合描述和衡量。布施曼、皮欧彻斯基和斯密斯（Bushman，Piotroski and Smith，2004）提出了一个全面描述公司信息透明度的特征框架，他们以公司特有信息的可获得性作为切入点，从公司财务报告质量、公司私有信息的可获得性和公司信息的传播质量三个方面来全面衡量公司信息透明度，其中描述公司财务报告质量的维度包括财务信息披露强度、治理情况披露、财务信息披露所用会计准则、信息披露及时性和财务信息审计质量这五个方面，并主要通过跟随公司的分析师数量来衡量私有信息的获得程度，最后用一个国家传播信息的报纸和电视媒介数量来衡量公司特有信息的传播质量和程度。

除了以增加衡量维度来更加全面描述会计信息质量的研究外，更多学者则从方法创新角度进行研究以更客观、全面地反映一个国家或者公司层面的会计信息质量。巴塔查里亚等（Bhattacharya et al，2003）以34个国家为研究对象，考察了会计信息不透明度（accounting opacity）对权益资本的资本成本的影响，文中用盈余激进程度（earnings aggressiveness）、盈余避亏程度（earnings loss avoidance）和盈余平滑性（earnings smoothness）三个指标来衡量会计信息质量，作者不仅考察了三个单独指标对权益资本成本的影响，还以此三个指标为基础构建了综合会计信息质量指标进行进一步研究。该做法主要基于仅依靠单独指标进行研究可能会引起计量误差，而构建综合指标则会减小这种偏差，从而较为客观、全面描述会计信息质量；更为重要的是，作为外界投资者，他们无法区分出哪个指标能够更好描述和体现会计信息质量，而构建综合指标则降低了投资者判断公司会计信息质量好坏的难度。该文构建国家层面综合会计信息质量指标的具体思路为：

首先，分析某年度、某个国家的盈余激进程度状况。第一，计算该年度34个国家所有样本公司盈余激进程度的大小；第二，以某个国家为对象，取该国所有样本公司盈余激进程度大小的中值来衡量该国国家层面的盈余激进程度；第三，以国家层面盈余激进程度为对象，将34个国家该指标大小按十分位数（deciles）进行从小到大的排序，因此可以通过0~9的排序大小来衡量每个国家会计信息质量的好坏程度。

其次，重复上述步骤，分别衡量某年度、某个国家的盈余避亏和盈余平滑性程度，同样可获得0~9的排序大小。

最后，在前面两个步骤基础上，以3个会计信息质量指标的排序大小的均值来构建国家层面综合会计信息质量指标，并以此大小反映和衡量一个国家会计信息质量的总体好坏程度。

为便于清晰理解这一方法，笔者构建了国家层面综合会计信息质量指标的基本思路图，如图2-1所示。

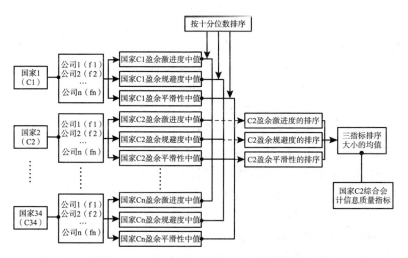

图2-1 某年度国家层面综合会计信息质量指标构建基本思路

比德尔和希拉里（Biddle and Hilary，2006）沿用同样的思路，以盈余激进程度（earnings aggressiveness）、盈余避亏程度（earnings loss avoidance）、盈余平滑性（earnings smoothness）以及盈余及时性（timeliness）四个单独会计信息质量指标为基础构建国家层面综合会计信息质量指标，考察了国家层面会计信息质量对其资本投资效率的影响。但与巴塔查里亚等（Bhattacharya et al，2003）构建综合会计信息质量方法不同的是，作者对国家某会计信息质量指标大小是按中位数（median）进行从小到大的排序，因此文中通过0和1的排序大小来衡量每个国家会计信息质量的好坏程度，并以四个会计信息质量指标的排序大小的和来构建国家层面综合会计信息质量指标。

在其他相关文献中，构建国家层面综合会计信息质量指标的思路和方法基本一致，只是在针对国家层面某个会计信息质量指标的排序细分度上存在差异，比较典型的有依照中位数、五分位数和十分位数进行排序，也有直接依据样本总数进行排序，如弗朗西斯等（Francis et al, 2009）以样本数 37 个国家直接进行排序。

本书构建公司层面综合会计信息质量指标将借鉴上述文献的思路。

2.3　会计信息质量与公司资本配置效率之间关系的相关文献研究

2.3.1　会计信息质量与公司资本配置效率之间关系的相关文献

国内学者直接研究会计信息质量与资本配置效率关系的文献较少，周中胜、陈汉文（2008）基于 1999～2004 年间深沪两市所有 A 股上市公司数据，以 24 个细分行业为研究对象，考察了行业会计信息透明度对行业资本配置情况（以通过配股和增发新筹集的资金来衡量）的影响，研究发现，行业会计信息透明度对资本配置效率产生了显著影响，信息透明度越好，资本配置的效率越高。李青原（2009）针对我国资本市场 A 股上市公司 2004～2006 年间 3600 个公司/年度样本（截面数据），研究了会计信息质量对上市公司投资不足和过度投资的影响，结果表明，高质量会计信息能够通过改善契约和监督，降低道德风险和逆向选择，抑制上市公司投资不足和过度投资，从而提高公司资本配置效率。

会计信息质量或者信息透明度如何影响资本配置效率，国外学者对此问题的研究始于最近几年。

巴塔查里亚等（Bhattacharya et al, 2003）以 34 个国家为研究对象，考察了会计信息不透明度（accounting opacity）对权益资本的资本成本的影响，结果显示，国家会计信息透明度越低，其整体权益资本成本越高并且股票市场交易规模越低。由此可见，会计信息透明度会影响一个国家资本市场的资本配置效率。在此文基础上，比德尔和希拉里（Biddle and Hilary，2006）仍以相同的 34 个国家为研究样本，不仅考察了国家层面会计信息质量对其资本投资效率的影响（资本投资效率用资本投资数额对经营活动现金净额的敏感性衡量：投资敏感性越高，则投资效率越低），还考察了公司层面会计信息质量对其资本投资效率的影响，研究结果发现，无论是国家层面还是公司层面，高质量的会计信息降低了公司管理层和外部资本提供者之间的信息不对称，使得资本投资效率提高。

弗朗西斯等（2009）以 37 个国家及每个国家的 37 个分类制造行业为研究对象，考察了国家层面信息透明度（不仅仅限于会计信息质量）对资源配置效率（以配对国家相同制造行业之间的行业增长率相关性来衡量资源配置情况）的影响，结果显示，配对国家的信息透明度越高，则配对国家的行业增长率相关性越高。因此，对于具有较好信息透明度环境的国家，相关资源能够比较顺利流向发展较好的行业，使得行业资源配置效率较高。

延续比德尔和希拉里（2006）的研究，比德尔等（2009）深化和细化了公司资本投资效率的范畴，从更加微观的角度研究了高质量会计信息对公司过度投资（over-investment）和投资不足（under-investment）的抑制作用，从而进一步扩展了比德尔和希拉里（2006）的研究。文中用两种方法来描述和衡量公司过度投资和投资不足的程度，一种是用公司现金余额的富足程度和公司负债的高低来区分公司是否存在过度投资或者投资不足的可能性，如果公司现金比较充足（或者负债程度越低），则公司存在过度投资的可能性越大；相反，如果公司现金匮乏（或者负债程度越高），则公司投资不足可能性越大，在具体衡量方法上，文中依照现金余额大小（或者负债大小）对公司进行从小到大（按十分位数）排序，并依据公司的排序来衡量公司的过度投资和投资不足情况：公司的排序越低，说明公司存在投资不足的可能性越大；公司的排序越高，说明公司存在过度投资的可能性越大。另一种角度是以公司投资额与其期望投资额之间的偏差来衡量，其中，期望投资额基于投资额与公司营业收入增长率之间的关系模型来确定。

上述国内外经典文献从不同维度、不同层次考察了会计信息质量或者信息透明度对资本配置效率的影响，其主要特征是：一是它们主要分析了国家或者行业等宏观层面的资本配置效率，而对投资者更加关注的公司层面资本配置效率情况缺乏微观分析和研究；二是大量文献集中在对一次资本配置效率情况的研究（即关注重点较多放在资本是否流向了正确的行业或公司），而对资本流入后的利用效率（即资金投向选择——公司所掌控资本是否有效流向其主营业务或融资前承诺项目）情况关注度不够，只有少量文献对此进行了研究：弗朗西斯等（2009）研究了外部资本进入一个国家后，国家层面的信息透明度是否引导这些资本流向正确的行业，因此该文主要研究国家层面资本配置效率问题；比德尔等（2009）研究了外部资本进入一个公司并为其掌控后，这些资本的配置会存在投资不足和过度投资（即资本投资效率）情况，以及会计信息质量是否会对这些情况具有抑制作用从而提高资本投资效率，因此该文的研究问题属于公司资金投向选择中的量的范畴，但缺乏对资金投向选择中的质的研究，这正为本书的研究提供了切入点。因此，本书基于现有文献，主要研究会计信息质量对公司资金投向选择结果的影响。

2.3.2 公司资本配置效率指标衡量的相关文献

国内对资本配置效率问题的研究还处于有待成熟的阶段，从笔者了解到的情况看，国内文献相关研究较少，并且国内相关文献对资本配置效率的描述和衡量主要基于公司一次资本配置效率的含义，即资本市场的资本是否流向正确的行业或公司。

周中胜、陈汉文（2008）用公司配股和增发筹集的资金额来衡量行业资本配置效率，并以1999~2004年间深沪两市24个细分行业为研究对象，考察了行业会计信息透明度对行业资本配置效率的影响。李青原（2009）则用投资不足和过度投资来衡量资本配置效率，并以此为基础研究了会计信息质量对资本配置效率的影响。

国外经典文献则从国家和公司层面对资本配置效率进行了较详细的研究。

乌格勒（Wurgler，2000）用机械制造行业净固定资产投资额增长率对该行业产值增长率的弹性系数来衡量一个国家的资本配置效率，并以此为基础，研究国家间金融市场发展状况对资本配置效率的影响。

借鉴乌格勒（2000）的研究思路，比德尔和希拉里（2006）用资本投资额对经营现金流的敏感性（investment-cash sensitivity，以下简称投资敏感性）来衡量公司层面的资本配置效率进而衡量国家层面资本配置效率，投资敏感性越高，则资本配置效率越低（或者说资本投资效率越低）。文中重点研究了公司会计信息质量对公司面临融资约束和充足现金时的高投资敏感性的抑制作用。

上述国外文献主要基于一次资本配置效率展开研究。

延续比德尔和希拉里（2006）的研究，比德尔等（2009）从公司过度投资（over-investment）和投资不足（under-investment）两方面深化和细化了公司资本投资效率的范畴，从更加微观的角度研究了高质量会计信息质量对公司资本配置效率的影响，文中用两种方法来描述和衡量公司过度投资和投资不足程度，一种是用公司现金余额的富足程度和公司负债的高低来区分公司是否存在过度投资或者投资不足的可能性，如果公司现金比较充足（或者负债程度越低），则公司存在过度投资的可能性就大；相反，如果公司现金匮乏（或者负债程度越高），则公司投资不足的可能性就大，在具体衡量方法上，文中依照现金余额大小（或者负债大小）对公司进行从小到大（按十分位数）排序，并依据公司的排序来衡量公司的过度投资和投资不足情况：公司的排序越小，说明公司存在投资不足的可能性越大；公司的排序越大，说明公司存在过度投资的可能性越大。另一种角度是以公司投资额与其期望投资额之间的偏差来衡量，其中，期望投资额基于投资额与公司营收增长率之间的关系模型来确定。从对投资不足和过度投资变量的衡量看，文中更多强调了资金投向选择中资金配置过程问题（属于量的范畴），即主要研究了公司会计信息质量对公司所掌控资本的配置过程的影响。

弗朗西斯等（2009）则以配对国家相同制造行业之间的行业增长率相关性来衡量国家层面资本配置效率，考察了国家层面信息透明度（不仅仅限于会计信息质量）对资本配置效率的影响。文中对资本配置效率的衡量思路主要基于外部资本进入一个国家后，这些资本是否流向正确的行业，因此属于资金投向选择的含义范畴（即一个国家的资本是否流向经济、社会效益俱佳的行业），从其变量的描述和衡量看，文中更多强调资金投向选择中的配置结果问题，本书研究对公司资金投向选择的衡量也主要基于这种思路展开。

2.4 研 究 假 设

比弗（1989）认为，会计信息的最高目标是决策有用性，而且决策有用性主要体现在两方面，一是估值有用性，即会计信息有利于投资者进行估值决策，其表现为会计信息的定价功能；二是契约有用性，即会计信息有利于契约，尤其是投资者和管理者之间的契约，表现为会计信息的治理功能。由此可见，会计信息具有定价和治理两个基本功能。

会计信息定价功能的实现主要归因于会计信息可以缓解投资者与公司间的事前信息不对称。外部资本流入公司前，高质量会计信息有利于缓解事前信息不对称，降低公司外部融资资本成本（Myers and Majluf，1984；Easley and O'Hara，2004；曾颖、陆正飞，2006），而融资资本成本的降低引起两种主要后果：一是如果公司通过 IPO 进行权益资本融资，则较低的资本成本会增加公司所发行股票的估值水平从而提高公司权益融资规模；二是如果公司进行负债融资，则直接会降低公司债务融资的利率水平，导致负债融资难度降低并最终提高负债融资规模。可见，高质量的会计信息通过减轻投资者与公司间的信息不对称程度，使得公司融资资本成本面临一个较合理的定价，并使公司能以较低的成本获得理想的融资规模，促使公司一次资本配置效率提高。另外，会计信息的定价功能还会促使公司可通过增发或者配股等手段较易获得外部权益资本，有效提高公司一次资本配置效率。弗朗西斯等（2009）认为股票价格一定程度上反映了上市公司特有信息的含量，因此较高的会计信息质量和透明度会使上市公司所具有的增长机会能够通过其股价体现出来，从而引导外部投资者的资本流向，使这些增长潜力大的公司通过获得外部资本的难度降低。

综上理论分析，会计信息主要通过影响公司融资的资本成本和股票价格而实现了其定价功能，高质量会计信息会减轻事前信息不对称，降低公司融资的资本成本，并提高公司 IPO 或者增发股票的估值水平，最终获得理想的融资规模，从而提高了外部资本的首次配置效率，即公司一次资本配置效率。

会计信息治理功能实现的主要原因在于会计信息可以缓解契约各方事后信息不对称，降低契约不完备程度，从而约束和监督公司内部控制人的机会主义行为。当公司获得外部资本并对其具有控制权后，这些资本能否按照事先计划而有效流向公司主营业务或所承诺项目，这是公司的资金投向选择问题。布施曼和史密斯（2003）通过研究发现，公司更多高质量的信息披露有利于投资者监督公司管理层并使他们做出有效率和效益的项目投资决策，提高管理层掌控资本的配置效率，从而能为投资者带来更好的回报。波尔和什瓦库玛（Ball and Shivakumar，2005）认为高质量的会计信息能够强化投资者对管理层的监督，约束管理层对他们自身或者其他利益集团的机会主义支付，并优化管理层的投资决策，从而缓解投资者与管理层的代理问题，减少代理成本；此外，高质量的会计信息还可以让投资者及时获知资本配置去向，并对公司管理层的不当决策行为进行监督和约束，从而为后续相关决策提供重要依据。同样，比德尔等（2009）认为高质量会计信息会抑制公司资金充足时管理层构建"规模帝国"等有损于公司价值的行为，有利于与管理层签订比较完备的契约从而防止其进行无效率投资，并能提高外部投资者监督管理层投资决策行为的能力。

因此，会计信息通过缓解事后公司信息不对称程度，较好地发挥会计信息的监督和治理功能，利于投资者和管理者之间契约的有效实施和执行，降低公司管理层的逆向选择和道德风险，使他们专注于公司主营业务或承诺项目，使外部资本得以正确和有效使用，最终影响公司管理层所掌控资本的资本配置效率，因此，高质量会计信息会提高公司信息透明度并强化其治理功能，从而优化公司资金投向选择。

以上理论分析框架和思路如图2-2所示。

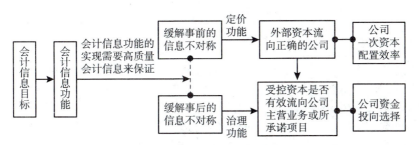

图2-2　理论分析框架和思路

另外，我国资本市场上也客观存在着推动会计信息治理功能发挥的外在力量。截至2009年底，我国资本市场上证券投资基金数已达557只，证券投资基金规模已达24536亿元（中国统计年鉴，2010），机构投资者已成为资本市场上的重要投资主体。相比其他类型投资者，机构投资者具备更强的能力和条件对上市公司信息进行理解和挖掘，尤其对于会计信息的异常变化，他们能够较快做出反应，并在实施用脚投票方面具有较强话语权，因此，在一个长时间窗口内，高质量会计信息质量有助于识别和捕捉上市公司的低效率投资，从而对公司的股价构成估值压力，这种压力迫使上市公司董事会、管理层必须不断审视自己的投资决策并进行及时修正，使得会计信息的治理功能得以实现，并最终引导公司管理层专注于公司主营业务或承诺项目，实现大部分资本的有效利用，从而优化公司资金投向选择。同时，随着资本市场上个人投资者的不断理性以及成熟度增加，再加上外界新闻媒体开始关注和解读上市公司会计信息，这都使约束和监督上市公司行为的市场力量得到进一步强化，从而会使会计信息治理功能在优化公司资金投向选择方面的作用也越来越明显。

综上分析，本书提出假说：

H_0：会计信息质量越高，公司治理效率越高，则公司的资金主要投向公司主营业务或所承诺项目。

第二篇　会计信息质量与公司资金投向选择的实证分析

第 3 章

会计信息质量的描述与计量

3.1 会计信息质量衡量指标的选择

通过第 2 章文献分析，描述和衡量会计信息质量主要从两个角度展开，一是以公司会计盈余（earnings）为核心和基础来衡量会计信息质量，其计算数据主要源于公司财务报告中的资产负债表、利润表以及现金流量表，该方法本质就是从公司自身角度反映会计信息质量，因此具有较好的信度和效度；二是以资本市场股价信息为基础来描述会计信息质量或者公司信息透明度，该方法实质体现了投资者对公司信息质量的认知程度，而投资者的认知成熟程度要受资本市场发展时间长短以及自身专业素质等多种因素的影响，因此以股价信息为基础的指标能否反映公司会计信息质量，其需要考虑公司所处资本市场的成熟程度。相比欧美国家，中国资本市场发展时间较短且成熟度较低，股票价格数据噪音较大，因此本书将基于第一种角度，以会计信息数据为基础来衡量会计信息质量。

在具体会计信息质量指标的选取上，本书以高质量会计信息应具有真实性、可靠性、相关性、有用性和合规程度高等特征为出发点，并以我国学术界广泛认可的 FASB 提出的 SFAC NO. 2 会计信息质量特征框架和财政部会计信息质量特征研究课题组 2006 年提出的我国会计信息质量特征体系为基础，在经典研究文献的指导下，并结合本书的实际考虑，最后选择了应计项质量（accruals quality）、盈余持续性（persistence）、盈余可预测性（predictability）以及盈余平滑性（earnings smoothness）四个指标来描述和衡量会计信息质量特征。这些指标从主要维度和角度对会计信息质量进行了较好的阐释，但是我们无法识别哪个指标更具有重要性，因此在针对四个指标进行单独分析的基础上，本书还采用年度排序加总法构建了公司层面综合会计信息质量指标进行进一步分析，以排除使用单一指标可能产生的缺陷。

3.2　计算模型的构建——会计信息质量指标

3.2.1　计算应计项质量（accruals quality）的模型选择

琼斯模型（Jones Model）和琼斯修正模型（Jones Modified Model）常被国内外学者用来衡量公司的盈余管理（earning management）程度或者评价公司净利润中应计项部分的程度和质量，但其难点在于如何更客观地区分和衡量出应计项中的正常部分和非正常部分。由此，迪超和迪彻（Dechow and Dichev，2002）提出了另外一种方法来衡量公司净利润中应计项的质量，其基本思想是：应计项大小反映了公司过去、现在和未来所能够实现现金流的近似估计值，因此，如果公司在过去、现在和未来实现的现金流数额越接近于应计项所对应的现金流数额，则说明公司净利润中的应计项质量越高，相反，如果公司过去、现在和未来实现的现金流与应计项所对应的现金流数额之间存在较大的估计偏差，则说明公司净利润中的应计项质量较差。从理论上讲，在一个相对较长的时间窗口内，公司应计项大小应该与公司过去、现在和未来所实现的现金流是一致的，但是如果公司存在会计信息舞弊或者盈余管理等行为，则其应计项与过去、现在和未来实现现金流之间的匹配性和一致性就会降低，可见从匹配性程度这个角度可以更好反映公司应计项的质量水平，这正是迪超和迪彻（2002）描述和衡量应计项质量的出发点。

因此，相比于以琼斯模型为基础的经典模型，迪超和迪彻（2002）提出的 DD 模型（DD Model）更客观、更全面地反映了公司应计项质量或者盈余质量，其表现在：经典模型中存在一个很强的假设即应计项质量或者盈余质量仅仅会受到管理层有意识操纵的影响，但在 DD 模型中则放松了此假设，其对应计项质量或盈余质量的评价不仅考虑了管理层有意识操纵会计信息的因素，还考虑了无意识行为对会计信息的影响，因此，该模型使得衡量应计项质量或盈余质量的外延得到了延伸。基于以上理由，本书研究以 DD 模型为基础来计算应计项质量。

DD 模型考虑了公司当期（t 期）应计项大小与公司上一期（t－1期）、当期（t 期）及其下一期（t＋1 期）现金流大小的匹配程度，本书将采用如下模型：

$$Total\ Accrual_t = b_0 + b_1 CFO_{t-1} + b_2 CFO_t + b_1 CFO_{t+1} + \varepsilon_t$$

其中，Total Accrual$_t$ 表示第 t 期公司总应计项，并用现金流量法（即第 t 期公司净利润减去第 t 期公司经营活动现金流量净额）来计算公司 t 期应计项大小；CFO 表示公司经营活动现金流。对该模型进行回归所获得的残差项（residuals）大小表示相对于公司应计项而未实现的现金流，所有观测的残差项的标准差（σ（residuals））代表了公司的应计项质量，标准差越大，表示公司应计项质量越低，即会计信息质量越差。

本书将以 10 年为一个循环周期即 10 个观测来计算应计项质量，如为计算第 t 年的公司应计项质量，将采用时间范围为第 t－9 年至第 t 年共 10 年的财务数据。应计项质量用变量 accrual quality 表示。

3.2.2　计算盈余持续性（persistence）的模型选择

基于列弗（1983）、阿里和泽欧温（Ali and Zarowin，1992）等学者对盈余持续性的衡量，本书利用时间系列数据，通过当期公司资产净利率（ROA$_t$）对上期公司资产净利率（ROA$_{t-1}$）进行回归所获得的回归系数来衡量公司盈余的持续性，模型如下：

$$ROA_t = \alpha_0 + \alpha_1 ROA_{t-1} + \varepsilon$$

其中，ROA$_t$ 表示 t 期公司资产净利率，则回归系数 α_1 大小表示公司盈余持续性的高低，该值越接近于 1 表示公司盈余越具有较好的持续性。为使该系数大小与会计信息质量之间呈反向关系，我们用 $-\alpha_1$ 表示盈余持续性，则该值越大表示盈余持续性越差或会计信息质量越差。

本书将以 10 年为一个循环周期即 10 个观测来计算盈余持续性，如为计算第 t 年的公司盈余持续性，将采用时间范围为第 t－9 年至第 t 年共 10 年的财务数据。盈余持续性用变量 persistence 表示。

3.2.3　计算盈余可预测性（predictability）的模型选择

盈余可预测性反映了根据公司现有盈余情况来预测未来盈余的能力，

该指标的衡量沿用了计算盈余持续性的模型，即：

$$ROA_t = \alpha_0 + \alpha_1 ROA_{t-1} + \varepsilon$$

其中，ROA_t 表示 t 期公司资产净利率，通过对该模型进行回归得到残差项并取其标准差（σ（residuals）），该值大小衡量了公司盈余的预测偏差即公司盈余预测性，标准差越大，说明公司盈余可预测性越差，或者会计信息质量越差。

本书将以 10 年为一个循环周期即 10 个观测来计算可预测性，如为计算第 t 年的公司盈余可预测，将采用时间范围为第 t−9 年至第 t 年共 10 年的财务数据。盈余可预测性用变量 predictability 表示。

3.2.4 计算盈余平滑性（earnings smoothness）的模型选择

根据本书第 2 章的分析，盈余平滑性的衡量主要基于净利润中应计项、现金流两部分之间所存在的此消彼长关系，通过较长时间窗口，用净利润标准差（即盈余波动性）与经营现金流标准差（即现金流波动性）的比值（即 σ（净利润）/σ（经营现金流））或者当期应计项变化额与当期经营现金流变化额之间的相关性（即 corr（Δ 净利润，Δ 经营现金流））来衡量盈余平滑性。由于这两种方法的原理都基于净利润中应计项与现金流两部分之间所存在的此消彼长关系，因此无论使用哪种方法，其对公司盈余平滑性的评价结果是一致的。

本书将用公司净利润标准差（即盈余波动性）与经营现金流标准差（即现金流波动性）的比值，即 σ（净利润）/σ（经营现金流）来衡量盈余持续性，该比值越大，说明公司人为平滑盈余的程度和可能性越大，会计信息质量越低。

本书将以 10 年为一个循环周期即 10 个观测来计算盈余平滑性，如为计算第 t 年的公司盈余平滑性，将采用时间范围为第 t−9 年至第 t 年共 10 年的财务数据。盈余平滑性用变量 smoothness 表示。

3.2.5 构建公司综合会计信息质量指标的思路

为客观反映公司会计信息质量，本书尽量从多维度和多层次选择指标，但是我们无法得知这多个指标中哪个更具有重要性，为解决该问题，本书还以单个指标为基础构建了公司综合会计信息质量指标来进行进一步研究和分析。

　　本书构建公司层面综合会计信息质量时借鉴了第 2 章经典文献的思路，先计算某年度所有样本公司某个会计质量指标的大小，然后按照十分位数进行排序，这样就得到某公司按照该会计质量指标排序的大小（数值在 0~9 之间），然后用其他三个指标进行同样的排序获得某公司按照相应会计质量指标排序的大小，最后加总该公司分别按照四个会计质量指标所获得的排序，最终得到该公司综合会计信息质量指标（本书称该方法为年度排序加总法），排序值越小，则公司综合会计信息质量越高。

　　本书构建公司层面综合会计信息质量指标的思路和方法如图 3 – 1 所示。

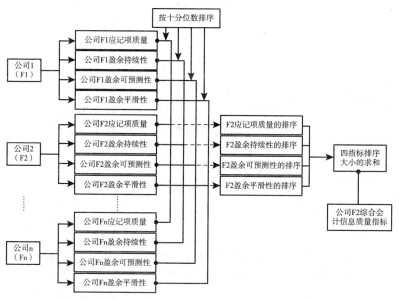

图 3 – 1　某年度公司层面综合会计信息质量指标的构建思路

公司综合会计信息质量指标用变量 total accounting quality 表示。本小节相关变量定义如表 3 – 1 所示。

表 3 – 1　　　　　　　　　　会计信息质量指标变量设计

变量名称	变量定义
accrual quality	公司应计项质量，按文中模型基于 10 年循环周期计算
smoothness	公司盈余平滑性，按文中模型基于 10 年循环周期计算
persistence	公司盈余持续性，按文中模型基于 10 年循环周期计算
predictability	公司盈余可预测性，按文中模型基于 10 年循环周期计算
total accounting quality	公司综合会计信息质量，按文中思路和方法基于四个单会计信息质量指标计算

3.3　数据与描述性统计

3.3.1　数据及计算会计信息质量指标的样本观测数

以本章模型计算会计信息质量的数据全部来自 Wind 数据库，由于以下原因在计算每个会计信息质量指标时所利用样本数目不同。

（1）计算应计项质量的样本公司年数（firm-years）和总观测数：中国证监会从 1998 年开始强制要求上市公司披露现金流量表，因此为计算公司应计项质量，选取样本公司的时间始于 1998 年（对应模型回归时需要现金流量数据），另外，考虑到使用模型时需要公司下一年和上一年的现金流量数据，而且本书以 10 年为循环周期来计算公司应计项质量，因此，最后有效样本数据时间范围仅为 2008 年，样本公司年数（firm-years）为 711 个，共有观测数 7110 个。

（2）计算盈余平滑性的样本公司年数（firm-years）和总观测数：同样受制于获取公司现金流量数据的时间限制以及以 10 年为循环周期计算公司盈余平滑性的原因，最后有效样本数据时间范围为 2007 ~ 2009 年，样本公司年数（firm-years）为 2519 个，共有观测数 25190 个。

（3）计算盈余持续性的样本公司年数（firm-years）和总观测数：考虑数据库中公司某些数据缺失以及以 10 年为循环周期计算公司盈余持续性的原因，最后有效样本数据时间范围为 2000 ~ 2009 年，样本公司年（firm-year）数为 4503 个，共有观测数 45030 个。

（4）计算盈余可预测性的样本公司年数（firm-years）和总观测数：考虑数据库中公司某些数据缺失以及以 10 年为循环周期计算公司盈余持

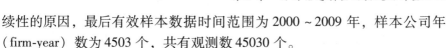

续性的原因，最后有效样本数据时间范围为 2000～2009 年，样本公司年数 (firm-year) 数为 4503 个，共有观测数 45030 个。

（5）由于受制于计算应计项质量的样本公司年数 (firm-years) 的限制，因此，最后构建公司综合会计信息质量指标所使用的样本公司年数为 711 个。

计算会计信息质量指标的样本公司年数和总观测数如表 3-2 所示。

表 3-2　　　　　计算会计信息质量指标的样本公司年数和总观测数　　　单位：个

变量	样本公司年数 (firm-years)	总观测数
accrual quality	711	7110
smoothness	2519	25190
persistence	4503	45030
predictability	4503	45030
total accounting quality	711	—

3.3.2　会计信息质量指标描述性统计分析

本书以 10 年为时间周期，主要运用 OLS 方法进行回归分析，循环计算了公司会计信息质量指标，在此基础上，运用年度排序加总法，构建公司综合会计信息质量指标，表 3-3 描述了会计信息质量指标的基本特征分布。

表 3-3　　　　　　　会计信息质量指标基本特征分布

变量	Mean	Std. Dev.	Minimum	Median	Maximum	Obs
accrual quality	0.0404	0.0437	0.0017	0.0291	0.5258	711
persistence	-0.4411	0.8369	-2.9954	-0.4738	50.936	4503
predictability	5.7386	43.6854	0.1018	3.0127	2036.1048	4503
smoothness	0.9514	1.9316	0.0239	0.6101	51.0512	2519
total accounting quality	18.4505	8.9761	1.0000	18.0000	36.0000	711

表 3-3 中五个指标的值越小，表示公司会计信息质量越好，其中公司盈余可预测性波动程度比较大，其标准差为 43.69，说明根据公司历史信息来预测其未来盈余情况总体难度较大，但另一方面也说明利用该指标来评价公司会计信息质量的区分度较高，而其他四个指标波动性相对较

小。另外，盈余持续性在公司间也表现出较大差异，均值水平为 -0.4411，而最大值为 50.936，同样表明该指标在评价公司会计信息质量方面有较好的区分度。公司综合会计信息质量指标最小值为 1，说明该公司在四个会计信息质量指标排名中均处于较优秀位置；该指标最大值为 36，说明该公司在四个会计信息质量指标排名中均处于最差位置。

　　会计信息质量指标间的相关性分析如表 3 - 4 所示。

表 3 - 4　　　　　　　　　　会计信息质量指标间的相关性

变量	accrual quality	persistence	predictability	smoothness	total accounting quality
accrual quality	1.00000	0.18186 (<0.0001)	0.88455 (<0.0001)	0.57421 (<0.0001)	0.65123 (<0.0001)
persistence	0.20200 (<0.0001)	1.00000	0.21560 (<0.0001)	0.10588 (<0.0001)	0.45280 (<0.0001)
predictability	0.86502 (<0.0001)	0.34943 (<0.0001)	1.00000	0.75685 (<0.0001)	0.58587 (<0.0001)
smoothness	0.64843 (<0.0001)	0.09898 (0.0085)	0.70526 (<0.0001)	1.00000	0.40354 (<0.0001)
total accounting quality	0.86905 (<0.0001)	0.51453 (<0.0001)	0.93651 (<0.0001)	0.77887 (<0.0001)	1.00000

　　注：（1）对角线右上方为 Pearson 相关系数，左下角为 Spearman 相关系数；（2）表中括号中的值为 P 值。

　　表 3 - 4 的分析结果表明，无论从 Pearson 相关系数还是 Spearman 相关系数角度，四个独立指标之间均表现出高度相关性，都在 1% 水平上显著，这说明四个指标在描述公司会计信息质量方面处于同等重要的位置。更重要的是，以四个指标为基础构建的综合会计信息质量指标与每个独立指标之间具有显著相关性（都在 1% 水平上显著），这说明该指标能够较全面反映一个公司的总体会计信息质量状况。

3.4　本章小结

　　本章首先对选择以会计信息数据为基础来描述和衡量公司会计信息质量的原因进行了分析，在此基础上，选择了应计项质量（accruals quality)、盈余持续性（persistence）、盈余可预测性（predictability）以及盈余平滑性（earnings smoothness）四个指标来具体描述和衡量公司会计信息质量特征，并以经典文献为依托，选择合适模型，基于中国资本市场深沪两市上市公司数据进行计量和计算；其次，为客观和全面反映公司会计信息质量，避免采用单个指标进行分析所带来的片面性，本书还以四个单项指标为基础、采用年度排序加总法构建了公司综合会计信息质量指标来进行进一步研究和分析；最后，本书对四个会计信息质量指标和一个综合会计信息质量指标的基本特征和相关性进行了分析，结果显示四个指标在描述公司会计信息质量方面处于同等重要的位置，综合指标能够较全面反映一个公司的总体会计信息质量状况。

第 4 章

资金投向选择变量的描述与计量

4.1 公司资金投向选择指标的衡量

公司资金投向选择是本书所涉及的第二个关键变量，如何定义和衡量该变量是本书研究的难点。作为公司资金投向选择，我们分析的主要问题是公司掌控的资本是否有效流向公司主营业务或融资前所承诺项目，即主要关心公司手中的资本利用效率和效益如何。

那到底该如何合适的描述和衡量公司资金投向选择呢？弗朗西斯等（2009）以配对国家相同制造行业之间的行业增长率相关性来衡量国家层面资源配置效率情况，考察了国家层面信息透明度（不仅仅限于会计信息质量）对资本配置效率的影响，该文对资本配置效率的衡量思路主要基于国家层面资本是否流向正确的行业，因此属于资金投向选择的含义范畴。本书研究借鉴其思想，对公司资金投向选择的衡量也主要基于这种思路展开，笔者认为，从公司层面出发考虑，如果一个公司专注其主营业务或融资前已有较好的规划项目，能较好利用所掌控资本，则该公司净利润增长率与本行业净利润增长率应该具有较高的相关性，因此本书将以 10 年为一个循环计算周期，通过公司净利润增长率与行业增长率的相关系数大小来衡量资金投向选择。

另外，为使公司资金投向选择指标的衡量更加稳健，书中又借鉴罗尔（Roll，1988）、默克等（Morck et al，2000）所提出的股价同步性（stock price synchronicity）的思路和思想，用行业净利润增长率与公司净利润同步性作为替代变量来衡量公司资金投向选择。

股价同步性的思想最早由罗尔（1988）提出，其大小取决于资本化到股价中的公司特有信息和市场系统性信息的相对含量，但如何衡量公司股票价格中所蕴涵的系统性信息或公司特有信息程度呢，作者基于市场模型，用 R – square（R^2）大小来衡量股价同步性程度，R^2 越大，则股价同步性程度越高。默克等（2000）将股价同步性概念运用到国家层面的分析当中，认为它反映了国家层面的资本市场股票价格同涨或同跌的程度，而这种同涨同跌程度取决于一个国家每个上市公司的股票价格能够反映公司特有信息（即公司信息透明度）的程度：如果公司信息透明度高，投资者容易获得公司特有信息而使公司股价变化与市场指数变化具有较高差异性，从而表现出较低的股价同步性；如果公司信息透明度低，公司股价变化主要反映系统性信息，因此与市场指数变化的差异性较低，从而表现出较高的股价同步性。但如何衡量公司股票价格中所蕴涵的系统性信息或公司特有信息程度呢，默克等（2000）基于市场模型，以公司股票周收益率为被解释变量、市场周收益率为解释变量通过回归获得 R^2，并用该值反映市场指数变化（即系统性信息）对公司股价变化的解释程度即股价同步性：R^2 值越大表明公司股价同步性越高，则公司股价变化反映的公司特有信息程度越低，进而说明公司信息透明度越低。可见，股价同步性可用来衡量公司信息透明度，股价同步性越高，则公司信息透明度越低。而股价同步性用 R^2 来进行衡量，同时考虑到 R^2 取值介于 $[0, 1]$ 的情况使其不适合在回归中作解释变量，因此必须通过转换式 $\log[R^2/(1-R^2)]$ 将其取值范围变为整个实数区间，因此，最后用股价同步性 $\log[R^2/(1-R^2)]$ 来衡量公司层面的信息透明程度。

根据股价同步性建立的具体逻辑和思想，我们认为如果公司资本有效流向其主营业务或融资前有较好规划的项目，则公司的增长状况应该与所属行业整体增长状况同涨或者同跌程度较为一致，即同步性较强。因此用行业净利润增长率与公司净利润增长率的同步性作为另一个代理变量来衡量公司资金投向选择。

4.2 计算模型的构建——公司资金投向选择指标

4.2.1 利用公司净利润增长率与行业净利润增长率的相关性来衡量

弗朗西斯等（2009）以配对国家相同制造行业之间的行业增长率相关

性来衡量国家层面资本配置效率情况，借鉴其思路，笔者认为，从公司层面出发考虑，如果一个公司专注其主营业务或融资前有较好规划的项目，能有效利用所掌控资本，则该公司净利润增长率与本行业净利润增长率应该具有较高的相关性，因此书中将以 10 年为一个循环计算周期，通过公司净利润增长率与行业净利润增长率之间的相关系数大小来衡量公司资金投向选择，相关性系数越大，则表明公司将资金主要投向了公司主营业务或者融资前有较好规划的项目。其中，在计算某公司某年度所属行业净利润增长率时，书中用剔除了该公司后的行业其他公司的净利润增长率的中值来衡量行业净利润增长率。

我们用变量 growth_corr$_t$ 表示第 t 年公司净利润增长率与行业净利润增长率的相关性大小，如为计算第 t 年的相关性，将采用时间范围为第 t−9 年至第 t 年共 10 年的公司净利润增长率和行业净利润增长率数据进行计算。

4.2.2 利用公司净利润增长率与行业净利润增长率的同步性来衡量

基于稳健考虑，本书同时了借鉴罗尔（1988）、默克等（2000）所提股价同步性（stock price synchronicity）的思路和思想，用公司净利润增长率与行业净利润增长率的同步性作为另一变量来衡量公司资金投向选择，模型如下：

$$growth\_firm_t = \alpha_0 + \alpha_1 growth\_indus_t + \varepsilon$$

其中，growth_firm$_t$ 表示第 t 年公司的净利润增长率，growth_indus$_t$ 表示第 t 年公司所属行业净利润增长率（用剔除了该公司后的行业其他公司的净利润增长率的中值来衡量），通过对该模型进行回归得到 R^2，并用该值反映行业增长情况对公司增长情况的解释程度即公司净利润增长率与行业净利润增长率的同步性，该值越大，表示公司净利润增长率与行业净利润增长率同步性越高，则意味着公司将主要资金投向其主营业务或融资前所承诺项目。

书中用变量 growth_syn$_t$ 表示第 t 年公司净利润增长率与行业净利润增长率的同步性大小，如为计算第 t 年的同步性，将采用时间范围为第 t−9 年至第 t 年共 10 年的公司净利润增长率和行业净利润增长率数据基于上述模型进行回归计算。

本节相关变量定义如表 4 - 1 所示。

表 4 - 1　　　　　　　　　公司资金投向选择指标变量设计

变量	变量定义
growth_corr	公司净利润增长率与行业净利润增长率的相关性，并基于 10 年循环周期计算
growth_syn	公司净利润增长率与行业净利润增长率的同步性，按文中模型并基于 10 年循环周期进行回归分析和计算

4.3　数据与描述性统计

计算公司资金投向选择变量的财务数据全部来自 Wind 数据库，由于书中以 10 年为循环计算周期，计算公司净利润增长率与行业净利润增长率的相关性大小及其二者之间的同步性，因此最后有效样本时间范围是 2000 ~ 2009 年（即财务数据取自 1991 ~ 2009 年），样本公司年（firm-year）数为 5407 个，共有观测值 54070 个。

表 4 - 2 描述了公司资金投向选择指标的基本特征分布表。

表 4 - 2　　　　　　　公司资金投向选择指标描述性统计

Panel A：基本特征分布

变量	Mean	Std. Dev.	Minimum	Median	Maximum	Obs
growth_corr	0.1881	0.3499	- 0.9097	0.1987	0.9955	5407
growth_syn	0.1587	0.1880	0.0000	0.0826	0.9911	5407

Panel B：相关性情况

变量	Pearson 相关系数	Spearman 相关系数
growth_corr 与 growth_syn 相关性	0.52205 （< 0.0001）	0.61454 （< 0.0001）

注：表中括号中的值为 P 值。

表 4 - 2Panel A 列示了公司净利润增长率与行业净利润增长率之间相关性和同步性的统计分布基本特征，其中二者相关性大小介于 - 1 ~ 1 之间，同步性大小介于 0 ~ 1 之间。

由表 4 - 2Panel B 可知，公司净利润增长率与行业净利润增长率的相关性和同步性之间具有较高的相关度，二者之间的 Pearson 相关系数大小为 0.52205、Spearman 相关系数大小为 0.61454，并且都在 1% 统计水平上显著，这说明用公司净利润增长率与行业净利润增长率的相关性和同步性都能较好衡量公司的资金投向选择。

4.4 公司资金投向选择变量衡量的另一种视角：超行业净利润增长率

上述所分析的两个衡量指标以行业净利润增长率为参照标准，分别从公司净利润增长率与行业净利润增长率之间的相关、同步程度来衡量公司资金投向选择问题，其核心思想在于如果公司净利润增长率在较长时间内能够与行业净利润增长率平均水平保持较高的相关性或者同步性，我们则认为公司将资金主要投向了公司主营业务或融资前有较好规划的项目。该衡量方法的优点在于能够在较长时间窗口反映公司资本配置效率跟随行业发展的紧密程度，其要点在于从长期角度来观察公司资金投向选择情况，即如果公司能够长期"跟紧"行业平均发展水平，则表示公司具有较高的资本配置效率，其资金投向选择具有高效率，该方法缺点在于不能反映公司超常规、超行业发展的资本配置效率水平，从理论角度讲，以行业净利润增长率的平均水平为基准，通过比较公司净利润增长率与行业净利润增长率平均水平的差额程度，能更好描述公司资本配置效率水平，即如果一个公司的净利润增长率超过行业的平均水平，则公司资金投向选择是有效的，其资本配置效率是高效的。基于此，本书将从超行业净利润增长率这一视角来衡量公司资金投向选择，以克服上述两指标的不足。

我们的计算思路为：首先，计算年度超行业净利润增长率。每年度以公司净利润增长率减去行业净利润增长率平均水平（该指标以不包含该公司的同行业其他公司净利润增长率的中值来衡量）的值作为年度超行业净利润增长率；其次，以年度超行业净利润增长率为基础，延续时间序列分析的思想，以 10 年为循环计算周期，取这 10 年中所有年度超行业净利润增长率的中值作为该年度公司资金投向选择的有效程度，如 2002 年某上市公司的资金投向选择有效程度为该公司 1993 ~ 2002 年期间（共 10 年）年度超行业净利润增长率的中值。

书中用变量 growth_abnormal 来表示该角度下的公司资金投向选择有效程度。计算中的财务数据全部来自 Wind 数据库，最后有效样本时间范围是 2000～2009 年（即财务数据取自 1991～2009 年），样本公司年（firm-year）数为 5455 个，共有观测值 54550 个。

表 4-3 Panel A 列示了公司净利润增长率超过同行业净利润增长率的整体情况及其统计分布的基本特征，超额净利润增长率最大值为 1.98%，最小值为 -1.56%，中值和均值分别为 -0.03% 和 -0.035%，这说明在我们所研究的样本中，约有 50% 的公司其净利润增长率超过同行业净利润增长率，即资金投向选择有效程度较高。

表 4-3　公司资金投向选择指标（growth_abnormal）描述性统计

Panel A：基本特征分布

变量	Mean	Std. Dev.	Minimum	Median	Maximum	Obs
growth_abnormal	-0.0350	0.2249	-1.5562	-0.0300	1.9861	5455

Panel B：相关性情况

变量	Pearson 相关系数	Spearman 相关系数
growth_abnormal 与 growth_corr 的相关性	0.1035 （<0.0001）	0.1049 （<0.0001）
growth_abnormal 与 growth_syn 的相关性	0.0573 （<0.0001）	0.0521 （0.0001）

注：表中括号中的值为 P 值。

由表 4-3 Panel B 可知，超额行业净利润增长率（growth_abnormal）与公司净利润增长率与行业净利润增长率的相关性（growth_corr）和同步性（growth_syn）之间都具有一定的相关度，其中 growth_abnormal 与 growth_corr 之间的 Pearson 相关系数大小为 0.1035、Spearman 相关系数大小为 0.1049，同时，growth_abnormal 与 growth_syn 之间的 Pearson 相关系数大小为 0.0573、Spearman 相关系数大小为 0.0521，并且它们都在 1% 统计水平上显著，这说明超额行业净利润增长率一定程度上区别于公司净利润增长率与行业净利润增长率之间的相关性、同步性，并能较好衡量公司资金投向选择的有效程度。

4.5　本章小结

本章在阐述如何描述和衡量公司资金投向选择的基础上，借鉴经典文献的思想，分别提出用公司净利润增长率与行业净利润增长率之间的相关性、公司净利润增长率与行业净利润增长率之间的同步性来衡量公司资金投向选择的有效程度，并基于深沪两市上市公司 1991～2009 年期间的财务数据，分别对两指标进行计量和描述性统计分析，结果表明：用公司净利润增长率与行业净利润增长率的相关性和同步性都能较好衡量公司资金投向选择的有效程度。

同时，考虑到公司净利润增长率与行业净利润增长率之间的相关性、同步性存在的不能反映公司超常规、超行业发展的资本配置效率水平的局限性，著作又以行业净利润增长率的平均水平为基准，通过比较公司净利润增长率与行业净利润增长率平均水平的差额程度（即超行业净利润增长率），来进一步描述公司资本配置效率水平，描述性统计分析结果说明，超额行业净利润增长率也能较好衡量公司资金投向选择的有效程度。

会计信息质量对公司资金投向选择的影响

5.1 单因素分析

本节对会计信息质量与公司资金投向选择之间的关系分别从相关性、基本变化趋势和非参数检验三方面进行单因素分析。通过相关性分析，对二者之间的相互关系进行初步判断，进一步采用了图示方法，更清楚展示了二者之间的趋势关系，最后采用非参数检验方法对二者之间的关系进行统计检验和分析。

5.1.1 会计信息质量与公司资金投向选择之间的相关性分析

本书采用公司净利润增长率与行业净利润增长率之间的相关性和同步性来衡量公司资金投向选择，基于这两个指标，本小节分别分析了四个会计信息质量指标和综合会计信息质量之间的相关性，其相关性程度用 Pearson 系数和 Spearman 系数表示。

5.1.1.1 基于公司净利润增长率与行业净利润增长率的相关性（growth_corr）

表 5 - 1 为会计信息质量与公司资金投向选择（公司净利润增长率与行业净利润增长率之间的相关性：growth_corr）之间相关性的分析结果。

表 5 - 1 会计信息质量与公司资金投向选择
（growth_corr）之间的相关性

系数	accrual quality	persistence	predictability	smoothness	total accounting quality
Pearson 相关系数	- 0. 03226 （0. 3918）	- 0. 04553 （0. 2266）	- 0. 03297 （0. 3814）	- 0. 07013 （0. 0624）	- 0. 16026 （ < 0. 0001）
Spearman 相关系数	- 0. 13373 （0. 0004）	- 0. 09704 （0. 0098）	- 0. 16568 （ < 0. 0001）	- 0. 12250 （ < 0. 0001）	- 0. 17040 （ < 0. 0001）

注：表中括号中的值为 P 值。

表 5 - 1 的结果表明：无论从 Pearson 系数还是 Spearman 系数角度，total accounting quality 与 growth_corr 之间呈显著负向关系（都在 1% 水平上显著），这说明 total accounting quality 越小，则 growth_corr 越大，即公司综合会计信息质量越高，则公司资金投向选择的有效性越高。

从 Spearman 系数角度看，accrual quality、persistence、predictability、smoothness growth_corr 之间呈显著负向关系，因此，accrual quality、persistence、predictability、smoothness 值越小，growth_corr 越大，表明用四个单项指标衡量的会计信息质量越高，则公司资金投向选择的有效性越高。

从 Pearson 系数角度看，accrual quality、persistence、predictability、growth_corr 之间呈负向关系，但统计上不显著，只有 smoothness 与 growth_corr 之间呈显著负向关系，表明用四个单项指标衡量的会计信息质量越高，则公司资金投向选择的有效性越高，但总体在统计上不显著。

5.1.1.2 基于公司净利润增长率与行业净利润增长率的同步性（growth_syn）

表 5 - 2 为会计信息质量与公司资金投向选择（公司净利润增长率与行业净利润增长率的同步性：growth_syn）之间相关性的分析结果。

表 5 - 2 会计信息质量与公司资金投向选择（growth_syn）之间的相关性

系数	accrual quality	persistence	predictability	smoothness	tota laccounting quality
Pearson 相关系数	- 0. 02206 （0. 5581）	- 0. 10260 （0. 0063）	- 0. 02938 （0. 4355）	- 0. 04355 （0. 2475）	- 0. 14502 （0. 0001）
Spearman 相关系数	- 0. 10532 （0. 0051）	- 0. 15311 （ < 0. 0001）	- 0. 13457 （0. 0003）	- 0. 08562 （0. 0228）	- 0. 15349 （ < 0. 0001）

注：表中括号中的值为 P 值。

表 5－2 的结果表明：无论从 Pearson 系数还是 Spearman 系数角度，total accounting quality 与 growth_syn 之间呈显著负向关系，这说明 total accounting quality 越小，则 growth_syn 越大，即公司综合会计信息质量越高，则公司资金投向选择的有效性越高。

从 Spearman 系数角度看，accrual quality、persistence、predictability、smoothness growth_syn 之间呈显著负向关系，因此，accrual quality、persistence、predictability、smoothness 值越小，growth_syn 越大，表明用四个单项指标衡量的会计信息质量越高，则公司资金投向选择的有效性越高。

从 Pearson 系数角度看，accrual quality、predictability、smoothness growth_syn 之间呈负向关系，但统计上不显著，只有 persistence 与 growth_syn 之间呈显著负向关系，表明用四个单项指标衡量的会计信息质量越高，则公司资金投向选择的有效性越高，但总体在统计上不显著。

综上相关性的分析，我们初步判断，会计信息质量与公司资金投向选择之间具有正向关系，即会计信息质量越高，公司资金投向选择的有效性越高，意味着公司将资金主要投向其主营业务或融资前所承诺项目，这说明会计信息在提高公司资本配置效率中起到举足轻重的作用。

5.1.2　会计信息质量与公司资金投向选择之间关系的变化趋势分析

本小节仍然基于衡量公司资金投向选择的两个指标，从图示角度，更直观展示会计信息质量与公司资金投向选择之间的关系。首先，书中分析了四个会计信息质量单指标与公司资金投向选择之间的趋势关系，具体做法为，以每个单指标为基础，取其样本数十分位数并按从小到大的顺序将其样本分成 10 组（组别序号为 1～10），组别序号越小，表示会计信息质量越高，同时取每个组别中 growth_corr 和 growth_syn 的中值、均值，然后判断组别序号与 growth_corr 和 growth_syn 的中值、均值之间的关系，并据此描述会计信息质量与公司资金投向选择之间的趋势关系。接着，书中又分析了综合会计信息质量与公司资金投向选择之间的趋势关系，其思路同前述一致。

5.1.2.1　基于公司净利润增长率与行业净利润增长率的相关性（growth_corr）

图 5－1 展示了四个单项会计信息质量指标同公司净利润增长率与行业净利润增长率之间相关性（growth_corr）的变化关系。

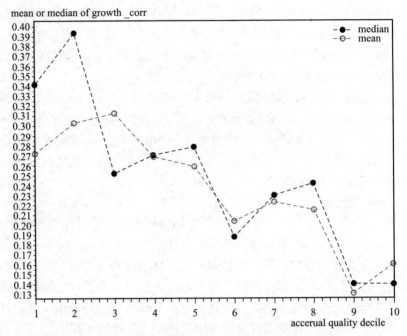

（a）应计项质量（accrual quality）与 growth_corr 之间的变化关系

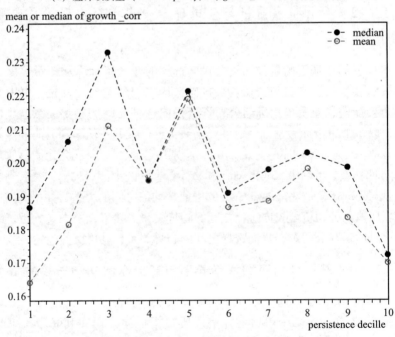

（b）盈余持续性（persistence）与 growth_corr 之间的变化关系

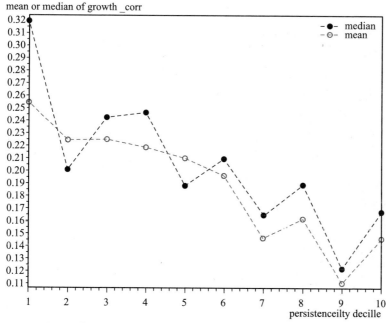

（c）盈余可预测性（predictability）与 growth_corr 之间的变化关系

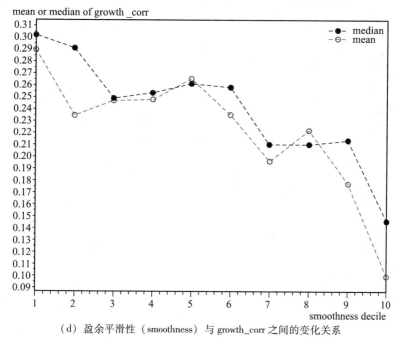

（d）盈余平滑性（smoothness）与 growth_corr 之间的变化关系

图 5-1　四个单项会计信息质量指标与 growth_corr 之间的变化关系

图5-1所示结果直观的表明，基于单个会计信息指标的分析，图中（a）（b）（c）（d）曲线基本都呈现出从左上角向右下角逐渐走低的趋势，这说明随着会计信息质量变差（即组别序号越高），无论是公司净利润增长率与行业净利润增长率之间相关性的中值还是均值都在变小（即公司资金投向选择的有效性越低），这进一步为本书的假设提供了证据。

为了避免仅通过单个会计信息质量指标来描述和判断其与growth_corr之间变化关系的主观性和片面性，书中还展示了综合会计信息质量指标与growth_corr之间的趋势变化关系，如图5-2所示。

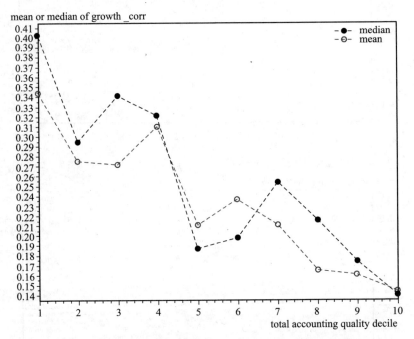

图5-2 综合会计信息质量指标与growth_corr之间的变化关系

图5-2的结果同上述基于单个会计信息质量指标的分析结果一致，即随着会计信息质量越高（即组别序号越低），公司净利润增长率与行业净利润增长率间相关性的中值还和均值都在变大，即公司资金投向选择的有效性越高。

5.1.2.2 基于公司净利润增长率与行业净利润增长率的同步性（growth_syn）

图5-3分析了四个单项会计信息质量指标同公司净利润增长率与行业净利润增长率之间同步性（growth_syn）的趋势变化关系。

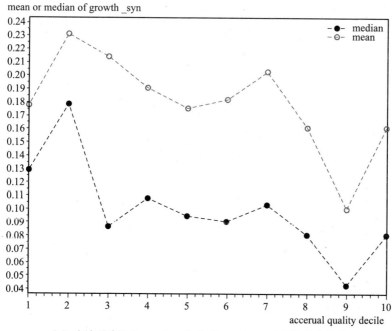

（a）应计项质量（accrual quality）与 growth_syn 之间的变化关系

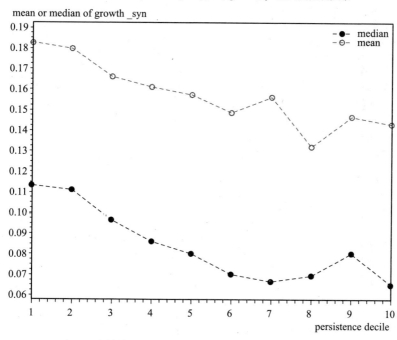

（b）盈余持续性（persistence）与 growth_syn 之间的变化关系

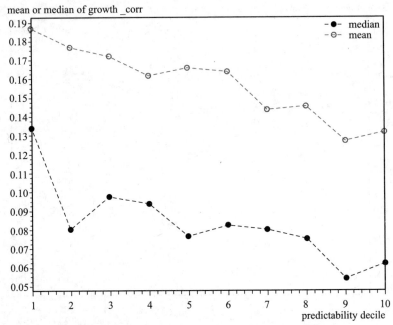

（c）盈余可预测性（predictability）与 growth_syn 之间的变化关系

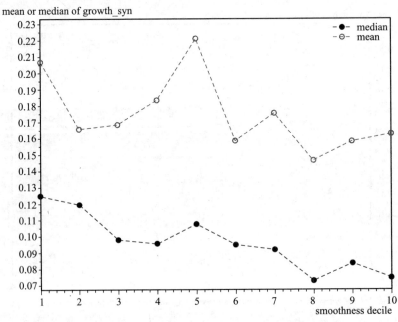

（d）盈余平滑性（smoothness）与 growth_syn 之间的变化关系

图 5 – 3　四个单项会计信息质量指标与 **growth_syn** 之间的变化关系

　　图 5-3 所示结果直观地表明，基于每单个会计信息指标分析，四个图中所示曲线基本都呈现出从左上角向右下角逐渐走低的趋势，这说明随着会计信息质量变差（即组别序号越高），无论是公司净利润增长率与行业净利润增长率之间同步性的中值还是均值都在变小，即公司资金投向选择的有效性越低，从稳健角度，这为本书的假设进一步提供了有力证据。

　　为了避免仅通过单个会计信息质量指标来描述和判断其与 growth_syn 之间变化关系的主观性和片面性，书中还展示了综合会计信息质量指标与 growth_syn 之间的变化关系，如图 5-4 所示。

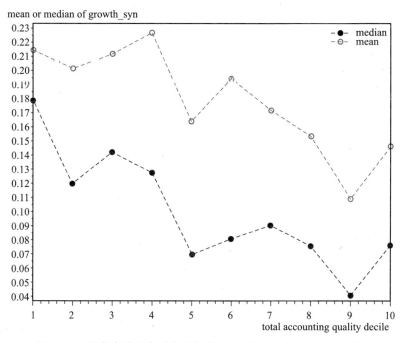

图 5-4　综合会计信息质量指标与 growth_syn 之间的变化关系

　　图 5-4 的结果同上述基于单个会计信息质量指标的分析结果一致，即随着会计信息质量越高（即组别序号越低），公司净利润增长率与行业净利润增长率之间同步性的中值和均值都在变大，即公司资金投向选择的有效性越高。

　　综上图示分析，无论基于单个会计信息质量指标还是综合会计信息质量指标，其结果都直观地表明，随着会计信息质量的提高，公司资金投向选择的有效性也在提高，因此，该结果从趋势角度为二者之间的关系提供了直接证据。

5.1.3 会计信息质量与公司资金投向选择之间关系的非参数检验

本小节基于衡量公司资金投向选择的两个指标，通过非参数检验方法，进一步分析了高质量会计信息和低会计信息质量情况下，相应公司资金投向选择有效性均值的差异程度。本书设计了两种思路来区分高质量会计信息和低质量会计信息的样本，一种思路是将样本据其十分位数进行从小到大排序而分成10组，其中处于前10%的样本（即第1组）定义为高会计信息质量组，后10%的样本（即第10组）定义为低会计信息质量组；另一种思路是将样本依其中位数进行从小到大排序而分成两组，其中处于前50%的样本（即第1组）定义为高会计信息质量组，后50%的样本（即第2组）定义为低会计信息质量组。在此基础上，分别对相应组别中公司资金投向选择有效性的差异进行均值检验和分析。

5.1.3.1 基于公司净利润增长率与行业净利润增长率的相关性（growth_corr）

表5-3为高、低会计信息质量情况下，对相应公司净利润增长率与行业净利润增长率相关性（growth_corr）的差异进行比较和分析的结果。

表5-3　　　　　　　高、低会计信息质量情况下的公司资金
投向选择（growth_corr）差异比较

变量		bottom 10%（高会计信息质量）对比 top 10%（低会计信息质量）		bottom 50%（高会计信息质量）对比 top 50%（低会计信息质量）	
		公司资金投向选择有效性均值差异	t 值	公司资金投向选择有效性均值差异	t 值
单个会计信息质量指标	accrual quality	0.1118	1.91 *	0.0963	3.66 ***
	persistence	−0.0058	−0.24	0.0088	0.85
	predictability	0.018	4.73 ***	0.0743	7.16 ***
	smoothness	0.1902	5.72 ***	0.0707	5.01 ***
综合会计信息质量指标	total accounting quality	0.2005	3.62 ***	0.0987	3.75 ***

注：* 和 *** 表示显著水平分别为 10% 和 1%。

结果显示，如果依据样本十分位数进行分组并基于单个会计信息质量指标进行分析，除了 persistence 指标外，依其他三个指标划分的高会计信息质量组（bottom 10%）和低会计信息质量组（top 10%），其对应的 growth_corr 均值具有显著差异，例如，依 smoothness 区分的高会计信息质量组 growth_corr 的均值比低会计信息质量组 growth_corr 的均值大 0.1902，并且在 1% 水平上显著，这说明高会计信息质量与低会计信息质量在影响公司资金投向选择方面具有显著差异，会计信息质量越高，公司资本配置效率越高。同样，依据公司综合会计信息质量进行分析，发现高会计信息质量组的 growth_corr 均值比低会计信息质量组 growth_corr 均值大 0.2005，并且在 1% 水平上显著，其分析结果一致。

在依据样本中位数区分高会计信息质量组和低会计信息质量组的情况下，同样发现，无论基于单会计信息质量指标（persistence 指标除外），还是一个综合会计信息质量指标分析，其高会计信息质量组对应的 growth_corr 均值在 1% 水平上显著高于低会计信息质量组对应的 growth_corr 均值，这进一步说明会计信息质量越高，则公司资金投向选择越高。

5.1.3.2 基于公司净利润增长率与行业净利润增长率的同步性 (growth_syn)

表 5-4 为高、低会计信息质量情况下，对相应公司净利润增长率与行业净利润增长率同步性（growth_syn）的差异进行比较和分析的结果。

表 5-4　　　高、低会计信息质量情况下的资本配置效率（growth_syn）差异比较

变量		bottom 10%（高会计信息质量）对比 top 10%（低会计信息质量）		bottom 50%（高会计信息质量）对比 top 50%（低会计信息质量）	
		资本配置效率均值差异	t 值	资本配置效率均值差异	t 值
单个会计信息质量指标	accrual quality	0.0167	0.54	0.0364	2.36 **
	persistence	0.0394	3.03 ***	0.0239	4.26 ***
	predictability	0.0552	4.71 ***	0.0304	5.42 ***
	smoothness	0.0442	2.36 **	0.0288	3.60 ***
综合会计信息质量指标	total accounting quality	0.0678	2.14 **	0.049	3.19 ***

注：** 和 *** 表示显著水平分别为 5% 和 1%。

结果显示，如果依据样本十分位数进行分组并基于单个会计信息质量指标进行分析，除了 accrual quality 指标外，依其他三个指标划分的高会计信息质量组（bottom 10%）和低会计信息质量组（top 10%），其对应的 growth_syn 均值具有显著差异，例如，依据 predictability 区分的高会计信息质量组 growth_syn 的均值比低会计信息质量组 growth_syn 的均值大0.0522，并且在 1% 水平上显著，这说明高会计信息质量与低会计信息质量在影响公司资金投向选择有效性方面具有显著差异，即会计信息质量越高，则公司资金投向选择有效性越高。同样，依据公司综合会计信息质量进行分析，发现高会计信息质量组的 growth_syn 均值比低会计信息质量组growth_syn 均值大 0.0678，并且在 5% 水平上显著，其分析结果一致。

在依据样本中位数区分高会计信息质量组和低会计信息质量组的情况下，同样发现，无论基于单会计信息质量指标，还是一个综合会计信息质量指标分析，其高会计信息质量组对应的 growth_syn 均值至少在 5% 水平上显著高于低会计信息质量组对应的 growth_syn 均值，这进一步说明公司会计质量越高，则公司资金投向选择有效性越高。

综上非参数检验分析，我们发现高会计质量组的公司资金投向选择有效性总体水平要高于低会计信息质量组，其结果为本书假设 H_0 提供了有力的证据，即会计信息质量越高，则公司资金投向选择有效性越高。

5.2 多因素分析（回归分析）

根据单因素分析，我们得出初步结论：会计信息质量越高，则公司资金投向选择的有效性越高，但是这种关系会不会是受到除会计信息质量以外其他因素影响的结果呢，本节将通过多因素分析为判断会计信息质量与公司资金投向选择之间的关系提供更具说服力的证据。

5.2.1 控制因素

关于会计信息质量与公司资金投向选择之间的关系，本书的控制因素包括：公司规模、公司成长性、公司盈利能力、公司经营的波动性、公司的负债程度、公司营运能力及行业因素。

（1）公司规模。公司规模属于公司的特征变量，一般认为公司规模越大，其治理机制和决策机制更加健全和完善，对上市公司所掌控资本的正确流向的监管效果更强，其资金投向选择的有效性会更高，因此书中将公司规模作为控制变量，预期其与公司资金投向选择的有效性正相关。公司规模用变量 Size 表示，采用上市公司 10 年期内平均总资产的对数来衡量。

（2）公司成长性。公司的成长性采用市净率来衡量，成长性也属于公司的特征变量之一，一般认为成长性越高的公司处于其成长壮大阶段，公司的投资模式和盈利模式相对比较成熟，公司的资本投资效率也更高，我们预期其与公司资金投向选择的有效性正相关。公司成长性用变量 MTB 表示，采用上市公司 10 年期内年末市净率平均值来衡量。

（3）公司盈利能力。盈利能力属于公司的基本财务指标，书中使用总资产净利率来衡量。盈利能力高的公司，会表现出与行业总体盈利水平较强的相关性和同步性，因此我们将公司盈利能力作为控制变量，预期其与公司资金投向选择的有效性正相关。公司盈利能力用变量 ROA 表示，采用上市公司 10 年期内平均总资产净利率来衡量。

（4）公司经营的波动性。本书用营业收入标准差来衡量公司经营的波动性。由于每个公司提供的服务或者产品所面临的市场结构和竞争形态存在一定差异，这使得公司的经营存在波动性，而这种波动性会直接影响公司收益增长率与行业增长率之间的关系，因此我们需要控制公司经营波动性程度对公司资金投向选择的影响，预期二者之间关系呈负向关系。公司经营波动性用变量 σ(Sales) 表示，采用上市公司 10 年期内营业收入（经过上年年末总资产标准化处理）标准差来衡量。

（5）公司负债程度。书中用资产负债率来衡量公司的负债程度。债务程度较高的公司，其投资行为往往会更多受到来自与债权人所签债务合同条款的约束，尤其对于成长性好的公司，这种约束会使它们丧失良好的投资机会，影响其在行业中的盈利状况，从而会影响公司资金投向选择，因此本书对公司负债程度这一因素加以控制，预期公司资产负债程度与公司资金投向选择的有效性呈负向关系。公司负债程度用变量 Leverage 表示，采用上市公司 10 年期内年末资产负债率平均值来衡量。

（6）公司营运能力。本书用营业周期来衡量公司的营运能力，其值等于存货周转天数与应收账款周转天数之和。具有较强营运能力的公司，资产利用效率较高，资金周转周期短，因此具有较好的盈利水平，并在行业中处于优势位置，体现为公司与行业盈利水平具有较好的相关性和同步性，因此我们对公司营运能力这一因素加以控制，预期营运能力与公司资金投向选择的有效性正相关。公司营运能力用变量 OperatingCycle 表示，采用上市公司 10 年期内平均营业周期的对数来衡量。

（7）行业因素。不同行业具有不同的业务类型、特点和盈利模式，因此资本配置效率存在行业差异，我们还对行业因素加以控制，行业分类按照中国证监会的分类标准设置，共 13 个一级行业，用变量 Industry 表示。

本节相关变量定义如表 5-5 所示。

表 5-5　　　　　　　　　　　控制变量设计

变量	变量定义
Size	公司规模，采用上市公司 10 年期内平均总资产的对数来衡量
MTB	公司成长性，采用上市公司 10 年期内年末市净率中值来衡量
ROA	公司盈利能力，采用上市公司 10 年期内总资产净利率中值来衡量
σ(Sales)	公司经营波动性，采用上市公司 10 年期内营业收入（经过上年年末总资产标准化处理）标准差来衡量
Leverage	公司负债程度，采用上市公司 10 年期内年末资产负债率中值来衡量
OperatingCycle	公司营运能力，采用上市公司 10 年期内平均营业周期的对数来衡量
Industry	行业哑变量，按照中国证监会的行业分类标准设置

5.2.2　多因素分析模型的构建

根据单因素分析，本书初步得出结论：会计信息质量越高，则公司资金投向选择有效性越高，但是这种关系会不会是受到除会计信息质量以外其他因素影响的结果呢，本节通过多因素分析为判断会计信息质量与公司资金投向选择之间的关系提供更具说服力的证据。

我们构建回归模型（5.1）和模型（5.2），分别以公司净利润增长率与行业净利润增长率的相关性（growth_corr）和同步性（growth_syn）作为被解释变量，通过检验会计信息质量对 growth_corr 和 growth_syn 的影响来验证本书假设 H_0。

$$growth\_corr_t = \alpha_0 + \alpha_1 Rank\ of\ AQ + \alpha_2 Size_t + \alpha_3 MTB_t + \alpha_4 ROA_t + \alpha_5 \sigma(Sales)_t$$
$$+ \alpha_6 Leverage_t + \alpha_7 OperatingCycle_t + \sum \alpha \times Industry + \varepsilon$$

$$(5.1)$$

$$growth\_syn_t = \alpha_0 + \alpha_1 Rank\ of\ AQ + \alpha_2 Size_t + \alpha_3 MTB_t + \alpha_4 ROA_t + \alpha_5 \sigma(Sales)_t$$
$$+ \alpha_6 Leverage_t + \alpha_7 OperatingCycle_t + \sum \alpha \times Industry + \varepsilon$$

$$(5.2)$$

模型中，growth_corr$_t$ 表示 t – 9 年至 t 年间公司净利润增长率与同行业净利润之间相关性大小；growth_syn$_t$ 表示 t – 9 年至 t 年间公司净利润增长率与同行业净利润之间的同步性程度；Rank of AQ 表示公司会计信息质量；考虑到样本公司应计项质量（accruals quality）、盈余持续性（persistence）、盈余可预测性（predictability）和盈余平滑性（smoothness）的实际值变化幅度较大，本模型以排序数对会计信息质量指标进行赋值，具体做法为，以每个单指标为基础，对 t 年度所有样本按十分位数进行从小到大排序并将其分成十组（组别序号为 1 ~ 10），公司所在组别即为其相应会计信息质量指标的值，组别序号越小，表示公司会计信息质量越高，综合会计信息质量指标（TAQ$_t$）为 t 年度该公司的四个单指标排序数之和；其他变量定义见表 5 – 5。

5.2.3 实证结果与分析

5.2.3.1 基于模型（5.1）的分析

由于模型（5.1）中涉及四个公司会计信息质量单指标和一个综合会计信息质量指标为解释变量，因此共有 5 个子模型（模型 1 ~ 模型 5），其实证分析结果如表 5 – 6 所示。

表 5 – 6　　　　会计信息质量对公司资金投向选择的影响：
基于 growth_corr 的回归分析

变量	accruals quality 模型 1	persistence 模型 2	predictability 模型 3	smoothness 模型 4	TAQ 模型 5
Intercept	– 0.9005 ** (– 2.41)	– 0.7370 *** (– 4.99)	– 0.5989 *** (– 4.04)	– 0.6919 *** (– 3.46)	– 0.7970 ** (– 2.09)
Rank of AQ	– 0.0103 ** (– 2.05)	0.0028 (1.49)	– 0.0059 *** (3.01)	– 0.0094 *** (– 3.69)	– 0.0039 ** (– 2.38)
Size	0.0560 *** (3.34)	0.0469 *** (7.08)	0.0418 *** (6.26)	0.0466 *** (5.21)	0.0527 *** (3.10)
MTB	– 0.0016 (– 0.42)	– 0.0044 *** (– 2.43)	– 0.0035 * (– 1.90)	– 0.0017 (– 0.75)	– 0.0013 (– 0.34)
ROA	0.4478 (0.82)	0.8016 *** (3.74)	0.7207 *** (3.38)	0.4773 (1.63)	0.3414 (0.62)

变量	accruals quality 模型 1	persistence 模型 2	predictability 模型 3	smoothness 模型 4	TAQ 模型 5
$\sigma(Sales)$	0.0015 (0.08)	−0.0002 (−0.29)	−0.0001 (−0.14)	−0.0004 (−0.47)	0.0004 (0.02)
Leverage	0.0261 (0.30)	−0.0273 (−0.74)	−0.0170 (−0.47)	−0.0227 (−0.48)	0.0237 (0.27)
OperatingCycle	−0.0048 (−0.33)	−0.0160 *** (−2.73)	−0.0137 ** (−2.33)	−0.0053 (−0.67)	−0.0078 (−0.54)
Industry	控制	控制	控制	控制	控制
F − statistics	4.79	20.98	21.99	12.04	4.81
Prob(F)	<0.0001	<0.0001	<0.0001	<0.0001	<0.0001
R − Square	4.65%	3.26%	3.41%	3.33%	4.68%

注：*** 、** 、* 分别表示在1%、5%和10%水平上显著。

表5-6的结果表明，在以四个单指标描述会计信息质量时，除了模型2外，其他三个模型中的会计信息质量指标系数至少在5%的统计水平上显著为负值，可见，以某会计信息质量指标为基础进行排序的排序值越小，则公司净利润增长率与同行业净利润之间相关性越大，即会计信息质量越高，公司资金投向选择有效性越高，这说明高质量会计信息会提高公司信息透明度并强化其治理功能，从而提高公司资金投向选择的有效程度。更为重要的是，模型5中的综合会计信息质量指标前系数也在5%的水平上显著为负，这进一步为本书假设提供了充分证据。此外，我们还发现在5个模型中，公司规模前的系数都在1%的水平上显著为正，这符合我们的预期，一般认为公司规模越大，其治理机制和决策机制更加健全和完善，掌握和动用的资源更多，对上市公司所掌控资本正确流向的监管效果更强、保证项目运作成功的概率更大，则资金投向选择有效性会更高。总之，在控制了其他因素可能对公司资金投向选择的影响后，我们仍然得出结论，会计信息质量与公司的资金投向选择的有效性具有正向关系，会计信息质量越高，则公司资金投向选择的有效性越高。

5.2.3.2 基于模型（5.2）的分析

同样，模型（5.2）中涉及四个公司会计信息质量单指标和一个综合指标为解释变量，因此共有5个子模型（模型1~模型5），其实证分析结果如表 5 - 7 所示。

表 5 - 7　　　　　会计信息质量对公司资金投向选择的影响：
基于 growth_syn 的回归分析

变量	accruals quality 模型 1	persistence 模型 2	predictability 模型 3	smoothness 模型 4	TAQ 模型 5
Intercept	- 0. 6561 *** (- 3. 04)	- 0. 2447 *** (- 3. 08)	- 0. 2539 *** (- 3. 18)	- 0. 4845 *** (- 4. 31)	- 0. 5611 ** (- 2. 55)
Rank of AQ	- 0. 0029 *** (- 2. 63)	- 0. 0032 *** (- 3. 18)	- 0. 0024 ** (- 2. 28)	- 0. 0012 (- 0. 83)	- 0. 0018 ** (- 1. 90)
Size	0. 0420 *** (4. 38)	0. 0237 *** (6. 64)	0. 0237 *** (6. 58)	0. 0330 *** (6. 56)	0. 0385 *** (3. 92)
MTB	- 0. 0008 (- 0. 35)	- 0. 0009 (- 0. 96)	- 0. 0008 (- 0. 76)	- 0. 0011 (- 1. 12)	0. 0006 (- 0. 27)
ROA	0. 1039 (0. 33)	0. 2045 * (1. 77)	0. 2358 *** (3. 38)	0. 0613 (0. 37)	0. 0553 (0. 17)
σ(Sales)	- 0. 0060 (- 0. 54)	0. 00024 (0. 67)	0. 00023 (0. 65)	- 0. 0001 (- 0. 18)	- 0. 0058 (- 0. 52)
Leverage	- 0. 0804 (- 1. 58)	- 0. 0703 *** (- 3. 56)	- 0. 0742 *** (- 3. 77)	- 0. 0714 *** (- 2. 67)	- 0. 0793 (- 1. 56)
OperatingCycle	- 0. 0009 (- 0. 08)	- 0. 0103 *** (- 3. 28)	- 0. 0093 ** (- 2. 94)	- 0. 0001 (- 0. 03)	- 0. 0014 (- 0. 16)
Industry	控制	控制	控制	控制	控制
F - statistics	6. 10	22. 96	22. 24	12. 36	6. 22
Prob(F)	< 0. 0001	< 0. 0001	< 0. 0001	< 0. 0001	< 0. 0001
R - Square	5. 85%	3. 56%	3. 45%	3. 41%	5. 98%

注：*** 、** 、* 分别表示在 1% 、5% 和 10% 水平上显著。

表 5 - 7 的结果表明，我们改变衡量公司资金投向选择指标后，仍然得出同模型（5. 1）基本相同的结论：在以四个单指标描述会计信息质量时，除了模型 4 外，其他三个模型中的会计信息质量指标系数至少在 5% 的统计水平上显著为负值，因此，以某会计信息质量指标为基础进行排序的排序值越小，则公司净利润增长率与同行业净利润之间同步性越高，即会计信息质量越高，公司资金投向选择有效性越高，这说明高质量会计信息会提高公司信息透明度并强化其治理功能，从而提高公司资金投向选择

的有效程度。更为重要的是，模型 5 中的综合会计信息质量指标前系数也在 5% 的水平上显著为负，这进一步为本书假设提供了充分证据。此外，我们同样发现在 5 个模型中，公司规模（Size）前的系数都在 1% 的水平上显著为正，这符合我们的预期，一般认为公司规模越大，其治理机制和决策机制更加健全和完善，掌握和动用的资源更多，对上市公司所掌控资本正确流向的监管效果更强、保证项目运作成功的概率更大，则资金投向选择的有效性会更高。总之，在控制了其他因素可能对公司资金投向选择的影响后，我们仍然得出结论，会计信息质量与公司的资金投向选择有效性具有正向关系，会计信息质量越高，则公司资金投向选择的有效性越高。

5.3　稳健检验

为了提高结果的可靠性，本节做了如下稳健检验。

5.3.1　以超行业净利润增长率（growth_abnormal）作为公司资金投向选择代理变量进行相关分析

本节延续了第 5.1 节和第 5.2 节的分析思路，首先从相关性、变化趋势和非参数检验三个方面对会计信息质量与超行业净利润增长率之间的关系进行了单因素分析，其结果分别如表 5 - 8、图 5 - 5 及图 5 - 6、表 5 - 9 所示；其次通过多因素分析，在控制了其他因素影响的情况下，回归分析了会计信息质量对超行业净利润增长率的影响，实证结果如表 5 - 10 所示。

表 5 - 8　　会计信息质量与公司资金投向选择（growth_abnormal）之间的相关性

相关系数	accrual quality	persistence	predictability	smoothness	total accounting quality
Pearson 相关系数	- 0. 06643 (0. 0776)	- 0. 09984 (0. 0079)	- 0. 08850 (0. 0186)	- 0. 07535 (0. 0452)	- 0. 13870 (0. 0002)
Spearman 相关系数	- 0. 13693 (0. 0003)	- 0. 09744 (0. 0095)	- 0. 13078 (0. 0005)	- 0. 18015 (< 0. 0001)	- 0. 17429 (< 0. 0001)

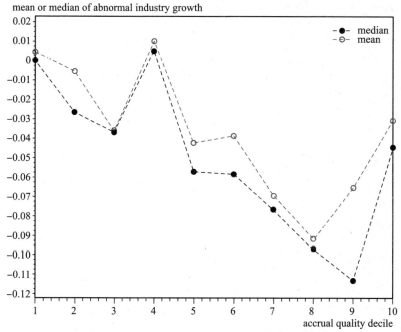

（a）应计项质量（accrual quality）与 growth_abnormal 之间的变化关系

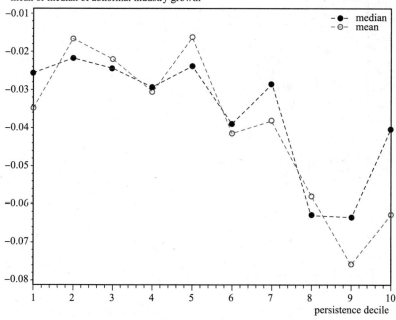

（b）盈余持续性（persistence）与 growth_abnormal 之间的变化关系

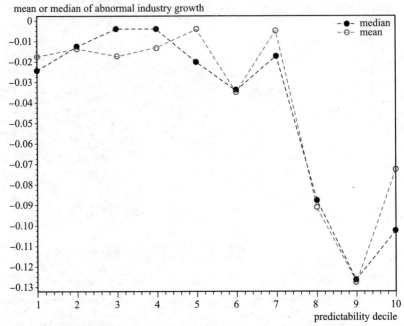

（c）盈余可预测性（predictability）与 growth_abnormal 之间的变化关系

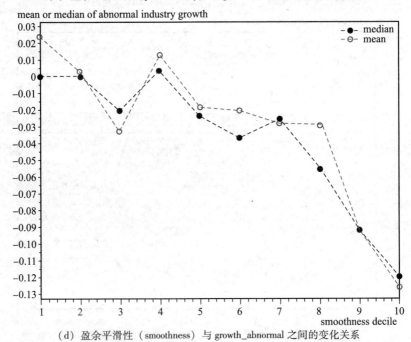

（d）盈余平滑性（smoothness）与 growth_abnormal 之间的变化关系

图 5 - 5　四个单会计信息质量指标与 **growth_abnormal** 之间的变化关系

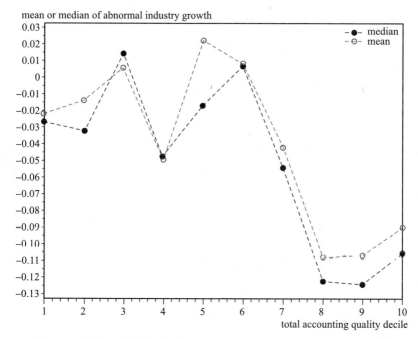

图5-6 综合会计信息质量指标与 growth_abnormal 之间的变化关系

表5-9 高、低会计信息质量情况下的资本配置效率
（growth_abnormal）差异比较

变量		bottom 10%（高会计信息质量）对比 top 10%（低会计信息质量）		bottom 50%（高会计信息质量）对比 top 50%（低会计信息质量）	
		资本配置效率均值差异	t 值	资本配置效率均值差异	t 值
单个会计信息质量指标	accrual quality	0.0352	0.76	0.0453	2.33 **
	persistence	0.0281	1.58	0.0313	4.54 ***
	predictability	0.0555	3.23 ***	0.0533	7.77 ***
	smoothness	0.1500	6.90 ***	0.0565	5.81 ***
综合会计信息质量指标	total accounting quality	0.0679	1.42	0.0532	2.81 ***

注：** 和 *** 表示显著水平分别为5%和1%。

表5-10 会计信息质量对公司资金投向选择的影响：
基于 growth_abnormal 的回归分析

变量	accruals quality	persistence	predictability	smoothness	TAQ
	模型1	模型2	模型3	模型4	模型5
Intercept	-0.3144 (-1.22)	-0.2301 ** (-2.49)	-0.1430 (-1.55)	-0.2750 ** (-2.13)	-0.1478 (-0.57)
Rank of AQ	-0.0072 ** (-2.07)	-0.0027 ** (-2.31)	-0.0079 *** (-6.42)	-0.0094 *** (-5.70)	-0.0034 *** (-3.13)
Size	0.0057 (0.49)	0.0023 (0.56)	-0.0014 (-0.34)	0.0053 (0.91)	-0.0006 (-0.05)
MTB	0.0010 (0.34)	0.0010 (0.88)	0.0019 (1.71)	0.0013 (0.90)	0.0013 (0.48)
ROA	2.6796 *** (7.07)	2.5591 *** (19.06)	2.5468 *** (19.17)	2.4761 *** (13.06)	2.5607 *** (6.84)
σ(Sales)	0.0388 *** (2.92)	-0.0001 (-0.19)	-0.00002 (-0.05)	0.0006 (1.26)	0.0369 *** (2.83)
Leverage	0.1734 *** (2.86)	0.2337 *** (10.17)	0.2353 *** (10.32)	0.1927 *** (6.24)	0.1785 *** (2.99)
OperatingCycle	-0.0006 (-0.06)	-0.0119 *** (-3.24)	-0.0088 ** (-2.38)	-0.0039 (-0.76)	-0.0026 (-0.26)
Industry	控制	控制	控制	控制	控制
F - statistics	11.03	71.34	77.06	40.23	11.64
Prob(F)	<0.0001	<0.0001	<0.0001	<0.0001	<0.0001
R - Square	10.09%	10.27%	11.01%	10.31%	10.63%

注：** 和 *** 分别表示在5%和1%水平上显著。

从相关性分析看，表5-8 的结果表明：无论是 Pearson 系数还是 Spearman 系数，total accounting quality 与 growth_abnormal 之间呈显著负向关系（在1%水平上显著），即 total accounting quality 越小，则 growth_abnormal 越大，即综合会计信息质量越高，则以超行业净利润增长率描述的公司资金投向选择有效性越高。

从 Spearman 系数角度看，accrual quality、persistence、predictability、smoothness 与 growth_abnormal 之间呈显著负向关系，因此，accrual quality、persistence、predictability、smoothness 值越小，growth_abnormal 越大，表明用应计项质量、盈余持续性、盈余可预测性以及盈余平滑性等四个单指标

衡量的会计信息质量越高，则以超行业净利润增长率作为代理变量的公司资金投向选择有效性越高。

同时，从 Pearson 系数角度看，accrual quality、persistence、predictability、smoothness 均与 growth_abnormal 之间呈显著负向关系，表明用四个单指标衡量的会计信息质量越高，则用超行业净利润增长率描述的公司资金投向选择有效性越高。这一结果与以公司净利润增长率与行业净利润增长率之间的相关性（growth_corr）和同步性（growth_syn）来描述公司资金投向选择有效性的分析结果不同：上述分析结果中，只有 smoothness 与 growth_corr、persistence 与 growth_syn 之间呈显著负向关系，其他单会计信息质量指标虽然与 growth_corr、growth_syn 之间呈负向关系，但统计上不显著。

从变化趋势分析看，图 5 - 5 的结果直观表明，基于每单个会计信息指标分析，四个图中所示曲线仍基本都呈现出从左上角向右下角逐渐走低的趋势，这说明随着会计信息质量变差（即组别序号越高），无论是超行业净利润增长率的中值还是均值都在变小（即公司资金投向选择有效性越低），这进一步验证了本书的假设。

同时，本节还进一步展示了综合会计信息质量指标与 growth_abnormal 之间的趋势变化关系，如图 5 - 6 所示。

图 5 - 6 的结果同图 5 - 5 基于单个会计信息质量指标的分析结果一致，即随着会计信息质量越高（即组别序号越低），超行业净利润增长率的中值和均值都在变大，即公司资金投向选择有效性越高。

因此，无论基于单个会计信息指标还是综合会计信息质量指标分析，以超行业净利润增长率（growth_abnormal）来描述公司资金投向选择的变化趋势分析结果与以公司净利润增长率与行业净利润增长率之间相关性（growth_corr）、同步性（growth_syn）为基础的分析结果一致。

从非参数检验分析看，表 5 - 9 的结果表明：如果依据样本十分位数进行分组并基于单个会计信息质量指标进行分析，同以公司净利润增长率与行业净利润增长率之间相关性（growth_corr）、同步性（growth_syn）来描述公司资金投向选择的分析结果相同，除了 persistence 指标外，依其他三个指标划分的高会计信息质量组（bottom 10%）和低会计信息质量组（top 10%），其对应的 growth_abnormal 均值具有显著差异，这说明高会计信息质量与低会计信息质量在影响公司资金投向选择方面具有显著差异，会计信息质量越高，公司二次资本配置效率越高。同样，依据公司综合会计信息质量进行分析，发现高会计信息质量组的 growth_abnormal 均值与低会计信息质量组 growth_abnormal 均值存在显著差异（在 1% 水平上显著），其分析结果一致。

在依据样本中位数区分高会计信息质量组和低会计信息质量组的情况下，同样发现，无论基于全部单会计信息质量指标，还是一个综合会计信息质量指标分析，其高会计信息质量组对应的 growth_abnormal 均值显著高于低会计信息质量组对应的 growth_abnormal 均值，这说明公司会计质量越高，则以超行业净利润增长率作为代理变量的公司资金投向选择有效性越高。

通过多因素分析，表 5 – 10 的结果表明，在以四个单指标描述会计信息质量时，全部四个模型中的会计信息质量指标系数至少在 5% 的统计水平上显著为负值①，可见，以某会计信息质量指标为基础进行排序的排序值越小，则超行业净利润增长率越大，即会计信息质量越高，公司资金投向选择有效性越高。更为重要的是，模型 5 的实证结果表明综合会计信息质量在 1% 的水平上显著负向影响公司超行业净利润增长率，这与以公司净利润增长率与行业净利润增长率之间相关性（growth_corr）、同步性（growth_syn）来描述公司资金投向选择的分析结果相同。

综上稳健检验，结果表明，如果以超行业净利润增长率（growth_abnormal）作为代理变量来描述公司资金投向选择，我们仍然得出结论，会计信息质量与公司资金投向选择具有显著正向关系，会计信息质量越高，则公司资金投向选择有效性越高。

5.3.2　信息重叠的问题

由于上市公司资金投向选择情况如何以及哪些机制或因素会影响其配置，都需要较长时间才能体现出来和被观察到，所以本书对被解释变量和解释变量的分析都基于长时间范围（本书为 10 年），这样过程变量之间就难免存在信息重叠现象，为考察这种情况对结果的影响：在单因素分析中，我们又分析了 t – 1 年度会计信息质量与 t 年度公司资金投向选择之间的关系；并在多因素分析中，考察了 t – 1 年度的会计信息质量和相关控

---

① 该结果与以公司净利润增长率与行业净利润增长率之间的相关性（growth_corr）和同步性（growth_syn）来描述公司二次资本配置效率的分析结果稍有不同：persistence 对 growth_corr 的影响不显著、smoothness 对 growth_syn 的影响不显著。

制变量对 t 年度公司资金投向选择的影响，以超行业净利润增长率（growth_abnormal）作为公司资金投向选择的代理变量，其多因素分析结果见表 5 - 11，本书基本结论不变。

表 5 - 11　　　　t - 1 年度会计信息质量对 t 年度公司资金投向

选择的影响：基于 growth_abnormal 的分析

变量	accruals quality	persistence	predictability	smoothness	TAQ
	模型 1	模型 2	模型 3	模型 4	模型 5
Intercept	- 0. 5660 ** (- 2. 20)	- 0. 2106 * (- 1. 92)	- 0. 0808 (- 0. 73)	- 0. 4138 *** (- 2. 36)	- 0. 4245 (- 1. 63)
Rank of AQ	- 0. 0049 ** (- 1. 42)	- 0. 0029 ** (- 2. 29)	- 0. 0079 *** (- 5. 38)	- 0. 0100 *** (- 4. 51)	- 0. 0026 ** (- 2. 36)
Size	0. 0173 (1. 49)	0. 0032 (0. 65)	- 0. 0020 (- 0. 40)	0. 0130 * (1. 67)	0. 0119 (1. 02)
MTB	- 0. 0004 (- 0. 13)	0. 0015 (1. 08)	0. 0026 * (1. 86)	0. 0022 (1. 18)	- 0. 0007 (- 0. 03)
ROA	2. 1370 *** (5. 64)	1. 9733 *** (12. 40)	1. 9111 *** (12. 10)	1. 9665 *** (7. 70)	2. 0458 *** (5. 42)
σ(Sales)	0. 0017 (1. 31)	- 0. 0023 * (- 1. 76)	- 0. 0020 (- 1. 57)	0. 0288 ** (1. 26)	0. 0160 (1. 22)
Leverage	0. 2495 *** (4. 11)	0. 2080 *** (7. 56)	0. 2136 *** (7. 84)	0. 1753 *** (4. 23)	0. 2546 *** (4. 23)
OperatingCycle	- 0. 0025 (- 0. 24)	- 0. 0158 *** (- 3. 63)	- 0. 0122 *** (- 2. 77)	- 0. 0042 (- 0. 60)	- 0. 0037 (- 0. 37)
Industry	控制	控制	控制	控制	控制
F - statistics	8. 40	32. 79	37. 20	18. 91	8. 65
Prob(F)	< 0. 0001	< 0. 0001	< 0. 0001	< 0. 0001	< 0. 0001
R - Square	7. 87%	6. 22%	6. 99%	7. 97%	8. 12%

注：*** 、** 、* 分别表示在 1%、5% 和 10% 水平上显著。

5.3.3　会计准则变化对相关指标计算精度的影响

2007 年起，我国上市公司开始执行新的会计准则体系，该变化使 2007 年前后的公司财务数据方面存在一定差异，同时考虑到本书相关变量的计算时间跨度为 10 年，因此这种情况会造成计算结果存在一定误差并影响数据的一致性，并最终可能影响分析结果。为此，本书又采用 2006 年（含）以前的样本数据进行了单因素和多因素分析，以超行业净利润增长率（growth_abnormal）作为公司资金投向选择的代理变量，其多因素分析结果见表 5 - 12。由于样本数据截止到 2006 年，所以无法计算应计项质量（accrual quality）和盈余平滑性（smoothness）这两个会计信息质量指标，继而无法考察应计项质量与公司资金投向选择之间的关系，因此表 5 - 12 仅显示了其他两个会计信息质量指标及以此为基础所构建的综合会计信息质量指标与公司资金投向选择之间的关系，结果显示，我们所得基本结论不变。

表 5 -12　　　　考虑会计准则变化情况下的影响（样本截至 2006 年）：基于 growth_abnormal 的分析

变量	accruals quality	persistence	predictability	smoothness	TAQ
	模型 1	模型 2	模型 3	模型 4	模型 5
Intercept	—	-0.1010 (-0.78)	0.0074 (0.06)	—	-0.0128 (-0.10)
Rank of AQ	—	-0.0027 ** (-2.28)	-0.0094 *** (-5.46)	—	-0.0044 *** (-4.15)
Size	—	-0.0034 (-0.58)	-0.0080 (-1.37)	—	-0.0072 (-1.21)
MTB	—	0.0039 ** (2.06)	0.0053 *** (2.77)	—	0.0048 ** (2.53)
ROA	—	2.7462 *** (14.56)	2.6687 *** (14.25)	—	2.6744 *** (14.20)
σ(Sales)	—	0.0022 (1.08)	0.0026 (1.26)	—	0.0025 (1.20)
Leverage	—	0.2800 *** (8.26)	0.2759 *** (8.30)	—	0.2878 *** (8.58)
OperatingCycle	—	-0.0238 *** (-4.58)	-0.0186 *** (-3.55)	—	-0.0213 *** (-4.08)
Industry	—	控制	控制		控制
F - statistics		44.40	49.08		47.00
Prob(F)	—	<0.0001	<0.0001		<0.0001
R - Square		14.26%	15.54%		14.97%

注：***和**分别表示在 1% 和 5% 水平上显著。

5.4　本章小结

本章我们综合运用了单因素分析（描述性统计、图示趋势分析、非参数检验方法等）和多因素分析（多元回归分析方法）等方法，采取层层递进的思路，深入分析了会计信息质量对公司二次配置效率的影响。具体来说，分别研究了应计项质量、盈余持续性、盈余可预测性和盈余平滑性四个衡量会计信息质量指标对公司二次配置效率（growth_corr 和 growth_syn）的影响，并在此基础上，考察了综合会计信息质量指标（以上述四种会计信息质量指标为基础）对公司资金投向选择的影响。研究发现，会计质量信息越高，公司资金投向选择有效性越高，这说明高质量会计信息在保证会计信息功能实现、监督上市公司掌控资本的正确流向中发挥了重要机制作用。该结论具有重要实践启示：监管层应结合中国实际，继续推动、完善以提高会计信息质量为核心的会计准则体系建设和相关制度制定，从而更有利于资本市场资本配置功能的有效发挥、更好保护投资者利益，促进我国经济的健康和持续发展。最后针对本书的局限性，进行了相关稳健检验，特别的考虑到公司资金投向选择这一概念在本书中的重要性及其衡量难度，我们在分析用公司净利润增长率与行业净利润增长率之间相关性（growth_corr）、同步性（growth_syn）来描述公司资金投向选择进行研究所存在局限性的同时，又进一步用超行业净利润增长率（growth_abnormal）作为代理变量来描述公司资金投向选择并进行了相关分析，所得研究结果一致。

第 6 章

公司内外部治理机制、会计信息质量与公司资金投向选择

6.1 问题的提出

本书主要从会计信息具有治理功能的理论角度来分析会计信息质量对公司资金投向选择的影响，针对这一研究问题，会存在另外一种可能：是不是会计信息质量对公司资金投向选择的影响是间接的、其背后的真正原因是公司治理种机制在起作用？本章将通过对这一问题的深入探讨，来揭示上市公司的会计信息质量状况能否作为一种独立于公司治理机制之外的重要替代或者补充机制对公司资本配置效率产生影响。

公司治理是指通过一套正式或非正式的、内部或外部的制度或机制来协调公司与所有利益相关者之间的利益关系，以保证公司决策的科学性，从而最终维护公司各方面的利益（李维安，2001），其中，公司治理的外部力量源于外部环境，主要包括制度环境中的宏观政策、法规和非制度环境中的产品市场、经理人市场以及控制权市场的竞争状况；而内部治理机制包括董事会、监事会的构成和功能，高管的激励制度以及公司内部的代理权竞争等（谭劲松、郑国坚，2004）。在以产权关系为基础的公司治理中，公司大股东会努力行使其控制权，并努力通过借助外部治理机制力量并通过建立合理的内部机制去激励、监督和约束公司管理层，减少委托代理问题，促进公司运营效率的提高。因此，有效的公司治理结构能够使公司所有者对企业的经营、管理和绩效进行高效率监督和控制，引导公司决策层对公司投资项目进行民主化和科学化决策，使得公司专注于其主营业务或融资前有较好规划的项目，使其所拥有资本能够得到有效利用，最终

提高公司资金投向选择的有效性。

但是，国内外已有的文献研究表明，公司治理与会计信息质量存在着一定的必然联系。国外相关文献研究公司治理与会计信息质量之间的关系主要从公司股权结构、董事会特征两个角度展开，主要结果为：股权集中度越高，会计信息质量越低；执行董事比例越高、内部人控制度越健全、监事会规模越大，则财务报告舞弊可能性越小，同时，董事会规模越大，则公司盈余管理程度越小。基于我国实际背景的同类研究也发现了较为一致的结论，如刘立国、杜莹（2003）。因此，国内外主要研究结果表明，有效的公司治理结构能够改进和提高公司会计信息质量，这说明公司内外部治理结构是影响会计信息质量的重要因素。林钟高、吴利娟（2008）从系统与环境之间关系的角度阐述和分析了会计信息质量与公司治理结构之间的关系，认为系统与环境只有相互协调和适应才有助于实现系统目标，即规范有效的公司治理环境是高质量会计信息的环境保证。

公司治理与会计信息质量之间所存在的联系，使得书中还有几个需要进一步研究和讨论的问题：会计信息质量对公司资金投向选择的影响结果是不是公司治理机制在背后有着更重要的推动作用？或者是会计信息所具有的治理功能与公司治理机制能够共同发挥作用对公司资金投向选择产生影响？会计信息能否作为一种独立于公司治理机制之外的重要机制对公司资本配置效率产生影响？本章将着眼于这些问题进行深入剖析。

6.2 公司治理制度背景、文献回顾与研究假设

6.2.1 公司治理制度背景

建立完善的公司治理结构是现代公司制度的核心要求，但是中国上市公司的治理结构问题更多受到自身所处特殊环境的影响而呈现出自己的特殊性，这也造成了我国公司治理问题与西方国家之间存在着的较大差异。这种特殊环境主要表现在我国从计划经济向市场经济转型过程中，政府与企业之间所存在的特殊关系上。

20世纪70年代末，为了充分调动地方政府的主动性，中央政府开始进行分税制改革，以制度形式确定了中央和地方政府各自的财权和事权。

这次改革一方面强化了地方政府发展经济的财政激励，另一方面基于经济绩效考核的政治晋升激励，也使得各地政府不遗余力推动当地经济发展，导致地方政府之间激烈的各种资源、税收竞争。

中央政府分权化改革推进的过程，也是地方政府业绩考核标准及其利益模式逐步改变和深化的过程，地方政府的评价标准已由过去的政治绩效为主转变为以就业、税收、增长等经济绩效为主，而当地企业尤其是地方政府控股或者参股的企业则是其实现利益的主要平台，因此，政府有动机将各种社会化的目标内部化到其控制的上市公司中，造成中国地方政府与当地企业存在着千丝万缕的关系。

政府与企业所存在的这种独特关系，使得政府以股东和行政管理者的双重身份存在，这造成了中国上市公司所处治理环境的复杂性，并形成了中国上市公司所具有的独特公司治理特征，李维安（2009）认为中国公司治理具有"行政型治理"和"经济型治理"两种模式共存的特点，其中，传统行政治理模式以"资源配置行政化、企业目标行政化、高管任免行政化"为主要特征，但是随着中国公司治理制度的市场化、制度化、规范化程度不断提高，"经济型治理"不断强化，公司治理结构不断得到优化，治理质量逐年提高。

可见，处于新兴加转轨经济中的中国上市公司，其治理问题不仅要关注内部机制包括独立董事制度、独立审计制度、股权结构、信息披露等制度，还要考虑外部机制包括经理人竞争市场、收购兼并市场机制等机制，更为重要的还要考虑上市公司背后的政府行为以及公司所处的治理环境（夏立军，方轶强，2005）。不同于公司治理的内外机制安排，公司所处治理环境属于基础性层面问题，没有良好的治理环境，公司治理的内部、外部机制很难有效发挥作用。因此，国内学者对上市公司治理问题的相关研究不仅包括了内部治理机制和外部非制度因素对上市公司所产生的影响，而且他们还从更为实质、更为根本的因素出发，研究了上市环境所处制度环境如市场化进程、政府干预程度、法治水平等因素对上市公司所产生的影响。

6.2.2 公司治理对公司业绩、价值产生影响的相关文献回顾

早期，中国有关上市公司治理问题的研究主要集中在探讨股权集中度、国有股比例、法人股比例、流通股比例与公司业绩的关系方面。徐和

王（Xu and Wang，1999）发现，国有股权比例越高，则公司业绩越差，但法人股比例越高，则公司业绩越好，同时考察了股权集中度（用赫芬达尔指数、前十大股东持股比例之和衡量）与公司业绩的关系，结果发现，股权集中度越高，公司业绩越好。陈晓和江东（2000）基于行业竞争性强弱的背景研究了国有股比例、法人股和流通股比例和公司业绩的关系。陈小悦和徐晓东（2001）的研究发现，流通股比例越高，则公司业绩越差，同时他们也发现国有股比例、法人股比例与公司业绩间的负相关关系不存在。孙和童（Sun and Tong，2003）的研究则发现，公司 IPO 后，国家持股越高，公司业绩越差；法人股比例越高，公司业绩越好，但外资股对公司业绩没有影响。

另外，国内学者从股权结构包括股权集中度和股权性质角度研究了它们与公司价值的关系。田（Tian，2001）的研究发现，混合资本上市公司业绩明显差于民营资本控制上市公司，而且公司价值与国有股比例之间呈正"U"形关系。孙永祥、黄祖辉（1999）的研究发现，有相对控制股东并且具有一定股权制衡度的公司其公司价值最高，因为这种安排有利于外在监督机制（如收购兼并、经理人竞争市场）作用的发挥，另外发现，第一大股东持股比例与公司价值（用 Tobin'Q 值衡量）具有一定关系，并呈倒"U"形。然而，白等（Bai et al，2004）、白重恩等（2005）则发现，第一大股东持股比例与公司价值呈正"U"形，并负面影响公司价值，同时发现，如果第一大股东具有政府性质，则公司价值越低。

对于公司治理结构与公司价值、绩效之间关系的问题，国外学者同样也进行了大量的研究。饶森斯迪恩和乌亚特（Rosenstein and Wyatt，1990）提供的证据表明，公司市场价值（股东财富）受到公司外部董事比例的影响，他们通过研究发现，当公司宣布新增加外部董事时会引起公司股价的正向反应。毕亚德和哈克曼（Byrd and Hickman，1992）研究发现，外部董事比例超过 50% 的公司比其他公司具有更高的超额股票收益回报。而叶马克（Yermack，1996）研究发现外部董事比例与公司绩效之间没有关系。因此对于公司外部董事比例怎样影响公司绩效和价值的，该方面证据不是很一致。

国外研究还考察了公司治理机制中的股权结构与公司价值、绩效的关系。默克等（1988）基于财富 500 强企业为样本，通过研究发现，公司价值（用 Tobin'Q 衡量）一开始随着管理层持股比例增加而增加，但是当管理层持股比例较大从而具有很强的投票控制权时，此时公司价值则下降。

延续该研究，迈克奈尔和赛外斯（McConnell and Servaes，1990）用更大的样本研究了管理层股权结构与 Tobin'Q 之间的关系，研究发现公司价值与管理层持股比例存在着倒 "U" 形关系，其拐点位置处于管理层持股比例为 40% ～ 50% 处。赫尔马琳和威斯波克（Hermalin and Weisbach，1991）基于纳斯达克的 142 家上市公司为研究对象，研究发现，当管理层持股比例低于 1% 时，公司价值随着持股比例的增加而增加；当管理层持股比例在 1% ～5% 之间时，二者呈负向关系；当管理层持股比例在 5% ～20% 之间时，二者又呈正向关系；当管理层持股比例超过 20% 时，公司价值又与管理层持股比例呈负向关系。叶马克（1996）则发现公司管理层和董事持股比例越高，公司价值明显越高。因此，对于管理层持股比例与公司价值之间的关系，不同研究得出了不同结论。赫明博格等（Himmelberg et al，1999）在控制了样本公司的具体特征后进行研究，发现管理层持股比例变化不会对公司价值产生影响。科尔（Kole，1995）曾对产生这些研究结果差异的原因进行了研究和分析，他从以往研究中所选取的研究样本着手，通过分析最后得出结论，样本中公司资产规模的不同是导致不同研究其研究结果存在差异的具体原因。

在研究公司治理结构与公司业绩或者公司价值的关系方面，国内外已经积累了一定的研究成果。后续研究中，学者们则更加关注治理结构背后更重要、更基本因素对公司绩效或者公司价值的影响，即更加关注公司所处制度环境与公司治理结构的关系，进而研究它们对公司绩效或公司价值的影响。

夏立军、方轶强（2005）在将政府控制细分为非政府控制、县级政府控制、市级政府控制、省级政府控制以及中央政府控制五种类型的基础上，并通过樊纲、王小鲁编制的中国各地区市场化进程数据及其子数据构建各地区公司治理环境指数，研究了政府控制、治理环境与公司价值的关系。研究结果发现，政府层级不仅会对所控制上市公司的价值产生影响，而且这种影响程度会受到公司所处治理环境的制约，具体表现为，上市公司若由县级和市级政府控制，则公司价值会降低，但公司治理环境的改善能够有效阻止公司价值的降低。该文研究结果对研究者具有重要启示，即研究中国公司治理问题及其所产生影响时需要考虑更深层次的问题，要加强对公司所处治理环境的分析研究。

陈、李和苏（Chen，Li and Su，2005）对中国民营上市公司建立政治关联的动机、原因及其后果进行了分析，研究发现，建立政治关联的公司

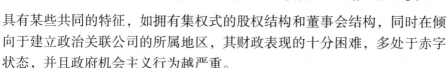

具有某些共同的特征，如拥有集权式的股权结构和董事会结构，同时在倾向于建立政治关联公司的所属地区，其财政表现的十分困难，多处于赤字状态，并且政府机会主义行为越严重。

范、王和张（Fan，Wang and Zhang，2007b）基于中国数据考察了地方政府控制上市公司具有金字塔式组织结构的原因及其后果。研究发现，地方政府控制公司与其最终控制人之间的层级与政府财政赤字、失业率水平、政府目标以及市场化进程、法治水平等特征有关，在财政赤字越少、失业率越低、政府目标更明确以及市场化进程越快、法治水平越高的地区，公司与其最终控制人之间的层级越多。

范、王和张（2007a）基于中国上市公司，考察了公司总经理是否具有政府任职背景对治理结构和企业价值的影响，研究结果发现，总经理的政府任职背景会显著降低企业价值并负面影响董事会职业化程度。

拉波特等（La Porta et al，1998）从一个国家法律体系的起源角度入手，研究了一个国家法律所述法系对该国投资者保护程度的影响，结果发现，投资者法律保护程度最高的国家采用普通法系（Common-law），次者为采用德国和斯堪的纳维亚大陆法系（German-and Scandinavian-civil-law）的国家，而法国大陆法系（French-civil-law）国家的投资者法律保护程度最低；同时，他们还发现，对于投资者保护程度较低的国家，其公司具有较高的股权集中度，因此对于国家法律体系不能很好保护投资者利益时，较高的公司股权集中度是一种重要的替代机制。延续该研究思路，拉波特等（1999）接着以27个富裕国家的大公司为对象，进一步研究了国家间公司股权结构的差异，他们发现，在股东投资者保护程度较好的国家，公司股权较为分散，而在股东投资者保护程度不好的国家，公司股权相对集中，并且多为家族或者政府控制，因此一国投资者法律保护程度与其上市公司股权集中度呈负相关关系。从本质上讲，这两篇经典文献对世界各国公司治理结构所存在差异的背后根本制度因素进行了研究和分析，即一国法律制度体系与公司治理结构之间的关系。最后研究结果表明，一国法律体系会对公司治理结构产生重要影响。

通过本节的文献回顾和分析，我们认为对上市公司治理机制的理解不仅要从公司微观治理结构着手，还要考虑外部治理环境，而且这两者还存在着相互影响和相互渗透的关系。遵循这种思路，我们认为在分析公司治理机制如何对上市公司资金投向选择产生影响这一问题时，对治理机制变量的选取和设计不仅要考虑内部公司治理结构，还要考虑上市公司所处外部治理制度环境因素。

6.2.3 公司治理与会计信息质量之间关系的相关文献回顾

关于公司治理与会计信息质量之间的关系，国外学者从公司股权结构、董事会特征、审计委员会特征以及制度环境等多方面进行了大量研究。比斯利（Beasley, 1996）通过比较未发生财务报告舞弊公司与发生舞弊公司的外部董事比例，发现前者具有更高比例，可见，外部董事比例越大，公司发生财务报告舞弊的可能性越小。迪超等（1996）研究了因违反GAAP而受到SEC处罚的公司所具有的某些共同公司治理特征，如内部董事占全体董事比例更高、公司董事长与总经理合二为一、公司无审计委员会等。泰欧等（Teoh et al, 1998a, 1998b），帕克（Parker, 2000）则研究了董事会结构与公司夸大盈余之间的关系。这些文献主要从公司是否发生财务信息舞弊或者夸大盈余角度来描述会计信息质量。

大多数文献则从盈余管理角度描述会计信息质量，并基于此研究公司治理对会计信息质量的影响。科赖恩（Klein, 2002）研究了审计委员会和董事会独立性对公司盈余管理的影响，研究结果表明，"两会"独立性与公司超额应计项呈显著负向关系，而且审计委员会和董事会独立性的减弱会导致公司超额应计项的增加。这说明审计委员会和董事会独立性建设是公司治理完善的重要内容，并且"两会"独立性在提高公司会计信息质量方面发挥了重要监督约束作用。谢等（Xie et al, 2003）则研究了审计委员会和董事会的成员背景以及他们开会频率对公司盈余管理程度的影响，他们发现，具有公司管理经验或者财务背景成员的审计委员会和董事会对公司盈余管理具有较强的抑制作用，同时"两会"开会频率的增加会显著降低公司盈余管理水平。该研究从审计委员会和董事会构成的微观结构探讨了公司治理结构与会计信息质量之间的关系。刘等（Liu et al, 2007）以中国上市公司为研究对象，从"tunneling"视角研究了公司治理与公司盈余管理程度间的关系，文中比较全面地阐述和衡量了公司治理情况，其中包括第一大股东持股比例、管理层持股比例、总经理是否兼职董事、外部董事比例、股权集中度（用公司第2大股东至第10大股东的Herfindahl指数衡量）、公司是否面临不同的监管环境（当公司同时发行B股或者H股时则意味公司面临着较严厉的监管环境）以及公司控股股东背景等，研究结果发现，较高的公司治理水平会降低公司盈余管理水平，提高公司会计信息质量。可以从多角度、多维度评价公司的治理水平，选择不同的公司治理水平指标可能会影响研究结果的一致性，基于此，拉克等（Larcker et al，2007）通过构建39个衡量公司治理水平的结构性变量，并从中区分出了14个有效变量，研究了公司治理水平与公司超额应计项的关系，结果发现二者之间的关系不是很稳健。

从以往大多数国外文献分析看，学者们主要从公司内部治理结构研究了其与会计信息质量之间的关系，同时由于公司内部治理与会计信息质量可能存在某种程度的内生关系（Larcker et al，2007），因此学者们开始注重从公司所处的外部治理环境角度着手研究其与公司会计信息质量之间的关系。布施曼等（Bushman et al，2004）基于国家层面研究了影响公司治理透明度和财务信息透明度的制度因素，通过研究发现，公司治理透明度主要由一个国家的司法体制决定，而财务信息透明度则与一个国家的政治经济体制高度相关，其中，公司财务信息透明度涵盖了公司财务报告质量、公司私有信息的可获得性和公司信息的传播质量三个主要方面，可见，制度环境对提高公司会计信息质量起着举足轻重的作用。

关于公司治理与会计信息质量之间关系的研究，国内方面主要以规范研究为主并兼具一些实证研究。陈汉文等（1999）以"琼民源会计舞弊案"为切入点，从我国现有公司治理实际状况角度对影响会计信息质量的深层次原因进行了分析，指出我国公司（尤其是国有企业）外部治理结构不健全，虽然企业外部所面临的产品市场竞争变得激烈，但仍缺乏来自资本市场与经理市场的竞争，同时内部治理结构其作用极为有限，通常情况下，董事长由公司经理人员担任，董事会其他人员也大多由企业内部人员兼任，董事会难以发挥监督和控制经理人的有效作用。外部治理结构缺乏压力，内部治理结构又形同虚设，这样的公司治理结构使得公司经理人员有能力掌握和控制企业的财务会计信息系统，会计舞弊、会计信息失真便可避免。因此，作者最后指出，治理会计舞弊、会计信息失真的关键在于保证财务会计信息系统和现代公司治理结构二者相适应，完善公司治理结构，使之具备现代企业的特点，是防范会计舞弊、改善会计信息质量的一条根本性出路。

吴建友（2001）对美国《虚假财务报告：1987～1997》所强调的公司治理机制中的董事会的功能、组成以及董事会与虚假财务报告的关系进行了探讨和分析，认为虚假财务报告除了公司较差的内部控制外，更应该强调公司治理机制的重要性，尤其是强调合格的董事会成员与审计委员会在提高财务报告质量方面的重要性。因此，作者提出借鉴美国经验，我国应该对担任外部董事或审计委员会成员的独立性进行严格审查和限制，加强我国董事会制度建设，降低发布虚假财务报告和恶性盈余管理的可能性，从而提高公司会计信息质量。

林钟高、吴利娟（2004）认为公司治理的完善程度制约着会计信息的质量，并就完善公司治理、提高会计信息的相关性和可靠性提出了一些关键措施，例如，从利益相关者共同治理角度构造和完善公司治理、订立激励与约束相容的报酬契约、形成有效的会计信息需求主体进而增加对信息供给的压力、构建利益相关者会计监督体系（如建立有效的审计委员会或者监事会）等。

刘立国、杜莹（2003）以因财务报告舞弊而被证监会处罚的上市公司作为研究样本，从实证角度，研究了公司治理（主要从公司股权结构、董事会特征两方面）与财务报告舞弊之间的关系，结果发现，公司法人股比例越高、执行董事比例越高、内部控制制度越完善、监事会的规模越大、流通股比例越高，则发生财务舞弊的可能性越小；同时还发现如果公司最大股东为国资性质，则公司发生财务舞弊的可能性越高，因此，最后作者提出要解决上市公司的会计信息失真问题，应该从完善公司治理入手。

潘琰、辛清泉（2004）以契约理论为基础，并结合我国转轨经济的特点，对公司治理结构与会计信息质量的相互作用从机理上进行了理论分析，认为我国上市公司特有股权结构导致内部治理结构趋于失效、资本市场发育不完全导致公司外部治理效率低下、社会中介机构不能有效制约公司管理层以及地方政府的非理性行为等问题交织作用在一起，使得公司治理结构问题异常复杂化并严重影响到会计信息质量。这篇文献对我国公司治理结构面临的实际状况从理论上进行了较为系统的理解，并在此基础上分析了公司治理结构问题对会计信息质量的影响。

通过研读、分析国内外文献，我们认为公司治理机制与会计信息质量之间是环境和系统之间的关系，环境制约着系统的发展，同时系统发展促进环境的改善，因此，在高质量会计信息的背后，公司内外部治理环境起着重要的作用，而规范有效的公司治理是高质量会计信息的环境保证。

6.2.4 公司治理对公司资金投向选择影响的研究假设

当外部资本流入上市公司并为管理层掌控后，这些资本能否流向公司的主营业务或者有较好规划的项目，需要健全、有效的公司运作机制和监督机制进行保障，而公司内外部治理结构是其中的重要机制之一。有效的公司治理结构能够使股东对公司管理层的机会主义行为形成强有力的约束，使得重大投资决策处于外界的有效监督和控制之下，决策的科学性和民主化增强，最终使得公司所拥有资本能够大多数流向公司主营业务，从而提高公司资金投向选择的有效性。

处于新兴加转轨经济中的中国上市公司，其治理问题不仅要关注公司内部治理结构，还要考虑上市公司的外部治理层面，因此本节将从股权结构、董事会结构（内部治理）和公司所处制度环境（外部治理）等主要公司治理层面研究公司治理与公司二次配置效率的关系，其中股权结构将从终极控制人性质、股权集中度、股权制衡度三个维度，董事会结构将从总经理与董事长是否两职分离、董事会规模、独立董事比例三个维度展开相关研究，而制度环境将重点关注公司所处区域的市场化进程情况。

6.2.4.1 股权结构与公司资金投向选择

公司所有权与经营权的分离直接造成了股东与管理层之间的代理问题，不同的股权结构将会影响公司代理问题的严重程度，从而影响公司所掌控资本的利用效率，因此，股权结构是影响公司资金投向选择的重要机制因素之一，本节将从公司终极控制人性质、股权集中度、股权制衡度三个角度分析股权结构与公司资金投向选择之间的关系。

（1）终极控制人性质与公司资金投向选择。我国大多数上市公司前身脱胎于计划经济阶段，因此它们与政府存在着千丝万缕的关系，而中央政府与地方政府的财税分权改革使得这种关系更加复杂化，因此，政府的股东和行政管理者双重身份，会使公司战略经营目标以追求规模扩张和投资速度，从而实现其政府目标，同时，上市公司的国有股权比重过大，大部分剩余索取权集于国有大股东一身，其他股东无力对公司的投资决策实施控制（刘星、刘伟，2007），投资决策质量下降并最终影响公司资金投向选择。因此，政府在上市公司中的特殊角色，形成了中国上市公司的独特公司治理特征，并直接影响了公司资金投向选择。因此我们提出假说 H_1：

H_1：与非国有上市公司相比，国有性质上市公司具有较低的公司资金投向选择有效性。

（2）股权集中度与公司资金投向选择。公司股权集中度的高低会对管理层的监督和约束效率产生不同的影响，在股权较为分散的公司，小股东

"搭便车"问题比较严重，他们缺乏动力、积极性对公司管理层进行主动、有效监督，股东与管理层之间的代理问题比较严重，这样，公司控制权往往被内部人所掌控，处于私有利益考虑，公司进行重大投资决策的机会主义行为增加，管理层能够做出有效率和效益项目投资决策的概率下降，最终导致公司资金投向选择有效性降低。但是，随着大股东持股比例的增加，股东对管理层的监督效率和约束强度增加，二者之间的代理问题得到缓解，公司管理层的逆向选择和道德风险降低，外部资本投资者所提供资本能够大多流向公司主营业务或有较好规划的项目，使得公司所掌控资本的配置效率提高。因此，本书提出假说 H_2：

H_2：股权集中度较高的上市公司具有较高的公司资金投向选择有效性。

（3）股权制衡度与公司资金投向选择。当公司前几大股东各自在控股地位上没有相对优势时，公司的重大决策需要经过他们共同表决才能进行，这样可以通过相互监督和约束来减弱相对控股股东谋取控制权私利的空间，因此股权制衡的存在一定程度上可以抑制控股股东利用其控制权侵占公司利益的行为，并引导公司进行民主化和科学化决策，保证公司所掌控资本的正确流向，从而提高公司资金投向选择有效性。白重恩、刘俏等（2005）通过研究发现，我国上市公司非控股股东集中度的提高有利于对控股股东产生制衡，从而对其利益侵占行为进行约束和监督。

但是在证券市场上，控制权能够带来巨大的私人利益，因此持股相近的股东之间容易发生控制权争夺，内耗比较严重，导致他们无暇监督管理者、无暇顾及公司决策，从而影响公司决策效率，甚至投资决策失误，并最终影响公司资金投向选择。徐莉萍、辛宇等（2006）通过研究发现，股权制衡度高的公司绩效更差，较为分散的股权结构将导致没有股东对上市公司的经营负主要责任，对管理者的监督严重缺位。通过上述基本分析可见，公司股权制衡度高低对公司资金投向选择的影响具有有利和不利两方面，因此提出假说 H_{3a} 和假说 H_{3b}：

H_{3a}：公司股权制衡度与公司资金投向选择有效性具有正向关系。

H_{3b}：公司股权制衡度与公司资金投向选择有效性具有负向关系。

6.2.4.2　董事会结构与公司资金投向选择

董事会因为其拥有股东委托的公司重大投资、经营决策权以及对经理人的任免而成为公司治理的核心环节，股东的意志要在公司贯彻和实施，必须通过董事会来实现，因此，董事会的结构组成及其效率发挥直接关系到对管理层权利的约束和监督，并进而影响公司重大投资决策行为及其效率，本小节将遵循经典文献的研究思路，从总经理与董事长两职是否分离、董事会规模、独立董事比例三方面分析董事会结构对公司资金投向选择的影响。

（1）总经理与董事长两职是否分离与公司资金投向选择。总经理与董事长两职是否分离反映了董事会独立性和公司管理层进行自由决策的空间，从监督和控制的角度，两职分离有益于提高董事会的独立性，使得董事会能够对高级经理人员进行有效的监督和约束，降低公司管理层机会主义行为的发生概率，提高公司重大投资决策质量，保证公司所掌控资本的正确流向，从而提高公司资金投向选择有效性。而两职合一则会降低董事会对管理层监督的有效性，导致公司管理层会利用决策执行权和控制权进行随意和低效率的重大投资决策，逆向选择和道德风险加剧，同时，总经理在出任董事过程中所具有的发言权，增加了低效率投资决策表决通过的概率，使公司所掌控资本流向一些非主营或者前景欠佳的项目，从而降低公司资金投向选择有效性。因此，本书提出假说 H_4：

H_4：总经理与董事长两职分离会提高公司资金投向选择有效性。

（2）董事会规模与公司资金投向选择。董事会的职责和权利主要分为决策与监督两个方面，就决策而言董事会着重于制定公司的战略决策，就监督而言，董事会以设立提名、薪酬、审计等委员会来加强董事会内部控制制度建设。因此，为能更好履行好股东委托的责任，董事会需要具有一定的规模，以提高决策质量和监督效率。同时，规模较大的董事会其专业知识和社会资源贮备较为丰富，能够给公司提高多角度的决策咨询，帮助公司获得必要的资源，易于发现和获得一些具有发展前景的投资项目，利于提高公司资金投向选择有效性。另外，规模较大董事会有利于引进能力强的外部董事领导公司，降低公司管理层控制董事会的可能性，从而提高公司决策质量和效率，提高公司所掌控资本的利用效率。基于以上分析，本书提出假设 H_5：

H_5：较大规模的董事会有利于提高公司资金投向选择有效性。

（3）独立董事比例与公司资金投向选择。独立董事是董事会成员的重要组成部分，其在监督管理层和公司投资决策分析过程中发挥着重要作用。对公司投资决策发表专业性、独立性意见是独立董事职责范围内的一项重要内容，独立董事以其专业知识和业务经验所出具的意见会在董事会中能够受到足够的重视。同时，独立董事受到控股股东和管理层的控制和直接干涉较少，有利于制约控股股东利用其控制地位做出不利于中小股东利益的行为，有利于董事会对公司重大投资决策进行理性和客观判断，有利于引导公司所掌控资本的正确流向。此外，董事会中较高的独立董事比例对制约控股股东、公司管理层的机会主义决策行为，遏制内部人控制，促进公司重大投资决策科学化，提高公司决策质量，保证公司所掌控资本流向主营业务或有较好规划的项目。毕亚德等（Byrd et al, 1992）通过研究也发现，董事会保护股东财富的效果与董事会中外部董事的比例具有正向关系。通过上述分析，本书提出假说 H_6：

H_6：较高的独立董事比例有利于提高公司资金投向选择有效性。

6.2.4.3　市场化进程与公司资金投向选择

当前我国正处于由计划经济向市场经济过渡的转轨时期，在此过程中上市公司所面临的外部环境不确定性较高，其中的制度变迁会对公司经营决策产生重要影响。同时，由于政策、地理、交通、历史等因素的影响，我国各地区的市场化进程存在明显差异，特别表现在上市公司所处地区的政府干预程度、金融业发展程度和法律制度环境，不同的制度环境将会对公司的投资决策产生不同的影响。

在中国特殊的制度背景下，上市公司与政府之间存在着较为密切的关系，上市公司搭载着政府过多的公共治理目标和经济目标，这主要表现在政府非常看重上市公司对经济增长、就业、环境保护、市政建设和税收等方面的贡献，而这些目标大多数情况下背离公司价值最大化目标。政府干预市场少的地区，政府由干预性向服务性的功能转型比较快，因而政府越倾向于和上市公司保持适当的距离，并且政府官员从公司中获得不当私利的机会也会越少，但在政府干预严重的地区，公司将会受到政府自身目标的影响而出现低效率经营决策，使得公司资本出现低效率配置。政府对公司经营的直接干预会导致政府对公司的监督职能虚化，同时政府通过干预银行等金融机构的借贷行为则进一步弱化了银行对公司经营的治理功能发挥，使得公司重大投资决策缺少更多的监督和约束，公司管理层决策机会主义行为增加，进一步影响公司资金投向选择。

众多研究表明，公司所处地的金融行业发展水平越高，则市场资本配置效率就越高，公司的投资决策效率就越高。在我国，商业银行是地区金融市场的重要组成部分，也是影响上市公司投资决策的重要外在力量。商业银行所具有的资源优势，能够较好缓解信息不对称问题，使得他们与公司的借贷行为中，能够较好区别借款人的质量，使得资本流向正确的公司，进而促进资本的优化配置。方军雄（2006）对我国金融市场发展状况对资本配置效率进行了研究，研究结果发现金融市场越发达，快速发展行业追加投资的幅度越大，衰退行业减少投资的幅度越大。另外，在金融体系发展比较完善和规范的地区，银行对上市公司的监督和约束功能能够得到比较高效发挥，能够保证公司所掌控资本的正确流向，从而提高公司资金投向选择有效性。

法律环境属于更为基础的层面，它会影响到企业契约的顺利签订和执行，并最终影响到公司治理环境和投资效率。在一个内部治理机制比较低效的公司当中，较为完善的法律环境能够弥补内部治理机制的低效和不足。如果股东对公司管理层缺乏切实有效的监督和激励措施，管理者很可能置股东利益于不顾，积聚资金并投资于净现值为负的项目，公司管理层这样的做法违背了股东的意愿，违背了公司价值最大化原则。但是，在法律环境比较健全的地区，股东就可以通过各种法律程序进行申诉来很好保护自己的权益，从而对公司管理层形成相应的压力，约束他们的决策机会主义行为，使得公司管理层在重大投资决策过程中，遵循科学化和公司价值最大化原则，高效利用公司所掌控资本，提高公司资金投向选择有效性。另外，在法律执行越好的地区，政府从上市公司中获得不当私利受到的约束性可能越强，公司进行重大投资决策过程中受到的外界干扰就少，投资决策质量提高，从而提高公司资金投向选择有效性。我国上市公司所处地区的法律制度环境存在着很大差异，逐渐形成了东部优于中部、中部优于西部的不平衡格局，因此，在法律制度环境好的地区，上市公司管理层的低效投资决策行为更可能受到法律的约束，从而迫使公司管理层必须高效利用所掌控资本，最终提高公司资金投向选择有效性。通过上述对市场化进程三个主要方面与公司资金投向选择之间关系的分析，本书提出假说 H_7：

H_7：上市公司所处地区的市场化进程越快，则公司资金投向选择有效性越高。

6.2.5　公司治理与会计信息质量的交互作用对公司资金投向选择影响的研究假设

公司内外部治理在约束和监督公司管理层的机会主义决策行为、提高公司重大投资决策质量和效率、保证公司所掌握资本的正确流向等方面产生着重要影响，但是其前提条件是公司内部治理结构应比较健全和完善，并且公司内部治理机制能够比较有效地发挥作用而不是形同虚设，更为重要的是，公司内部治理结构能够有效适应公司所处外部治理环境并且有较好的融合。但是，我国上市公司治理结构的内在特点和我国的特殊制度背景，使得公司治理结构在真正发挥治理作用、提高公司资金投向选择有效性方面存在一定的困难和障碍。

我国上市公司的董事会机制虽然在外在形式上建立了比较健全的机构，但是在监督的独立性方面则存在较大的不足。首先，我国董事会中的大多数成员属于上市公司的管理层，造成了比较严重的内部人控制状况，再加上我国上市公司的股权集中度较高，特别是国有股份比例在公司中所占的较高比例，使得国有资产管理部门或大股东委派经理人员比较普遍，更加强化了公司内部人控制的程度。再者，虽然我国设立了监事以加强公司治理的有效性，但是由于我国在对担任监事的成员独立性进行严格限制方面存在法律不足，使得监事的真正监督作用难以有效发挥，另外，在中国，董事会中独立董事的作用受到人们的质疑，其根源在于我们的独立董事本质上不独立，独立董事通常由董事长提名或者聘任，是董事长人际关系的延伸，实质上仍受大股东的控制（高雷、张杰，2009）。

同时考虑到我国经济转型期间的外在各项法规制度有待健全，并且法律执行水平有待加强，而政府、银行与公司三者之间错综复杂的关系，使得公司外在治理作用的效果很难在短期内奏效，由此，公司真正有效的外部监督机制还没有形成，公司内部治理结构还没有真正建立，公司责权利相互制约机制等关键问题还没有解决。

公司董事会独立性的降低和外在环境的复杂性使得我国上市公司所面临的内外部治理力量还处于一个相对弱化状态，从而对上市公司管理层的监督和约束很难起到真正的效果，相比之下，资本市场投资者是一支重要的外在监督力量，他们对上市公司长期增长前景和潜质的持续关注，使得对于公司任何不合理的投资决策，他们都可用"用脚投票权"使上市公司的股价面临较大的估值压力，而这种压力会迫使上市公司管理层必须有效、慎重地进行公司重大投资决策。在一个较长时间窗口内，高质量会计信息质量有助于识别和捕捉公司的低效率投资，从而对上市公司的股价构成估值压力，并对上市公司董事会产生压力，并继而影响公司管理层的投资决策，引导公司所掌控资本的正确流向，提高公司资金投向选择有效性。因此，相比于公司内部治理结构和外部制度环境对上市公司的治理作用，来自资本市场、由公司会计信息质量产生的监督和约束力量更为强大，其治理作用更为有效、有力，可见，会计信息质量所发挥的治理功能有别于公司内外治理结构所发挥的治理功能，公司会计信息质量治理功能是一种重要公司治理机制，是对公司治理结构所发挥治理功能的重要补充。通过上述分析，我们提出假说 H_8 和假说 H_9：

H_8：会计信息质量治理功能是公司治理结构所发挥治理功能的重要补充。

H_9：高质量会计信息将强化公司内外部治理结构对提高公司资金投向选择有效性的影响。

6.3 公司治理机制变量的选取及描述性统计分析

6.3.1 公司治理机制变量的选取及其定义

公司治理机制分为内部治理机制和外部治理机制，内部治理机制主要着眼于上市公司股权结构、董事会结构层面，具体包括实际控制人性质、股权集中度、股权制衡度、总经理与董事长是否两职分离、董事会规模、独立董事比例等维度，而外部治理机制主要采用樊纲、王小鲁等所编制的中国市场化指数，该指数体现了上市公司所处各地区的市场化进程程度。变量具体定义如下：

（1）实际人控制人性质（SOE）。为哑变量，如果实际控制人为国有企业、国有机构及事业单位，我们定义其股权性质为国有控股，则 SOE = 1，否则为非国有控股，则 SOE = 0。

（2）股权集中度（Shr1）。股权集中度用上市公司第一大股东持股比例来衡量。

（3）股权制衡度（Hfd_5）。股权制衡度用上市公司第二至五大股东的 Herfindal Index 指数来衡量，计算方法为前五大股东持股比例平方和。

（4）总经理与董事长是否两职分离（Duality）。为哑变量，如果总经理与董事长两职分离，则 Duality = 1，若两职合二为一，则 Duality = 0。

（5）董事会规模（Board）。用董事会中的董事绝对人数来衡量。

（6）董事会中的独立董事比例（Outdir）。独立董事比例，用董事会中独立董事人数占董事总人数的比例来衡量。

（7）市场化进程程度（Mktscore）。上市公司所在地区进程化程度采用2009年樊纲、王小鲁等所编制的中国市场化指数进行衡量。

以上内部治理机制数据来源于 CSMAR，市场化进程数据来源于樊纲、王小鲁等所编制的《中国市场化指数——各地区市场化相对进程2009年报告》。

本小节相关变量定义如表6-1所示。

表6-1　　　　　　　　上市公司内外部治理机制变量设计

变量名称	变量定义
SOE	公司实际控制人性质，哑变量，股权性质为国有控股，则 SOE = 1，否则为非国有控股，则 SOE = 0
Shr1	公司股权集中度，用上市公司第一大股东持股比例来衡量
Hfd_5	公司股权制衡度，用上市公司第二大股东至第五大股东的 Herfindal Index 指数来衡量，计算方法为第二大股东至第五大股东持股比例平方和
Duality	总经理与董事长是否两权分离，哑变量，如果总经理与董事长两职分离，则 Duality = 1，若两职合二为一，则 Duality = 0
Board	公司董事会规模，用董事会中的董事绝对人数来衡量
Outdir	公司独立董事比例，用董事会中独立董事人数占董事总人数的比例来衡量
Mktscore	公司所在地区市场化进程程度，用2009年樊纲、王小鲁等所编制的中国市场化指数进行衡量

6.3.2　描述性统计分析

6.3.2.1　总体样本治理机制变量的描述性统计

由于本书的被解释变量为公司资金投向选择 growth_corr 和 growth_syn，该变量是以10年为计算窗口得到，为在后续分析中能与这一区间被解释变量相对应，本节相应对解释变量 Shr1、Hfd_5、Board、Outdir、Mktscore 也以10年为计算窗口，并在窗口期内以上市公司相应年度变量所有值的中值作为该变量的取值，SOE、Duality 两变量由于在窗口期内变化不大，所以以分析年度所对应的取值作为该变量的取值。因此，公司治理机制变量的基本数值特征分布如表6-2所示，其中列示了各变量的均值

（Mean）、标准差（Std. Dev.）、最小值（Minimum）、中值（Median）、最大值（Maximum）。

表6 – 2　　　　　　　　公司治理机制变量指标基本特征分布

变量	Mean	Std. Dev.	Minimum	Median	Maximum	Obs
SOE	0.6925	0.4615	0	1.0000	1.0000	4982
Shr1	0.3979	0.1590	0.0518	0.3789	0.8302	4982
Hfd_5	0.0270	0.2509	3E – 6	0.00574	10.0000	4982
Duality	0.1148	0.3188	0	0	1.0000	4982
Board	9.5692	1.9514	5.0000	9.0000	19.0000	4982
Outdir	0.2706	0.1006	0	0.3095	0.5556	4982
Mktscore	6.5284	1.9023	0.48	6.5200	10.0300	4982

从总体样本来看，平均约69.3%的公司为国有控股公司，这说明中国资本市场上大半数上市公司通过国有企业改制而来。股权集中度平均值为39.79%，股权集中度较高，说明"一股独大"现象在中国上市公司中比较严重。同时发现股权制衡度均值为2.7%，属于较低水平，说明中国上市公司其他大股东对第一大股东的制衡和约束力较低。从董事会结构来看，样本中约11.5%的上市公司董事长未兼任总经理，这说明大多数上市公司没有建立了合理的治理结构，另外，我国上市公司的董事会成员已初具规模，平均成员达到了约9.7人，其中最大的董事会达到19人之多。外部独立董事比在董事会中的比例均值为27.06%，占有1/5之多，也达到了较高的比例水平。从外部治理机制看，上市公司所面临的外部治理环境存在着较大差异，最高分值为10.03，而最低分值仅为0.48分，标准差为190.23%，这符合我国上市公司所在地区发展不均衡的实际情况。

6.3.2.2　各变量间的相关系数分析

表6 – 3列示了公司二次资本效率 growth_corr 与公司治理机制变量之间的相关系数；表6 – 4列示了公司二次资本效率 growth_syn 与公司治理机制变量之间的相关系数。

表 6-3　　公司资金投向选择（growth_corr）与治理机制变量间的相关性

变量	growth_corr	SOE	Shr1	Hfd_5	Duality	Board	Outdir	Mktscore
Growth_corr	1.00000	-0.00990 (0.4849)	0.02677 (0.0588)	-0.00600 (0.6412)	0.00724 (0.6094)	0.06669 (<0.0001)	0.05667 (<0.0001)	0.07613 (<0.0001)
SOE	-0.01364 (0.3359)	1.00000	0.29600 (<0.0001)	0.01331 (0.3477)	-0.08268 (<0.0001)	0.15570 (<0.0001)	-0.08623 (<0.0001)	-0.00195 (0.8906)
Shr1	0.02803 (0.0479)	0.30270 (<0.0001)	1.00000	0.04138 (0.0035)	-0.07246 (<0.0001)	-0.04332 (0.0022)	-0.01361 (0.3368)	-0.02107 (0.1371)
Hfd_5	-0.03898 (0.0059)	-0.22495 (<0.0001)	-0.54082 (<0.0001)	1.00000	-0.00992 (0.4838)	-0.01773 (0.2109)	-0.04207 (0.0030)	-0.02978 (0.0355)
Duality	0.00826 (0.5599)	-0.07246 (<0.0001)	-0.08236 (<0.0001)	0.04520 (0.0014)	1.00000	-0.03229 (0.0227)	-0.01704 (0.2291)	0.00009 (0.9949)
Board	0.05388 (0.0001)	0.14948 (<0.0001)	-0.05583 (<0.0001)	0.12280 (<0.0001)	-0.04963 (0.0005)	1.00000	-0.10785 (<0.0001)	-0.00690 (0.6261)
Outdir	0.06201 (<0.0001)	-0.07705 (0.0085)	-0.01688 (0.2335)	-0.00626 (06588)	-0.00295 (0.8354)	-0.08576 (<0.0001)	1.00000	0.33284 (<0.0001)
Mktscore	0.06793 (<0.0001)	0.00745 (0.5993)	-0.02473 (0.0809)	-0.04487 (0.0015)	-0.00292 (0.8367)	-0.00844 (0.5515)	0.33703 (<0.0001)	1.00000

注：（1）对角线右上方为 Pearson 相关系数，左下角为 Spearman 相关系数；（2）表中括号中的值为 P 值。

表 6-4　　公司资金投向选择（growth_syn）与治理机制变量间的相关性

变量	growth_syn	SOE	Shr1	Hfd_5	Duality	Board	Outdir	Mktscore
growth_syn	1.00000	-0.02296 (0.1051)	-0.00039 (0.9778)	-0.02460 (0.0825)	-0.00581 (0.6816)	0.05874 (<0.0001)	0.08725 (<0.0001)	0.05976 (<0.0001)
SOE	-0.01815 (0.2002)	1.00000	0.29600 (<0.0001)	0.01331 (0.3477)	-0.07246 (<0.0001)	0.15570 (<0.0001)	-0.08623 (<0.0001)	-0.00195 (0.8906)
Shr1	0.01047 (0.4599)	0.30270 (<0.0001)	1.00000	0.04138 (0.0035)	-0.08268 (<0.0001)	-0.04332 (0.0022)	-0.01361 (0.3368)	-0.02107 (0.1371)
Hfd_5	-0.03294 (0.0201)	-0.22495 (<0.0001)	-0.54082 (<0.0001)	1.00000	-0.00992 (0.4838)	-0.01773 (0.2109)	-0.04207 (0.0030)	-0.02978 (0.0355)
Duality	0.00590 (0.6774)	-0.07246 (<0.0001)	-0.08236 (<0.0001)	0.04520 (0.0014)	1.00000	-0.03229 (0.0227)	-0.01704 (0.2291)	0.00009 (0.9949)
Board	0.03645 (0.0101)	0.14948 (<0.0001)	-0.05583 (<0.0001)	0.12280 (<0.0001)	-0.04963 (0.0005)	1.00000	-0.10785 (<0.0001)	-0.00690 (0.6261)
Outdir	0.06157 (<0.0001)	-0.07705 (0.0085)	-0.01688 (0.2335)	-0.00626 (0.6588)	-0.00295 (0.8354)	-0.08576 (<0.0001)	1.00000	0.33284 (<0.0001)
Mktscore	0.04700 (0.0009)	0.00745 (0.5993)	-0.02473 (0.0809)	-0.04487 (0.0015)	-0.00292 (0.8367)	-0.00844 (0.5515)	0.33703 (<0.0001)	1.00000

注：（1）对角线右上方为 Pearson 相关系数，左下角为 Spearman 相关系数；（2）表中括号中的值为 P 值。

表6-3结果显示，无论从 Pearson 相关系数还是 Spearman 相关系数看，公司资金投向选择（growth_corr）与董事会规模（Board）、独立董事比例（Outdir）、上市公司所处地区市场化进程指数（Mktscore）之间都在1%的统计显著水平上具有显著正向相关性，这初步验证了本书的假说 H_5、假说 H_6、假说 H_7，即规模较大董事会和较高独立董事比例都有利于提高公司资金投向选择有效性，并且上市公司所处地区市场化进程越快、外部治理环境越好，则公司资金投向选择有效性越高。另外，我们发现公司资金投向选择（growth_corr）与股权集中度（Shr1）至少在5%的统计水平上呈显著正向关系，即股权集中度越高，则公司资金投向选择有效性越高，这与本书的假说 H_2 一致。表中结果显示，虽然公司资金投向选择与公司股权性质（SOE）呈负向关系，即国有性质上市公司具有较低的公司资金投向选择有效性，但二者关系在统计上不具有显著性，同时，股权制衡度（Hfd_5）与公司资金投向选择之间的相关系数为负值，但是其关系不具有统计上的显著性。最后，仅从变量间的相关性上判定，上市公司总经理与董事长两职分离（Duality）有利于提高公司资金投向选择有效性，这与本书的假说 H_4 一致，但统计上不显著。

表6-4显示了公司资金投向选择的另一描述变量 growth_syn 与公司治理机制变量之间的相关性分析结果。同表6-3的结果一致，无论从 Pearson 相关系数还是 Spearman 相关系数看，公司资金投向选择（growth_syn）与董事会规模（Board）、独立董事比例（Outdir）、上市公司所处地区市场化进程指数（Mktscore）之间都在1%的统计显著水平上呈显著正向相关关系，这初步符合本书的假说 H_5、假说 H_6、假说 H_7，即规模较大董事会和较高独立董事比例都有利于提高公司资金投向选择有效性，并且上市公司所处地区市场化进程越快、外部治理环境越好，则公司资金投向选择有效性越高。同时，我们发现公司资金投向选择（growth_syn）与股权制衡度（Hfd_5）至少在5%的统计水平上呈显著负向关系，即股权制衡度越高，则公司资金投向选择有效性越低，这为本书的假说 H_{3b} 提供了初步证据。同表6-3的结果一致，公司资金投向选择（growth_syn）与公司股权性质（SOE）呈负向关系，即国有性质上市公司具有较低的公司资金投向选择有效性，但是二者关系在统计上不具有显著性。从 Pearson 相关系数和 Spearman 相关系数同时分析看，公司资金投向选择（growth_syn）与股权集中度（Shr1）、总经理与董事长两职分离（Duality）之间的相关性不具有稳定性。

综合表6-3和表6-4的结果，我们初步得出以下结论：规模较大董事会和较高独立董事比例都有利于提高公司资金投向选择有效性，并且上市公司所处地区市场化进程越快、外部治理环境越好，则公司资金投向选择有效性越高；另外，国有性质上市公司具有较低的公司资金投向选择有效性，但是其关系在统计上不具有显著性，仍需做进一步后续分析。特别的，股权集中度、股权制衡度、总经理与董事长两职分离与公司资金投向选择之间的相关性不具有稳定性，因此，它们之间的关系还需要在多因素分析中做进一步分析和确认。

表6-3和表6-4的结果还显示，部分公司治理机制变量之间具有一定相关性，这说明有效的公司治理是各个治理机制相互制约、相互促进、相互渗透、共同作用的结果。同时，治理机制变量之间的相关性，使得后续的回归分析中存在多重共线性问题，为减轻这种情况的影响，我们将在回归分析的计量模型设计中，采用单独、依次放入各个公司治理机制变量，最后放入全部治理机制变量的步骤进行分析。

6.4 回归分析：公司治理、会计信息质量与公司资金投向选择

为进一步分析公司治理机制对公司资金投向选择的影响，以及会计信息质量在提高公司资金投向选择中所发挥的独特治理功能作用，本节将采用回归分析方法进行相关分析。

6.4.1 公司治理与公司资金投向选择

为分析公司治理机制对公司资金投向选择的影响，本书分别建立回归模型（6.2）和模型（6.2）：

$$growth\_corr_t = \alpha_0 + \alpha_1 GOVER + \alpha_2 Size_t + \alpha_3 MTB_t + \alpha_4 ROA_t + \alpha_5 \sigma(Sales)_t$$
$$+ \alpha_6 Leverage_t + \alpha_7 OperatingCycle_t + \sum \alpha \times Industry + \varepsilon$$

$$(6.1)$$

$$growth\_syn_t = \alpha_0 + \alpha_1 GOVER + \alpha_2 Size_t + \alpha_3 MTB_t + \alpha_4 ROA_t + \alpha_5 \sigma(Sales)_t$$
$$+ \alpha_6 Leverage_t + \alpha_7 OperatingCycle_t + \sum \alpha \times Industry + \varepsilon$$

$$(6.2)$$

模型中，growth_corr$_t$ 表示 t－9 年至 t 年间公司净利润增长率与同行业净利润之间相关性大小；growth_syn$_t$ 表示 t－9 年至 t 年间公司净利润增长率与同行业净利润之间的同步性程度；GOVER 表示公司治理机制变量，包括上市公司实际人控制人性质（SOE）、股权集中度（Shr1）、股权制衡度（Hfd_5）、总经理与董事长是否两职分离（Duality）、董事会规模（Board）、独立董事比例（Outdir）、上市公司所处地区市场化进程指数（Mktscore）共七个变量，考虑到公司治理机制变量之间具有一定相关性，为减轻模型使用中的多重共线性问题，我们在利用模型进行具体分析时将依次、单独引入每个公司治理机制变量，并在最后引入全部治理机制变量进行分析；其他控制变量定义见表 5－5。

实证分析结果如表 6－5、表 6－6 所示，其中表 6－5 显示的是以公司净利润增长率与同行业净利润之间相关性（growth_corr）作为公司资金投向选择替代变量的分析结果，表 6－6 显示的是以公司净利润增长率与同行业净利润之间的同步性（growth_syn）作为公司资金投向选择替代变量的分析结果。

表 6－5　　　　　　　公司治理对公司资金投向选择的影响：
基于 growth_corr 的回归分析

变量	SOE	Shr1	Hfd_5	Duality	Board	Outdir	Mktscore	全部
	模型 1	模型 2	模型 3	模型 4	模型 5	模型 6	模型 7	模型 8
Intercept	－ 0.8048 *** （－ 5.81）	－ 0.7640 *** （－ 5.53）	－ 0.7556 *** （－ 5.47）	－ 0.7579 *** （－ 5.49）	－ 0.7506 *** （－ 5.44）	－ 0.7382 *** （－ 5.35）	－ 0.7151 *** （－ 5.17）	－ 0.7475 *** （－ 5.37）
SOE	－ 0.0414 *** （－ 3.80）							－ 0.0405 *** （－ 3.54）
Shr1		－ 0.0316 （－ 1.00）						0.0171 （0.52）
Hfd_5			－ 0.0007 （－ 0.03）					0.0034 （0.18）
Duality				0.0169 （1.10）				0.0145 （0.95）
Board					0.0047 *** （2.80）			0.0071 *** （2.67）
Outdir						0.1194 ** （2.41）		0.1077 ** （2.31）

变量	SOE	Shr1	Hfd_5	Duality	Board	Outdir	Mktscore	全部
	模型1	模型2	模型3	模型4	模型5	模型6	模型7	模型8
Mktscore							0.0088 *** (3.31)	0.0076 *** (2.74)
Size	0.0522 *** (8.25)	0.0487 *** (7.72)	0.0477 *** (7.66)	0.0477 *** (7.67)	0.0451 *** (7.07)	0.0450 *** (7.12)	0.0426 *** (6.64)	0.0415 *** (6.05)
MTB	−0.0054 *** (−2.77)	−0.0054 *** (−2.75)	−0.0054 *** (−2.77)	−0.0054 *** (−2.76)	−0.0055 *** (−2.81)	−0.0054 *** (−2.78)	−0.0059 *** (−3.03)	−0.0060 *** (−3.06)
ROA	0.5818 *** (3.00)	0.6220 *** (3.20)	0.6067 *** (3.13)	0.6145 ** (3.17)	0.6104 *** (3.15)	0.6609 *** (3.39)	0.6658 *** (3.42)	0.6731 *** (3.43)
σ(Sales)	−0.0003 (−0.49)	−0.0003 (−0.44)	−0.0003 (−0.43)	−0.0003 (−0.44)	−0.0003 (−0.42)	−0.0003 (−0.40)	−0.0003 (−0.50)	−0.0003 (−0.51)
Leverage	−0.0312 (−0.89)	−0.0255 (−0.73)	−0.0222 (−0.63)	−0.0210 (−0.60)	−0.0216 (−0.62)	−0.0231 (−0.66)	−0.0231 (−0.66)	−0.0288 (−0.82)
OperatingCycle	−0.0143 ** (−2.55)	−0.0119 ** (−2.14)	−0.0118 ** (−2.12)	−0.0122 ** (−2.19)	−0.0110 ** (−1.96)	−0.0108 * (−1.94)	−0.0100 * (−1.77)	−0.0108 * (−1.91)
Industry	控制	控制	控制	控制	控制	控制	控制	控制
F − statistics	24.29	22.31	22.16	22.34	22.63	23.01	23.77	14.53
Prob(F)	<0.0001	<0.0001	<0.0001	<0.0001	<0.0001	<0.0001	<0.0001	<0.0001
R − Square	3.30%	3.04%	3.02%	3.05%	3.09%	3.14%	3.24%	3.66%

注：***、**、*分别表示在1%、5%和10%水平上显著。

表6−6　　　　公司治理对公司资金投向选择的影响：基于 growth_syn 的回归分析

变量	SOE	Shr1	Hfd_5	Duality	Board	Outdir	Mktscore	全部
	模型1	模型2	模型3	模型4	模型5	模型6	模型7	模型8
Intercept	−0.3880 *** (−5.36)	−0.3692 *** (−5.11)	−0.3524 *** (−4.88)	−0.3548 *** (−4.91)	−0.3529 *** (−4.89)	−0.3363 *** (−4.66)	−0.3407 *** (−4.70)	−0.3632 *** (−5.00)
SOE	−0.0280 *** (−4.92)							−0.0226 *** (−3.79)
Shr1		−0.0548 *** (−3.32)						−0.0300 (1.74)
Hfd_5			−0.0138 (−1.36)					−0.0100 (0.99)

104

续表

变量	SOE	Shr1	Hfd_5	Duality	Board	Outdir	Mktscore	全部
	模型1	模型2	模型3	模型4	模型5	模型6	模型7	模型8
Duality				0.0008 (0.10)				-0.0017 (-0.22)
Board					0.0017** (2.26)			0.0030** (2.19)
Outdir						0.1258*** (4.85)		0.1131*** (4.10)
Mktscore							0.0031** (2.19)	0.0028** (2.08)
Size	0.0300*** (9.08)	0.0288*** (8.73)	0.0268*** (8.25)	0.0270*** (8.28)	0.0260*** (7.79)	0.0241*** (7.31)	0.0252*** (7.51)	0.0255*** (7.13)
MTB	-0.0014 (-1.42)	-0.0014 (-1.37)	-0.0014 (-1.41)	-0.0014 (-1.41)	-0.0015 (-1.44)	-0.0015 (-1.44)	-0.0016 (-1.59)	-0.0015 (-1.52)
ROA	0.2130** (2.10)	0.2561** (2.52)	0.2290** (2.26)	0.2301** (2.27)	0.2311** (2.28)	0.2869*** (2.82)	0.2502** (2.46)	0.2897*** (2.83)
σ(Sales)	0.0002 (0.53)	0.0002 (0.57)	0.0002 (0.60)	0.0002 (0.60)	0.0002 (0.61)	0.0002 (0.67)	0.0002 (0.56)	0.0002 (0.58)
Leverage	-0.0756*** (-4.13)	-0.0752*** (-4.10)	-0.0696*** (-3.81)	-0.0694*** (-3.79)	-0.0692*** (-3.78)	-0.0704*** (-3.86)	-0.0697*** (-3.81)	-0.0785*** (-4.28)
OperatingCycle	-0.0076*** (-2.61)	-0.0062** (-2.12)	-0.0059** (-2.03)	-0.0060** (-2.05)	-0.0057* (-1.94)	-0.0049* (-1.69)	-0.0053* (-1.81)	-0.0056* (-1.89)
Industry	控制	控制	控制	控制	控制	控制	控制	控制
F-statistics	27.22	25.28	23.92	23.65	23.88	27.13	24.35	16.91
Prob(F)	<0.0001	<0.0001	<0.0001	<0.0001	<0.0001	<0.0001	<0.0001	<0.0001
R-Square	3.69%	3.43%	3.26%	3.22%	3.25%	3.68%	3.31%	4.24%

注：***、**、*分别表示在1%、5%和10%水平上显著。

表6-5和表6-6中的模型1~模型7是分别以模型（6.1）、模型（6.2）为基础的子模型，依次引入实际人控制人性质（SOE）、股权集中度（Shr1）、股权制衡度（Hfd_5）、总经理与董事长是否两职分离（Duality）、董事会规模（Board）、独立董事比例（Outdir）、上市公司所处地区市场化进程指数（Mktscore）共七个治理机制变量，模型8则同时放入了所有治理机制变量。

表6-5的结果显示，模型1中，变量SOE前的系数为-0.0414、t值为-3.80，说明公司股权性质在1%的水平上显著影响公司资金投向选择，

即如果公司股权性质为国有，则公司的资金投向选择有效性较低；同时，模型8中，变量SOE前的系数为-0.0405、t值为-3.54，可见，无论模型1还是模型8，我们得出的结论一致，即国有股权性质仍显著负向影响公司资金投向选择，这符合本书假说H_1，这说明在中国的实际国情中，政府角色在上市公司的经营决策中具有独特作用，他们自身目标与公司经营目标所存在的冲突，使得上市公司的重大投资决策会受到较大程度干涉，从而影响了公司资金投向选择。

特别的，根据模型2、模型3、模型4和模型8的回归分析结果，我们发现股权集中度（Shr1）、股权制衡度（Hfd_5）、总经理与董事长是否两职分离（Duality）对公司资金投向选择影响较小，这说明中国上市公司的控制权被内部人控制的现象比较严重，股东对管理层的监督和约束力较弱，股东能够影响管理层做出有效率和效益项目投资决策方面其作用力较弱，再加上股东"搭便车"问题的存在，使得股权制衡产生的效果也不佳。另外，我国大部分上市公司的总经理和董事长职务虽然从形式上实行了两职分离，但其原始动力仍在于监管层的推动，而不是上市公司从自身治理效果和需求出发的自发行为；此外，我国上市公司股权相对集中，董事长作为控股股东的代表仍掌握着一定的控制权，对公司投资决策具有重要影响，因此总经理和董事长两职是否分离这种治理机制在实际中对上市公司的重大决策影响不是很大，因此，对公司资金投向选择影响不是很明显，本书的假说H_2、假说H_{3a}、假说H_{3b}、假说H_4不成立。

表6-5的结果显示，模型5中，变量Board前的系数为0.0047、t值为2.80，说明公司董事会规模在1%的水平上显著影响公司资金投向选择，即董事会规模越大，则公司的资金投向选择有效性越高；同时，模型8中，变量Board前的系数为0.0071、t值为2.67，可见，无论模型5还是模型8，我们得出的结论一致，即公司董事会规模仍显著正向影响公司资金投向选择，这符合本书假说H_5，可见，较高的董事会规模有利于董事会决策和监督职能的发挥，利于决策质量和监督效率的提高，从而提高公司所掌控资本的利用效率。

表6-5的结果显示，模型6中，变量Outdir前的系数为0.1194、t值为2.41，说明独立董事比例在5%的水平上显著影响公司资金投向选择，即董事会中独立董事比例越大，则公司的资金投向选择有效性越高；同时，模型8中，变量Outdir前的系数为0.1077、t值为2.31，可见，无论模型6还是模型8，我们得到一致的结论，即独立董事比例在5%的水平

上仍显著正向影响公司资金投向选择，这符合本书假说 H_6，说明在中国的实际国情下，独立董事不再仅仅是满足监管层监管的需要，而是真正开始在公司治理中发挥作用，这一方面归于独立董事的专业知识贮备，还取决于来自监管层对独立董事的追责，使得独立董事在对公司重大投资决策进行表决时，能够给出更为客观和真实的判断，利于提醒和遏制上市公司管理层机会主义决策行为，使得投资决策科学化，提高重大投资决策质量，从而提高公司资金投向选择有效性。

表6-5的结果显示，模型7中，变量 Mktscore 前的系数为0.0088、t值为3.31，说明外部治理环境在1%的水平上显著影响公司资金投向选择，即在市场化进程越快、外部治理环境越好的地区，辖属公司的资金投向选择有效性越高；同时，模型8中，变量 Mktscore 前的系数为0.0076、t值为2.74，可见，无论模型7还是模型8，我们得到一致的结论，即上市公司所属地区的外部治理环境在1%的水平上显著正向影响公司资金投向选择，这符合本书假说 H_7。该结论说明在我国地区发展不均衡的现实国情下，外部治理环境对公司资金投向选择产生了重要影响：在外部治理环境越好的地区，政府对公司经营干预较少，金融体系在为公司发展提供效率较高的金融支持外，同时还能够较好的监督公司投资决策，法律环境的高效能够保障股东对自己权益的维护，并对公司管理层形成相应的压力，约束他们的决策机会主义行为，从而提高公司资金投向选择有效性。

我们又以公司净利润增长率与同行业净利润之间的同步性（growth_syn）作为公司资金投向选择替代变量，分析了公司治理对公司资金投向选择的影响，回归结果如表6-6所示，研究分析结果显示，所得结论与依据表6-5所得出的基本结论一致。

6.4.2 公司治理、会计信息质量与公司资金投向选择

会计信息质量所发挥的治理功能是不是对公司治理结构所发挥治理功能的重要补充？会计信息质量治理功能能否强化公司内外治理机制对资金投向选择的影响？或者说会计信息质量是否具有公司治理功能？本节通过构建模型（6.3）和模型（6.4）对这些问题进行分析。

$$\text{growth\_corr}_t = \alpha_0 + \alpha_1 \text{Rank of AQ} + \alpha_2 \text{GOVER} + \alpha_3 \text{Rank of AQ} \times \text{GOVER}$$
$$+ \alpha_4 \text{Size}_t + \alpha_5 \text{MTB}_t + \alpha_6 \text{ROA}_t + \alpha_7 \sigma(\text{Sales})_t + \alpha_8 \text{Leverage}_t$$
$$+ \alpha_9 \text{OperatingCycle}_t + \sum \alpha \times \text{Industry} + \varepsilon \qquad (6.3)$$

$$growth\_syn_t = \alpha_0 + \alpha_1 Rank\ of\ AQ + \alpha_2 GOVER + \alpha_3 Rank\ of\ AQ \times GOVER$$
$$+ \alpha_4 Size_t + \alpha_5 MTB_t + \alpha_6 ROA_t + \alpha_7 \sigma(Sales)_t + \alpha_8 Leverage_t$$
$$+ \alpha_9 OperatingCycle_t + \sum \alpha \times Industry + \varepsilon \qquad (6.4)$$

模型中，$growth\_corr_t$ 表示 $t-9$ 年至 t 年间公司净利润增长率与同行业净利润之间相关性大小；$growth\_syn_t$ 表示 $t-9$ 年至 t 年间公司净利润增长率与同行业净利润之间的同步性程度；Rank of AQ 表示公司会计信息质量，同本书模型（5.1）和模型（5.2）一样，本模型仅以综合会计信息质量指标（TAQ_t）的排序数对其进行赋值①。GOVER 表示公司治理机制变量，依据本章第6.4.1节的分析，部分公司治理替代变量对公司资金投向选择影响不大，因此在该模型分析中就未包括这些变量，仅包括了上市公司实际人控制人性质（SOE）、董事会规模（Board）、独立董事比例（Outdir）、上市公司所处地区市场化进程指数（Mktscore）共四个变量，同样考虑到公司治理机制变量之间具有一定相关性，为减轻模型使用中的多重共线性问题，我们在利用模型进行具体分析时将依次、单独引入每个公司治理机制变量，并在最后引入全部治理机制变量进行分析；其他控制变量定义见表5-5。

模型中，我们将通过观察交叉项 Rank of AQ 以及 Rank of AQ × GOVER 前的系数符号来判定在控制了公司内外治理机制的影响因素后，会计信息质量是否能发挥自身独特的治理功能对公司资金投向选择产生影响，并同时分析会计信息质量的治理功能是否强化了公司内外部治理环境对公司资金投向选择有效性的影响。

实证分析结果如表6-7、表6-8所示，其中表6-7显示的是以公司净利润增长率与同行业净利润之间相关性（growth_corr）作为公司资金投向选择替代变量的分析结果，表6-8显示的是以公司净利润增长率与同行业净利润之间的同步性（growth_syn）作为公司资金投向选择替代变量的分析结果。

---

① 本书还以公司应计项质量（accruals quality）、盈余持续性（persistence）、盈余可预测性（predictability）和盈余平滑性（smoothness）四个单指标为基础的排序值进行了分析，其结论与以综合会计信息质量（TAQ_t）为基础分析的结论一致，限于篇幅，分析结果未列出。

表6－7 公司治理、会计信息质量对公司资金投向选择的
影响：基于 growth_corr 的回归分析

变量	SOE	Board	Outdir	Mktscore	全部
	模型1	模型2	模型3	模型4	模型5
Intercept	− 0.8451 **	− 1.0220 **	− 0.6862 ***	− 0.9075 **	− 1.1667 ***
	(− 2.16)	(− 2.45)	(− 2.63)	(− 2.27)	(− 2.51)
Rank of AQ	− 0.0028 **	− 0.0104 **	− 0.0043 **	− 0.0048 ***	− 0.0173 **
	(− 2.08)	(− 2.28)	(− 2.25)	(− 2.79)	(− 2.29)
SOE	− 0.0201 **				− 0.0434 ***
	(− 2.30)				(− 2.65)
Board		0.0305 ***			0.0315 ***
		(2.78)			(2.57)
Outdir			0.0281 **		0.0314 **
			(2.33)		(2.29)
Mktscore				0.0260 ***	0.0269 **
				(2.58)	(2.49)
Rank of AQ × SOE	− 0.0014 **				− 0.0003 **
	(− 2.44)				(− 2.11)
Rank of AQ × Board		− 0.0015 **			− 0.0015 **
		(− 2.26)			(− 2.21)
Rank of AQ × Outdir			− 0.0021 **		− 0.0040 **
			(− 2.07)		(− 2.13)
Rank of AQ × Mktscore				− 0.0012 **	− 0.0011 **
				(− 2.43)	(− 2.35)
Size	0.0581 ***	0.0513 ***	0.0519 ***	0.0510 ***	0.0561 ***
	(3.30)	(2.88)	(3.02)	(2.94)	(3.05)
MTB	− 0.0030	− 0.0033	− 0.0034	− 0.0035	− 0.0034
	(− 0.74)	(− 0.80)	(− 0.82)	(− 0.86)	(− 0.82)
ROA	0.1948	0.2261	0.2933	0.2047	0.1321
	(0.35)	(0.40)	(0.52)	(0.37)	(0.23)
σ(Sales)	0.0016	− 0.0020	0.0028	0.0012	− 0.0026
	(0.08)	(− 0.10)	(0.14)	(0.06)	(− 0.13)
Leverage	− 0.0012	− 0.0043	0.0174	0.0109	− 0.0118
	(− 0.01)	(− 0.05)	(0.20)	(0.12)	(− 0.13)
OperatingCycle	− 0.0138	− 0.0108	− 0.0111	− 0.0128	− 0.0146
	(− 0.93)	(− 0.73)	(− 0.75)	(− 0.86)	(− 0.97)
Industry	控制	控制	控制	控制	控制
F − statistics	4.02	4.13	3.75	4.00	2.86
Prob(F)	< 0.0001	< 0.0001	< 0.0001	< 0.0001	0.0002
R − Square	5.15%	5.29%	4.83%	5.14%	6.12%

注：*** 和 ** 分别表示在1%和5%水平上显著。

表 6 – 8　　　　　公司治理、会计信息质量对公司资金投向选择的
影响：基于 growth_syn 的回归分析

变量	SOE	Board	Outdir	Mktscore	全部
	模型 1	模型 2	模型 3	模型 4	模型 5
Intercept	– 0. 6303 ***	– o. 7702 ***	– 0. 5869 **	– 0. 6119 ***	– 0. 8533 ***
	(– 2. 79)	(– 3. 20)	(– 2. 41)	(– 2. 65)	(– 3. 19)
Rank of AQ	– 0. 0020 **	– 0. 0028 ***	– 0. 0021 **	– 0. 0024 **	– 0. 0069 **
	(– 2. 31)	(– 2. 75)	(– 2. 39)	(– 2. 13)	(– 2. 25)
SOE	– 0. 0398 **				– 0. 0568 **
	(– 2. 04)				(– 2. 46)
Board		0. 0250 ***			0. 0279 ***
		(2. 60)			(2. 92)
Outdir			0. 0242 **		0. 0395 **
			(2. 13)		(2. 11)
Mktscore				0. 0078 ***	0. 0077 ***
				(2. 82)	(2. 79)
Rank of AQ × SOE	– 0. 0012 **				– 0. 0011 **
	(– 2. 23)				(– 2. 16)
Rank of AQ × Board		– 0. 0010 **			– 0. 0011 **
		(– 2. 14)			(– 2. 29)
Rank of AQ × Outdir			– 0. 0016 **		– 0. 0018 **
			(– 2. 17)		(– 2. 11)
Rank of AQ × Mktscore				– 0. 0015 **	– 0. 0001 **
				(– 2. 33)	(– 2. 26)
Size	0. 0434 ***	0. 0369 ***	0. 0394 ***	0. 0378 ***	0. 0387 ***
	(4. 27)	(3. 59)	(3. 96)	(3. 77)	(3. 64)
MTB	– 0. 0019	– 0. 0021	– 0. 0020	– 0. 0022	– 0. 0022
	(– 0. 80)	(– 0. 89)	(– 0. 85)	(– 0. 94)	(– 0. 92)
ROA	0. 0123	0. 0436	0. 0575	0. 0587	– 0. 0078
	(0. 04)	(0. 13)	(0. 18)	(0. 18)	(– 0. 02)
σ (Sales)	– 0. 0040	– 0. 0061	– 0. 0042	– 0. 0040	– 0. 0058
	(0. 36)	(– 0. 54)	(– 0. 37)	(– 0. 36)	(– 0. 51)
Leverage	– 0. 0835	– 0. 0834	– 0. 0751	– 0. 0756	– 0. 0938
	(– 1. 63)	(– 1. 64)	(– 1. 47)	(– 1. 48)	(– 1. 83)
OperatingCycle	– 0. 0014	– 0. 0011	0. 0002	0. 0006	0. 0001
	(– 0. 16)	(– 0. 13)	(0. 03)	(0. 07)	(0. 01)
Industry	控制	控制	控制	控制	控制
F – statistics	5. 37	5. 81	4. 96	5. 14	3. 93
Prob(F)	<0. 0001	<0. 0001	<0. 0001	<0. 0001	<0. 0001
R – Square	6. 77%	7. 30%	6. 29%	6. 51%	8. 22%

注：*** 和 ** 分别表示在 1% 和 5% 水平上显著。

表6-7、6-8中的模型1~模型4是以模型（6.3）、模型（6.4）为基础的子模型，依次引入实际人控制人性质（SOE）、董事会规模（Board）、独立董事比例（Outdir）、上市公司所处地区市场化进程指数（Mktscore）这四个公司治理机制变量，模型5则同时放入了所有治理机制变量。

表6-7中的结果显示，在控制了公司内外部治理机制的影响后，子模型1~子模型5中变量 Rank of AQ 前的系数为负值，且至少在5%的水平上显著，即会计信息质量依然显著正向影响公司资金投向选择：公司信息质量越高，公司资金投向选择有效性越高。根据本章第6.1节的文献分析，虽然公司内外部治理机制会影响会计信息质量继而可能影响公司资金投向选择，但表6-7的回归分析结果说明，在考虑了公司治理机制对会计信息质量影响这一因素后，会计信息质量仍然能够独立于公司治理机制之外而对公司资金投向选择产生影响，可见，会计信息质量具有公司治理功能。因此，相比与公司内外部治理机制而言，来自资本市场、由公司会计信息质量产生的监督和约束力量，具有独特的、有效的公司治理作用，即公司会计信息质量治理功能是一种重要公司治理机制，是对公司治理结构所发挥治理功能的重要补充，这符合本书的假说 H_8。

我们再通过表6-7来观察交叉项 Rank of AQ × GOVER，其中 GOVER 包含了实际人控制人性质（SOE）、董事会规模（Board）、独立董事比例（Outdir）、上市公司所处地区市场化进程指数（Mktscore）这四个公司治理机制变量的分析结果，子模型1~模型5中其系数均为负值，且在5%的水平上显著，这说明高质量会计信息会强化公司内外部治理机制对提高公司资金投向选择有效性的影响。以子模型2为例，董事会规模（Board）对公司资金投向选择的影响系数可以表示为 $0.0305 - 0.0015 \times$ Rank of AQ，由于这里用排序值来表示公司会计信息质量的高低，排序值越小，表示会计信息质量越高，因此该系数数值在会计信息质量排序值小时要大于会计信息质量排序值较大时，所以高质量会计信息相对于低质量会计信息而言会提高董事会规模（Board）对公司资金投向选择有效性的影响，即高质量会计信息会强化公司内外部治理结构对提高公司资金投向选择有效性的影响，这符合本书假说 H_9，另外，会计信息质量与公司治理机制变量之间较显著的交互作用，还说明公司会计信息质量确实具有独立的公司治理功能。

我们又以公司净利润增长率与同行业净利润之间的同步性（growth_

syn）作为公司资金投向选择替代变量，分析了公司治理、会计信息质量对公司资金投向选择的影响，回归结果如表 6 - 8 所示，数据分析结果显示，所得结论与上述依据表 6 - 7 所得出的基本结论一致，同样支持本书假说 H_8 和假说 H_9。

6.5 稳健检验

6.5.1 两阶段回归模型（2SLS）分析

本章主要研究会计信息质量对公司资金投向选择的影响可能只是一种表面现象，其背后更重要的作用力量可能在于公司治理机制，为研究这种情况是否存在，本章在稳健检验中运用两阶段回归模型（2SLS）进一步分析在考虑公司治理机制情况后的会计信息质量是否仍对公司资金投向选择产生影响。

构建的二阶段回归模型如下：

$$AQ_t = \alpha_0 + \alpha_1 GOVER_t + \varepsilon \tag{6.5}$$

$$\begin{aligned} growth\_corr_t（或 growth\_syn_t） = {} & \alpha_0 + \alpha_1 Residual(AQ) + \alpha_2 Size_t \\ & + \alpha_3 MTB_t + \alpha_4 ROA_t + \alpha_5 \sigma(Sales)_t \\ & + \alpha_6 Leverage_t + \alpha_7 OperatingCycle_t \\ & + \sum \alpha \times Industry + \varepsilon \tag{6.6} \end{aligned}$$

模型（6.5）中，AQ 表示公司会计信息质量变量，GOVER 表示公司治理机制变量；模型（6.6）中，Residual（AQ）表示基于模型（6.5）计量分析的残差项。

用二阶段回归模型分析本章问题的具体思路为：第一阶段，建立公司治理机制对公司会计信息质量影响的分析模型（6.5），以此为基础，计算公司会计信息质量残差项 Residual（AQ），该残差项表示考虑公司治理机制因素影响后的公司会计信息质量；第二阶段，以第一阶段所计算出的公司会计信息质量残差项 Residual（AQ）为解释变量，并控制其他影响因素的影响，建立模型（6.6）进行分析，考虑到 Residual（AQ）实际值变化幅度较大，模型仍以排序数对会计信息质量残差项进行赋值，如果回归结果中变量 Residual（AQ）的系数显著为负，则说明在考虑了公司治理机制

因素影响后的会计信息质量仍对公司资金投向选择产生影响，即会计信息质量有独立发挥治理功能的作用，从而影响公司资金投向选择。

由于本书以10年为循环计算周期、采用时间序列数据来计算一个公司的会计信息质量，受此限制，在利用模型（6.5）进行一个公司会计信息质量残差项计算时，被解释变量 AQ_i 必须有足够的观测，因此，在该稳健检验中，会计信息质量指标只能取盈余持续性（persistence）和盈余可预测性（predictability）两个指标，因为对一个公司而言，这两个指标观测数分布在 2000～2009 年，即每个公司有 10 个观测值可用于模型（6.5）[①]。另外，公司治理机制变量同时采用了上市公司实际人控制人性质（SOE）、董事会规模（Board）、独立董事比例（Outdir）、上市公司所处地区市场化进程指数（Mktscore）共四个变量。

二阶段模型的回归分析结果如表6-9所示。

表6-9 考虑公司治理机制影响后的会计信息质量对公司资金投向
选择的影响：基于二阶段回归模型（2SLS）分析

变量	公司净利润与行业净利润相关性（growth_corr）		公司净利润与行业净利润同步性（growth_syn）	
	盈余持续性（persistence）	盈余可预测性（predictability）	盈余持续性（persistence）	盈余可预测性（predictability）
Intercept	-0.9061 *** (-5.89)	-0.8851 *** (-5.75)	-0.4844 ** (-6.03)	-0.4891 *** (-6.08)
Residual（AQ）	-0.0032 ** (-2.15)	-0.0058 ** (-2.30)	-0.0015 ** (-2.22)	-0.0071 ** (-2.41)
Size	0.0573 *** (8.20)	0.0573 *** (8.19)	0.0334 *** (9.23)	0.0345 *** (9.46)
MTB	-0.0052 ** (-2.52)	-0.0042 ** (-2.02)	-0.0013 (-1.05)	-0.0010 (-0.91)
ROA	0.3619 (1.56)	0.3667 (1.58)	0.1662 (1.18)	0.1760 (1.46)
σ（Sales）	-0.0025 * (-1.71)	-0.0023 * (-1.70)	0.0021 (1.77)	0.0013 (1.63)

[①] 一个公司应计项质量（accrual quality）只有 2008 年共 1 年的观测值，盈余平滑性（smoothnness）只有 2007～2009 年共 3 年的观测值，因此这两个指标不适于采用并应用于模型（6.5）。

续表

变量	公司净利润与行业净利润相关性（growth_corr）		公司净利润与行业净利润同步性（growth_syn）	
	盈余持续性（persistence）	盈余可预测性（predictability）	盈余持续性（persistence）	盈余可预测性（predictability）
Leverage	− 0. 0708 *	− 0. 0712 *	− 0. 1151 ***	− 0. 1126 ***
	（− 1. 79）	（− 1. 80）	（− 5. 67）	（− 5. 45）
OperatingCycle	− 0. 0193 ***	− 0. 0185 ***	− 0. 0091 ***	− 0. 0089 ***
	（− 3. 11）	（− 3. 03）	（− 2. 83）	（− 2. 74）
Industry	控制	控制	控制	控制
F – statistics	23. 43	23. 04	28. 58	28. 65
Prob（F）	＜0. 0001	＜0. 0001	＜0. 0001	＜0. 0001
R – Square	4. 36%	4. 29%	5. 26%	5. 27%

注：***、**、* 分别表示在1%、5%和10%水平上显著。

　　表6 – 9的实证结果显示，会计信息质量残差项 Residual（AQ）前的系数全部在5%的统计水平上显著为负，这说明在考虑了公司治理机制因素影响后的会计信息质量仍对公司资金投向选择产生影响，即考虑公司治理机制因素影响后，会计信息质量越高，公司资金投向选择有效性越高，因此，二阶段模型分析结果表明公司内外部治理机制不能替代公司会计信息质量对公司资金投向选择有效性的影响，会计信息质量能够独立发挥治理功能作用，是对公司内外部治理机制的重要补充，并最终影响公司资金投向选择。

6.5.2　以超行业净利润增长率（growth_abnormal）作为公司资金投向选择代理变量的相关分析

　　在稳健检验中，我们又以超行业净利润增长率（growth_abnormal）作为代理变量来描述公司资金投向选择，进一步分析了公司治理对公司资金投向选择以及公司治理、会计信息质量对资金投向选择的影响，所得基本结论与采用以公司净利润增长率与行业净利润增长率之间相关性（growth_corr）、同步性（growth_syn）来描述公司资金投向选择的分析结果基本一致，这里不再赘述。

6.6 本 章 小 结

本章研究问题的提出和展开主要基于会计信息质量对公司资金投向选择的影响是间接的、其背后真正发挥作用的是公司治理机制这样的疑问。结合中国的实际国情和特殊制度背景，在文献分析的基础上，本章提出公司内外部治理机制对公司资金投向选择会产生影响，但不能替代公司会计信息质量对公司资金投向选择的影响，相比与公司内外部治理机制而言，来自资本市场、由公司会计信息质量产生的监督和约束力量，具有独特的、有效的公司治理作用，公司会计信息质量治理功能是一种重要公司治理机制，是对公司内外部治理结构所发挥治理功能的重要补充。我们的实证分析结果和稳健检验也支持了本书所提出的假说和观点。

因此，通过本章的分析，具体我们得出以下主要结论：第一，股权集中度（Shr1）、股权制衡度（Hfd_5）、总经理与董事长是否两职分离（Duality）对公司资金投向选择影响较小，但是公司实际控制人股权性质（SOE）、董事会规模（Board）、独立董事比例（Outdir）对公司资金投向选择具有显著影响，同时上市公司所处地区市场化进程指数（Mktscore）也显著正向影响公司资金投向选择，因此，总体上说明我国上市公司的内外部治理机制对公司资金投向选择具有显著影响。第二，在控制了公司内外部治理机制的影响后，会计信息质量依然显著正向影响公司资金投向选择，特别地，通过对公司会计信息质量与公司内外部治理机制的交互项分析，证据充分表明，高质量会计信息会强化公司内外部治理机制对提高公司资金投向选择有效性的影响，同时，会计信息质量与公司治理机制变量之间较显著的交互作用，进一步说明公司会计信息质量的独特公司治理功能作用。在稳健检验中，本章又运用两阶段回归模型（2SLS）对此问题进行了进一步分析，结果显示在考虑公司治理机制因素影响后的会计信息质量仍对公司资金投向选择产生影响，即公司内外部治理机制不能替代公司会计信息质量对公司资金投向选择的影响，会计信息质量能够独立发挥治理功能作用，这是对公司内外部治理机制的重要补充，并最终影响公司资金投向选择。

第7章

结论、建议及后续研究方向

7.1 结论与政策建议

（1）我国作为新兴市场经济体，其资本市场尤其是证券市场经过近二十年的发展，已初具规模，上市公司已逐步成为我国经济运行中吸纳外部资本最多、发展最具优势的群体①，与此同时，我国各项证券市场基础制度体系也逐步建立和完善，这为资本市场实现资本优化配置的基本功能创造了条件。

证券市场本质上是信息交易的市场，而会计信息作为资本市场信息环境中的重要组成部分，是保证证券市场有效运行的重要保障，因此，本书立足于我国高质量会计准则体系制定和相关配套制度建设不断完善这一背景，以会计信息目标的演进过程作为理论基础，从更加微观的角度对会计信息目标下的会计信息功能进行了详细分析，然后，从中国资本市场会计信息基本功能（尤其是治理功能）实现的角度，分析了高质量的会计信息是否有利于上市公司所掌控资本的正确流向，从而提高公司资金投向选择有效性。

我们的研究发现，会计质量信息越高，公司资金投向选择有效性越高，这说明高质量会计信息在保证会计信息功能实现、监督上市公司掌控资本的正确流向中发挥了重要机制作用。这一结论具有理论基础和客观基础，首先，会计信息能够通过缓解契约各方事后信息不对称，降低契约不完备程度，从而约束和监督公司内部控制人的机会主义行为而实现其治理

---

① 我国资本市场经过近20年的发展约有42271亿元的外部资本通过 IPO、增发、配股或公司债等形式流入上市公司（中国统计年鉴，2010）。

功能。会计信息通过缓解事后公司信息不对称程度，利于投资者和管理者之间契约的有效实施和执行，降低公司管理层的逆向选择和道德风险，使外部资本得以正确和有效使用并大多流向净现值为正的项目，最终影响公司管理层所掌控资本的利用效率；其次，我国资本市场上客观存在着推动会计信息治理功能发挥的外在力量，机构投资者已成为资本市场上的重要投资主体，他们具备更强的能力和条件对上市公司信息进行理解和挖掘，在实施用脚投票方面具有较强话语权，使得会计信息的治理功能得以实现；同时，资本市场个人投资者的不断理性以及成熟度增加，再加上外界新闻媒体开始关注和解读上市公司会计信息，这都使约束和监督上市公司行为的市场力量得到进一步强化，从而使会计信息治理功能在提高公司资金投向选择有效性方面的作用也越来越明显。

该结论具有重要实践启示，要想使会计信息能够在提高公司资金投向选择有效性中有效发挥重要机制作用，需要监管层创造一个公开、透明、可靠的信息约束环境，从制度上保证上市公司有效利用手中所掌控资本，使资本流向公司主营业务或者发展具有潜质的项目，因此，会计信息作为资本市场信息环境中的重要组成部分，监管层应结合中国实际，继续推动、完善以提高会计信息质量为核心的会计准则体系建设和相关制度制定，从而更有利于会计信息治理功能的有效发挥、更好保护投资者利益，促进我国经济的健康和持续发展。

（2）经典文献的研究结果表明，公司治理机制在影响会计信息质量方面起着重要的作用，于是就存在需要进一步研究的问题：会计信息质量对公司资金投向选择的影响是不是间接的、其背后的真正原因是不是公司内外部治理种机制在起作用？结合中国的实际国情和特殊制度背景，通过文献分析，本书认为公司内外部治理机制对公司资金投向选择会产生影响，但不能替代公司会计信息质量对公司资金投向选择的影响。

书中首先从公司内部治理机制着手，从股权结构、董事会结构层面分析了公司治理与公司二次配置效率的关系，其中股权结构包括终极控制人性质、股权集中度、股权制衡度三个维度，董事会结构包括总经理与董事长是否两职分离、董事会规模、独立董事比例三个维度。同时考虑到我国当前正处于经济转轨时期，由于政策、地理、交通、历史等因素的影响，我国各地区的市场化进程存在明显差异，上市公司所面临的外部环境不确定性较高，因此本书接着分析了外部治理环境对公司资金投向选择的影响。研究结果表明，公司实际控制人股权性质、董事会规模、独立董事比例对公司资金投向选择具有显著影响，同时，外部治理环境好坏（用上市公司所处地区市场化进程指数表示）显著正向影响公司资金投向选择的有效性，因此总体上我国上市公司的内外部治理机制对公司资金投向选择具有显著影响。

政府对上市公司较高的干预程度、法律制度环境在立法和执法水平方面仍存在一定不足，一定程度上造成了经济转型期间我国上市公司外部治理环境的复杂性，同时作为公司治理核心环节的董事会其独立性也备受外界质疑，外部治理环境的复杂性和公司董事会较低的独立性使得我国上市公司所面临的内外部治理力量还处于一个相对弱化状态，它们对上市公司管理层的监督和约束所起作用有限。因此，相比于公司内部治理结构和外部制度环境对上市公司的治理作用，来自资本市场、由公司会计信息质量产生的监督和约束力量，其治理作用可能更为直接、有效。研究结果表明，在控制了公司内外部治理机制的影响后，会计信息质量依然显著正向影响公司资金投向选择的有效性，同时，通过对公司会计信息质量与公司内外部治理机制的交互项分析，证据充分表明，高质量会计信息强化了公司内外部治理机制对提高公司资金投向选择有效性的影响。结合稳健检验中的二阶段回归（2SLS）模型分析结果，可见，公司会计信息质量治理功能是一种重要公司治理机制，是对公司内外部治理结构所发挥治理功能的重要补充，会计信息质量具有独特的、有效的公司治理功能，从而更有利于提高公司资金投向选择有效性。

以上结论的实践意义在于，为提高上市公司资金投向选择的有效性，我国政府和监管层的工作重点应该转移到能够为公司内外部治理机制的有效发挥创造更多条件，而不仅仅是公司内外部治理机制外在形式的建立和完善。尽管中国所有地区都必须执行全国范围内颁布的各种制度条款，但同一制度条款在各地区的执行力度和效果各不相同，造成上市公司所面临的外部治理环境不尽相同，同样上市公司虽然按照监管层的要求建立比较健全的内部治理机构，但是仍存在执行不力、流于形式的问题，因此，我国政府和监管层除了继续摸索有利于公司内外治理机制有效发挥的经验外，还应该更多注意从强化资本市场的监督和约束力量角度着手，通过不断完善金融基础设施以利于资本市场有效性的发挥，让市场之手能够对上市公司的决策行为进行有效监督，基于本书的研究成果，我们认为，完善以提高会计信息质量为核心的会计准则体系建设和相关制度制定，推动会计信息治理功能的有效发挥就是我国监管层能够提高公司资本配置效率的重要举措之一。

7.2　后　续　研　究

　　中国资本市场发展还不到 20 年，本书在以 10 年为时间跨度计算相关变量时受到了数据方面的限制，导致文中的观测总数有限，尤其当指标计算涉及公司经营活动现金流时（上市公司 1998 年开始披露），其观测数更受到限制（如关于公司应计项质量的观测数仅为 7110 个），这些客观条件的限制可能对本书的研究结果有一定程度的影响，因此，未来随着时间的推移，我们可以通过长时间的序列数据对本书所研究问题进行更加深入的分析。特别地，会计信息质量的高低受会计准则等制度变化的影响较大，那么这种制度更替前后，会计信息质量对公司资金投向选择的影响强度是否存在差异？差异多大？这些问题的研究和回答都需要在我国资本市场的长时间发展历程中做进一步探讨和分析。

第三篇　数据处理的 SAS 程序

第 8 章

计算资金投向选择指标的 SAS 程序

8.1 导入数据：公司净利润增长率
（paper2. growth_wind1）

proc import datafile = " F : \论文 3 \growth_wind1"

out = paper2. growth_wind1

dbms = Excel

replace；

GETNAMES = yes；

MIXED = yes；　/ ＊sheet = "name"表示导入一张表中名字为 name 的工作簿＊/

run；　　　/ ＊如果向 SAS 导入数据时出现某列数据缺失，则是由于该列数据即包含字符型和数值型数据所致，因此只需将 mixed 设置为 yes 即可解决，数据导入后该列数据属性为字符型＊/

数据结构如表 8 - 1 所示（数据从 Wind 资讯下载，表中变量 NI_growth1990 表示公司 1990 年度的净利润增长率，以此类推）。

表 8 - 1　　　　　　　　　　　**数据结构**

	stkcd	stkname	NI_growth1990	NI_growth1991	NI_growth1992	NI_growth1993	NI_growth1994
1	000001	深发展A	64.749	58.9418	52.783	58.7996	30.375
2	000002	万科A	.	.	.	119.0751	13.013
3	000005	世纪星源	.	.	.	.	292.7954
4	000006	深振业A	354.9865	175.5074	139.7484	54.0064	-16.8741
5	000009	中国宝安	.	.	192.5812	79.364	2.8573
6	000011	深物业A	.	.	.	78.1392	-9.776
7	000012	南玻A	.	.	138.0603	133.3586	13.7258
8	000014	沙河股份	.	.	192.9826	153.4743	-30.4088
9	000016	深康佳A	.	.	31.7921	130.6346	8.5036
10	000019	深深宝A	.	69.8113	15.8948	31.8637	-126.7671
11	000020	深华发A	.	.	11.6544	16.2881	-2.1527

8.2 将 Wind 数据格式调整成为锐思数据格式（paper2. NI_growth）

```
data growth_wind1 ;
set paper2. growth_wind1 ;
keep stkcd stkname NI_growth1990 ;

data growth_wind2 ;
set growth_wind1 ;
year = label( NI_growth1990 ) ;
rename NI_growth1990 = NI_growth ;

data growth_wind3 ;
set growth_wind2 ;
label NI_growth = NI_growth ;
year = substr( year,10,4 ) ;

proc sort data = growth_wind3 ;
by stkcd year ;

data growth_NI ;
set growth_wind3 ;
run ;
% macro changetable( year ) ;
data aa1 ;
set paper2. growth_wind1 ;
keep stkcd stkname NI_growth&year ;

data aa2 ;
set aa1 ;
year = label( NI_growth&year ) ;
```

```
rename NI_growth&year = NI_growth;

data aa&year;
set aa2;
label   NI_growth = NI_growth;
year = substr(year,10,4);

proc sort data = aa&year;
by stkcd year;

data growth_NI;
merge growth_NI aa&year;
by stkcd year;

proc sql;
drop table aa&year;
quit;
run;

%mend changetable;
%changetable( 1990 );
%changetable( 1991 );
%changetable( 1992 );
%changetable( 1993 );
%changetable( 1994 );
%changetable( 1995 );
%changetable( 1996 );
%changetable( 1997 );
%changetable( 1998 );
%changetable( 1999 );
%changetable( 2000 );
%changetable( 2001 );
%changetable( 2002 );
```

```
%changetable( 2003 );
%changetable( 2004 );
%changetable( 2005 );
%changetable( 2006 );
%changetable( 2007 );
%changetable( 2008 );
%changetable( 2009 );
run;

data bb;
set growth_NI;
if NI_growth = .  then delete;
run;
```

数据结构如表 8 -2 所示（图中变量 NI_growth 表示公司净利润增长率）。

表 8 -2   数据结构

	stkcd	stkname	NI_growth	year
1	000001	深发展A	64.749	1990
2	000001	深发展A	58.9418	1991
3	000001	深发展A	52.783	1992
4	000001	深发展A	58.7996	1993
5	000001	深发展A	30.375	1994
6	000001	深发展A	22.1147	1995
7	000001	深发展A	80.976	1996
8	000001	深发展A	9.5034	1997
9	000001	深发展A	-11.3621	1998
10	000001	深发展A	-22.2301	1999
11	000001	深发展A	126.6053	2000

8.3 导入公司所属证监会行业数据 （paper2. dep_ind）

```
proc import datafile = "F:\论文3\ dep_ind "
out = paper2. dep_ind
dbms = Excel
replace;
GETNAMES = yes;
```

MIXED = yes；

run；

数据结构如表 8 – 3 所示（表中变量 indussub_sec 表示按照中国证监会行业分类标准的分类）。

表 8 – 3　　　　　　　　　数据结构

	stkcd	name	indussub_sec
1	000001	深发展A	金融、保险业
2	000002	万科A	房地产业
3	000004	*ST国农	制造业-医药、生物制品
4	000005	世纪星源	综合类
5	000006	深振业A	房地产业
6	000007	51零七	房地产业
7	000008	ST宝利来	批发和零售贸易
8	000009	中国宝安	综合类
9	000010	SST华新	批发和零售贸易
10	000011	深物业A	房地产业
11	000012	南玻A	制造业-金属、非金属

8.4　计算每个公司、每年度所属行业的行业增长率（paper2. growth_all7）

data bb；

set growth_NI；

if NI_growth = . then delete；

run；

data growth_all1；

set bb；

ni_growth = ni_growth/100；

drop stkname；

run；

data indus；

set paper2. dep_ind；

keep stkcd indussub_sec；

run；

```
proc sql;
create table growth_all2 as
select * from   growth_all1 , indus
where growth_all1. stkcd = indus. stkcd;
quit;
run;
data   growth_all3;
set growth_all2;
where year = "1991" and indussub_sec = "金融、保险业";
run;
data   growth_all4;
set growth_all3;
if stkcd = "000001" then delete;
run;
proc means data = growth_all4   mean median n;
var ni_growth;
output out = growth_all5 ( drop = _type_ _freq_) median = median_ni
mean = mean_ni n = ni_obs;
run;
data growth_all6;
set growth_all5;
label   median_ni = median_ni
mean_ni = mean_ni
ni_obs = ni_obs;
run;
proc sql;
create table growth_all7 as
select * from growth_all3 , growth_all6
where growth_all3. stkcd = "000001";
quit;
options nodate nonotes nosource;
% macro growth( stkcd , year , indus);
data   growth_all3;
```

```
set growth_all2 ;
where year = " &year"  and indussub_sec = " &indus" ;
run ;
data   growth_all4 ;
set growth_all3 ;
if stkcd = " &stkcd" then delete ;
run ;
proc means data = growth_all4 noprint mean median n ;
var   ni_growth ;
output out = growth_all5 ( drop = _type_ _freq_ ) median = median_ni
mean = mean_ni  n = ni_obs ;
run ;
data growth_all6 ;
set growth_all5 ;
label   median_ni = median_ni
mean_ni = mean_ni
ni_obs = ni_obs ;
run ;
proc sql ;
create table growth_all&stkcd&year as
select  *  from growth_all3 , growth_all6
where growth_all3. stkcd = " &stkcd" ;
quit ;


data growth_all7 ;
merge growth_all7 growth_all&stkcd&year ;
by stkcd year ;
run ;


proc sql ;
drop table growth_all&stkcd&year ;
quit ;
run ;
```

```
% mend growth;
% include "growth. txt";
run;
```

```
/ * 宏文件 growth. txt 的形成 * /
data _null_;
set growth_all2;
a = '% growth(';
b = ',';
c = ')';
file "growth. txt";  / * 默认存储地址为 C：\Documents and Settings\Ad-
ministrator\growth. txt * /
put a $ stkcd $ b $ year $ b $ indussub_sec $ c $;
run;
```

```
/ * 整理 growth_all7 * /
options date notes source;
data aa;
set growth_all7;
if median_ni = . then delete;
run;
```

数据结构如表 8 - 4 所示（表中变量 median_ni 表示公司所属行业净利润增长率中值变量，mean_ni 表示公司所属行业净利润增长率均值，变量 ni_obs 表示用于计算行业变量中值或均值的观测数）。

表 8 - 4　　　　　　　　　　　　　　数据结构

	stkcd	NI_growth	year	indussub_sec	median_ni	mean_ni	ni_obs
1	000001	0.5894	1991	金融、保险业	-0.816	-0.82	1
2	000001	0.5278	1992	金融、保险业	175.078	175.1	1
3	000001	0.3038	1994	金融、保险业	0.77369	0.833	3
4	000001	0.2211	1995	金融、保险业	0.11827	-0.02	10
5	000001	0.8098	1996	金融、保险业	0.02303	-0.87	10
6	000001	0.095	1997	金融、保险业	0.18399	-0.06	11
7	000001	-0.114	1998	金融、保险业	0.10743	0.216	13
8	000001	-0.222	1999	金融、保险业	0.04889	-0.44	13
9	000001	1.2661	2000	金融、保险业	0.15513	0.842	15
10	000001	-0.131	2001	金融、保险业	-0.1153	-0.12	17
11	000001	0.0742	2002	金融、保险业	-0.0134	-1.73	20

8.5 计算公司净利润增长率和行业净利润增长率的相关性 (paper2. growth_result14)

```
data growth_result1 ;
set paper2. growth_all7 ;
if median_ni = .  then delete ;
run ;

data growth_result2 ;
set growth_result1 ;
where stkcd = "000001" ;
run ;

data   growth_result3 ;
set   growth_result2 ;
if ( 2002 - 9 ) < = year < = 2002 ;
run ;

proc corr data = growth_result3 pearson    out = growth_result10 ( drop = _
name_ ) ;/ * 计算相关性并将结果输出到数据集 growth_result10 * /
var ni_growth ; with median_ni ;
run ;
proc transpose data = growth_result10 out = growth_result11 ( keep = col3
col4 ) ;
run ;
data growth_result12 ;
set growth_result11 ;
rename col3 = corrni_obs col4 = corrni ;
label    col3 = corrni_obs col4 = corrni ;
run ;
```

```
proc sql;
create table growth_result13 as
select *    from growth_result3 , growth_result12 ;
quit;

data growth_result14 ;
set growth_result13 ;
where year = "2002" ;
keep stkcd year indussub_sec corrni_obs corrni ;
run;

options nodate nonotes nosource ;
% macro corr( stkcd , year) ;
data growth_result2 ;
set growth_result1 ;
where stkcd = " &stkcd" ;
run;

data    growth_result3 ;
set    growth_result2 ;
if ( &year - 9 ) < = year < = &year ;
run;

proc corr data = growth _ result3 noprint pearson    out = growth _ result10
( drop = _name_ ) ;/ * 计算相关性并将结果输出到数据集 growth_result10 * /
var ni_growth ; with median_ni ;
run;

proc transpose data = growth _ result10 out = growth _ result11 ( keep = col3
col4 ) ;
run;
data growth_result12 ;
set growth_result11 ;
```

```
rename col3 = corrni_obs col4 = corrni;
label   col3 = corrni_obs col4 = corrni;
run;


proc sql;
create table growth_result13 as
select  *    from growth_result3 , growth_result12;
quit;


data growth_result&stkcd&year;
set growth_result13;
where year = "&year";
keep stkcd year indussub_sec corrni_obs corrni;
run;


data   growth_result14 ;
merge growth_result14 growth_result&stkcd&year;
by stkcd year;
run;


proc sql;
drop table growth_result&stkcd&year;
quit;
run;


% mend corr;
% include "corr. txt";
run;


/ * 宏文件 corr. txt 的形成 * /
data aa;
set growth_result1;
if 2001 < = year;
```

```
run;

data _null_;
set   aa;
a = '% corr(';
b = ',';
c = ')';
file "corr. txt"; / * C:\Documents and Settings\Administrator\corr. txt * /
put a $ stkcd $ b $ year $ c $ ;
run;

/ * 整理 growth_result14 * /
options date notes source;
data aa1;
set growth_result14;
where corrni_obs = 10;
run;
```

数据结构如表 8 – 5 所示（表中变量 corrni_obs 表示用于计算公司净利润增长率与行业净利润增长率的观测值数目，变量 corrni 表示公司净利润增长率与行业净利润增长率相关性的大小）。

表 8 – 5   数据结构

	stkcd	year	indussub_sec	corrni_obs	corrni
1	000001	2003	金融、保险业	10	0.16009061
2	000001	2004	金融、保险业	10	0.01844389
3	000001	2005	金融、保险业	10	-0.0181824
4	000001	2006	金融、保险业	10	0.80437274
5	000001	2007	金融、保险业	10	0.5687683
6	000001	2008	金融、保险业	10	0.56455524
7	000001	2009	金融、保险业	10	0.26414696
8	000002	2002	房地产业	10	0.8756128
9	000002	2003	房地产业	10	0.14354828
10	000002	2004	房地产业	10	0.37607129
11	000002	2005	房地产业	10	0.19759703

8.6　计算公司净利润增长率和行业净利润 增长率的同步性（paper2. growth_result11）

```
data growth_result1;
set paper2. growth_all7;
if median_ni =. then delete;
run;

data growth_result2;
set growth_result1;
where stkcd = "000001";
run;

data   growth_result3;
set   growth_result2;
if (2002 - 9) < = year < = 2002;
run;

proc reg data = growth_result3   outest = growth_result8;/ * 计算相关性并
将结果输出到数据集 growth_result8 * /
model ni_growth = median_ni/rsquare;
quit;
data growth_result9(keep = syni);
set growth_result8;
rename _rsq_ = syni;
label _rsq_ = " syni";
run;

proc sql;
create table growth_result10 as
select growth_result3. stkcd,growth_result3. year,growth_result3. indussub_sec,
```

```
growth_result9. syni, count( growth_result3. ni_growth) as syni_obs
from growth_result3, growth_result9;
quit;

data growth_result11;
set growth_result10;
where year = "2002";
run;

options nodate nonotes nosource;
% macro sygrowth( stkcd, year);
data growth_result2;
set growth_result1;
where stkcd = " &stkcd";
run;

data    growth_result3;
set    growth_result2;
if ( &year - 9) < = year < = &year;
run;

proc reg data = growth_result3 noprint outest = growth_result8;/ * 计算相
关性并将结果输出到数据集 growth_result8 * /
model ni_growth = median_ni/rsquare;
quit;
data growth_result9( keep = syni);
set growth_result8;
rename _rsq_ = syni;
label _rsq_ = " syni";
run;

proc sql;
create table growth_result10 as
```

```
select growth_result3. stkcd,growth_result3. year,growth_result3. indussub_sec,
growth_result9. syni,count( growth_result3. ni_growth) as syni_obs
from growth_result3 , growth_result9 ;
quit ;


data growth_result&stkcd&year ;
set growth_result10 ;
where year = "&year" ;
run ;


data    growth_result11 ;
merge growth_result11 growth_result&stkcd&year ;
by stkcd year ;
run ;


proc sql ;
drop table growth_result&stkcd&year ;
quit ;
run ;


% mend sygrowth ;
% include "sygrowth. txt" ;
run ;


/ *宏文件 sygrowth. txt 的形成 * /
options date notes source ;
data aa ;
set growth_result1 ;
if 2001 < = year ;
run ;


data _null_ ;
set    aa ;
```

```
a = '% sygrowth(';
b = ',';
c = ')';
file " sygrowth. txt " ;  / * C：\ Documents and Settings \ Administrator \ sy-
growth. txt * /
put a $ stkcd $ b $ year $ c $ ;
run ;


/ * 整理 growth_result11 * /
options date notes source ;
data aa1 ;
set growth_result11 ;
where syni_obs = 10 ;

run ;
```

数据结构如表 8 - 6 所示（表中变量 syni_obs 表示用于计算公司净利润增长率与行业净利润增长率的观测值数目，变量 syni 表示公司净利润增长率与行业净利润增长率同步性的大小）。

表 8 - 6   数据结构

	stkcd	year	indussub_sec	syni	syni_obs
5398	600897	2007	交通运输、仓储业	0.171346	10
5399	600897	2008	交通运输、仓储业	0.103061	10
5400	600897	2009	交通运输、仓储业	0.091085	10
5401	601607	2003	制造业-医药、生物制品	0.04484	10
5402	601607	2004	制造业-医药、生物制品	0.001198	10
5403	601607	2005	制造业-医药、生物制品	0.024819	10
5404	601607	2006	制造业-医药、生物制品	0.066261	10
5405	601607	2007	制造业-医药、生物制品	0.017571	10
5406	601607	2008	制造业-医药、生物制品	0.005611	10
5407	601607	2009	制造业-医药、生物制品	0.016139	10

第9章

计算会计信息质量指标的 SAS 程序

9.1 计算盈余平滑性

9.1.1 导入计算盈余平滑性的数据 (paper2. smooth)

```
proc import datafile = "F:\论文 3\smooth"
out = paper2. smooth
dbms = Excel
replace;
    getnames = yes;
    mixed = yes;
run;
```

数据结构如表 9 - 1 所示 (表中数据从 Wind 资讯下载, 表中变量 opecash1998 表示公司 1998 年度的经营活动净现金流量, 以此类推)。

表 9 - 1 　　　　　　　　　　　数据结构

	stkcd	stkname	opecash1998	opecash1999	opecash2000	opecash2001
1	000001	深发展A	2291097842.6	4671594474	1591065227	14642136825
2	000002	万科A	-140274509.2	42785873.01	86048365.05	-1204549248
3	000005	世纪星源	6726124.57	-5503593.39	20305699.59	-31514226.77
4	000006	深振业A	119245349.09	146737594.91	45525759.91	395339158.6
5	000009	中国宝安	-143430645	-33397398.41	141177901.45	240861504.23
6	000011	深物业A	142975002.83	43300884.65	371820463.07	133563365.47
7	000012	南玻A	210438115.38	311900051.92	323291103.75	364580339
8	000014	沙河股份	3919873.94	-3861178.63	10553988.45	70334935.51
9	000016	深康佳A	1215224494.8	383913844.87	-5566367.84	723225728.82
10	000019	深深宝A	17210729.77	17965453.74	26581652.52	-12061309.48
11	000020	深华发A	4587654	31018675.67	4519875.94	39994526.7

9.1.2 将 Wind 数据格式调整成为锐思数据格式（paper2. smooth_all）

```
/ * 变量 NI 数据转换 * /
data growth_wind1 ;
set paper2. smooth ;
keep stkcd stkname NI1990 ;

data growth_wind2 ;
set growth_wind1 ;
year = label( NI1990 ) ;
rename NI1990 = NI ;

data growth_wind3 ;
set growth_wind2 ;
label NI = NI ;
year = substr( year ,3 ,4 ) ;

proc sort data = growth_wind3 ;
by stkcd year ;

data NI ;
set growth_wind3 ;
run ;
% macro changetable( year ) ;
data aa1 ;
set paper2. smooth ;
keep stkcd stkname NI&year ;

data aa2 ;
set aa1 ;
year = label( NI&year ) ;
```

```
rename NI&year = NI;

data aa&year;
set aa2;
label NI = NI;
year = substr(year,3,4);

proc sort data = aa&year;
by stkcd year;

data NI;
merge NI aa&year;
by stkcd year;

proc sql;
drop table aa&year;
quit;
run;

% mend changetable;
% changetable( 1990 );
% changetable( 1991 );
% changetable( 1992 );
% changetable( 1993 );
% changetable( 1994 );
% changetable( 1995 );
% changetable( 1996 );
% changetable( 1997 );
% changetable( 1998 );
% changetable( 1999 );
% changetable( 2000 );
% changetable( 2001 );
% changetable( 2002 );
```

```
%changetable( 2003 ) ;
%changetable( 2004 ) ;
%changetable( 2005 ) ;
%changetable( 2006 ) ;
%changetable( 2007 ) ;
%changetable( 2008 ) ;
%changetable( 2009 ) ;
run ;

/ *变量 opecash 数据转换 */
data growth_wind1 ;
set paper2. smooth ;
keep stkcd stkname opecash1998 ;

data growth_wind2 ;
set growth_wind1 ;
year = label( opecash1998 ) ;
rename opecash1998 = opecash ;

data growth_wind3 ;
set growth_wind2 ;
label opecash = opecash ;
year = substr( year,8 ,4 ) ;

proc sort data = growth_wind3 ;
by stkcd year ;

data opecash ;
set growth_wind3 ;
run ;
%macro changetable( year ) ;
data aa1 ;
set paper2. smooth ;
```

```
keep stkcd stkname opecash&year;

data aa2;
set aa1;
year = label(opecash&year);
rename opecash&year = opecash;

data aa&year;
set aa2;
label opecash = opecash;
year = substr(year,8,4);

proc sort data = aa&year;
by stkcd year;

data opecash;
merge opecash aa&year;
by stkcd year;

proc sql;
drop table aa&year;
quit;
run;

% mend changetable;
% changetable( 1998 );
% changetable( 1999 );
% changetable( 2000 );
% changetable( 2001 );
% changetable( 2002 );
% changetable( 2003 );
% changetable( 2004 );
% changetable( 2005 );
```

```
% changetable（ 2006 ）;
% changetable（ 2007 ）;
% changetable（ 2008 ）;
% changetable（ 2009 ）;
run;

/ * 变量 totalasset 数据转换 * /
data growth_wind1;
set paper2. smooth;
keep stkcd stkname totalasset1990;

data growth_wind2;
set growth_wind1;
year = label（ totalasset1990 ）;
rename totalasset1990 = totalasset;

data growth_wind3;
set growth_wind2;
label totalasset = totalasset;
year = substr（ year,11 ,4 ）;

proc sort data = growth_wind3;
by stkcd year;

data totalasset;
set growth_wind3;
run;
% macro changetable（ year ）;
data aa1;
set paper2. smooth;
keep stkcd stkname totalasset&year;

data aa2;
```

```
set aa1 ;
year = label( totalasset&year) ;
rename totalasset&year = totalasset ;

data aa&year ;
set aa2 ;
label    totalasset = totalasset ;
year = substr( year,11 ,4) ;

proc sort data = aa&year ;
by stkcd year ;

data totalasset ;
merge totalasset aa&year ;
by stkcd year ;

proc sql ;
drop table aa&year ;
quit ;
run ;

% mend changetable ;
% changetable( 1990 ) ;
% changetable( 1991 ) ;
% changetable( 1992 ) ;
% changetable( 1993 ) ;
% changetable( 1994 ) ;
% changetable( 1995 ) ;
% changetable( 1996 ) ;
% changetable( 1997 ) ;
% changetable( 1998 ) ;
% changetable( 1999 ) ;
% changetable( 2000 ) ;
```

```
% changetable( 2001 );
% changetable( 2002 );
% changetable( 2003 );
% changetable( 2004 );
% changetable( 2005 );
% changetable( 2006 );
% changetable( 2007 );
% changetable( 2008 );
% changetable( 2009 );
run;

/ * 整理 smooth_all * /
data bb1;
set ni;
if ni = . then delete;
run;
data bb2;
set opecash;
if opecash = . then delete;
run;
data bb3;
set totalasset;
if totalasset = . then delete;
run;
data smooth_all;
merge bb1 bb2 bb3;
by stkcd year;
run;
```

数据结构如表 9 - 2 所示（表中变量 NI 表示公司年度净利润，变量 opecash 表示公司年度经营活动经营现金流量活动净额，变量 totalasset 表示公司年末总资产）。

表 9 – 2　　　　　　　　　　　　数据结构

	stkcd	stkname	NI	year	opecash	totalasset
20222	601998	中信银行	3726000000	2006	-7574000000	706859000000
20223	601998	中信银行	8290000000	2007	29519000000	1.011236E12
20224	601998	中信银行	1.332E10	2008	140231000000	1.187837E12
20225	601998	中信银行	1.456E10	2009	-7697000000	1.775031E12
20226	601999	出版传媒	59020321.2	2004		
20227	601999	出版传媒	65759771.1	2005	.	.
20228	601999	出版传媒	90498592.1	2006	84059040.01	1130210032.3
20229	601999	出版传媒	104632389	2007	110760317.16	1866207912.6
20230	601999	出版传媒	113716718	2008	-18733064.03	1944942832
20231	601999	出版传媒	129584039	2009	195144154.12	2243048574.2

9.1.3　计算盈余平滑性 smooth（spaper2. mooth_10）

```
data smooth1 ;
set pub. smooth_all ;
if totalasset = .  or totalasset = 0 then delete ;
run ;
data smooth2 ;
set smooth1 ;
opecash = opecash/totalasset ;
ni = ni/totalasset ;
keep stkcd year opecash ni ;
run ;
data smooth3 ;
set smooth2 ;
if opecash = . then delete ;
run ;

data smooth4 ;
set smooth3 ;
where stkcd = "000001" ;
run ;
data smooth5 ;
set smooth4 ;
if (2007 - 9) < = year < = 2007 ;/ * 以 10 年为周期计算 smooth * /
```

```
run;
proc sql;
create table smooth6 as
select stkcd, ni, opecash, year,
std(ni)as ni_std, count(ni)as ni_obs,
std(opecash) as opecash_std, count(opecash) as opecash_obs from
smooth5
run;
data smooth7;
set smooth6;
where year = "2007";
run;


options nodate nonotes nosource;
%macro smooth(stkcd, year);
data smooth4;
set smooth3;
where stkcd = "&stkcd";
run;
data smooth5;
set smooth4;
if (&year - 9) < = year < = &year;
run;
proc sql;
create table smooth6 as
select stkcd, ni, opecash, year,
std(ni)as ni_std, count(ni)as ni_obs,
std(opecash) as opecash_std, count(opecash) as opecash_obs from
smooth5
run;
data smooth&stkcd&year;
set smooth6;
where year = "&year";
```

```
data smooth7;
merge smooth7 smooth&stkcd&year;
by stkcd year;
run;
proc sql;
drop table smooth&stkcd&year;
quit;
run;
% mend smooth;
% include "smooth. txt";
run;
```

```
/ *宏文件 smooth. txt 的形成 */
data _null_;
set smooth3;
a = '% smooth (';
b = ',';
c = ')';
file " smooth. txt"; / * C: \ Documents and Settings \ Administrator \
smooth. txt */
put a $ stkcd $ b $ year $ c $;
run;
```

```
/ *计算并整理 smooth_10 */
options date notes source;
data smooth_10;
set smooth7;
if ni_obs = 10 and opecash_obs = 10;
smooth_ni = ni_std/opecash_std;
drop ni opecash;
run;
```

数据结构如表9-3所示（表中变量 ni_std 表示从计算年份算起共 10 年的公司净利润标准差，如表中第 1 条观测值为 0.00579，表示证券代码为 000001 的公司在 2007 年的公司净利润标准差，计算期间为 1998～2007 年共 10 年；变量 ni_obs 表示用于计算 ni_std 的观测数；变量 opecash_std 表示从计算年份算起共 10 年的公司经营活动现金流量净额标准差，如表中第 1 条观测值为 0.04373，表示证券代码为 000001 的公司在计算年份 2007 年的公司经营活动现金流量净额标准差，计算期间为 1998～2007 年共 10 年；变量 opecash_obs 表示用于计 opecash_std 的观测数；smooth_ni 表示公司年度盈余平滑性）。

表9-3 数据结构

	stkcd	year	ni_std	ni_obs	opecash_std	opecash_obs	smooth_ni
1	000001	2007	0.00579	10	0.04372836	10	0.1324142
2	000001	2008	0.003632	10	0.04353606	10	0.083431
3	000001	2009	0.002893	10	0.03879484	10	0.0745721
4	000002	2007	0.005083	10	0.08306715	10	0.0611919
5	000002	2008	0.007147	10	0.08392301	10	0.0851634
6	000002	2009	0.007454	10	0.08910896	10	0.0836529
7	000005	2007	0.057801	10	0.0129925	10	4.4488045
8	000005	2008	0.051171	10	0.03152067	10	1.6234228
9	000005	2009	0.044802	10	0.03183571	10	1.4072977
10	000006	2007	0.032258	10	0.08984771	10	0.3590277
11	000006	2008	0.031813	10	0.11645889	10	0.2731723

9.2 计算盈余持续性和盈余可预测性

9.2.1 导入计算盈余持续性和盈余可预测性的数据（paper2. persistence）

```
proc import datafile = "F:\论文3\persistence"
out = paper2. persistence
dbms = Excel
replace;
    getnames = yes;
    mixed = yes;
run;
```

数据结构如表 9 – 4 所示（表中数据从 Wind 资讯下载，表中变量 ROA_ 1990 表示公司 1990 年度的资产净利率，以此类推）。

表 9 – 4　　　　　　　　　　**数据结构**

	stkcd	stkname	ROA_1990	ROA_1991	ROA_1992	ROA_1993	ROA_1994
1530	600686	金龙汽车	.	.	.	3.9564	5.2817
1531	600687	刚泰控股	.	.	.		4.2633
1532	600688	S上石化	.	.	.	6.4626	9.6299
1533	600689	上海三毛	.	9.8645	8.3509	10.337	8.2678
1534	600690	青岛海尔	.	20.2126	18.715	12.45	12.437
1535	600692	亚通股份	.	.	.	13.019	8.4741
1536	600693	东百集团	.	.	.	11.225	12.314
1537	600694	大商股份	.	.	.	10.643	14.493
1538	600695	大江股份	.	18.1879	7.1716	9.9477	11.397
1539	600696	多伦股份	.	.	.	18.049	13.864
1540	600697	欧亚集团	.	3.289	5.4372	9.4706	9.4584

9.2.2 将 wind 数据格式调整成为锐思数据格式（paper2. persistence_ all）

/ * 变量 ROA 数据转换 * /
data growth_wind1;
set paper2. persistence;
keep stkcd stkname ROA_1990;

data growth_wind2;
set growth_wind1;
year = label(ROA_1990);
rename ROA_1990 = ROA_;

data growth_wind3;
set growth_wind2;
label　ROA_ = ROA_;
year = substr(year,5,4);

proc sort data = growth_wind3;
by stkcd year;

```
data ROA_;
set growth_wind3;
run;
%macro changetable(year);
data aa1;
set paper2. persistence;
keep stkcd stkname ROA_&year;

data aa2;
set aa1;
year = label(ROA_&year);
rename ROA_&year = ROA_;

data aa&year;
set aa2;
label    ROA_ = ROA_;
year = substr(year,5,4);

proc sort data = aa&year;
by stkcd year;

data ROA_;
merge ROA_ aa&year;
by stkcd year;


proc sql;
drop table aa&year;
quit;
run;

%mend changetable;
%changetable( 1990 );
```

```
% changetable( 1991 );
% changetable( 1992 );
% changetable( 1993 );
% changetable( 1994 );
% changetable( 1995 );
% changetable( 1996 );
% changetable( 1997 );
% changetable( 1998 );
% changetable( 1999 );
% changetable( 2000 );
% changetable( 2001 );
% changetable( 2002 );
% changetable( 2003 );
% changetable( 2004 );
% changetable( 2005 );
% changetable( 2006 );
% changetable( 2007 );
% changetable( 2008 );
% changetable( 2009 );
run;

/ * 整理 persistence_all * /
data persistence_all;
set roa_;
if roa_ = . then delete;
rename roa_ = roa;
label roa_ = roa;
run;
```

数据结构如表 9 - 5 所示（表中变量 roa 表示公司年度资产净利率）。

表9-5　　　　　　　　　　　　数据结构

	stkcd	stkname	roa	year
18743	601991	大唐发电	1.454	2009
18744	601998	中信银行	0.5368	2004
18745	601998	中信银行	0.5787	2005
18746	601998	中信银行	0.5724	2006
18747	601998	中信银行	0.965	2007
18748	601998	中信银行	1.2114	2008
18749	601998	中信银行	0.9828	2009
18750	601999	出版传媒	8.0072	2006
18751	601999	出版传媒	6.9838	2007
18752	601999	出版传媒	5.9676	2008
18753	601999	出版传媒	6.1884	2009

9.2.3　计算盈余持续性和盈余可预测性（paper2. pesistence_result）

```
data persistence_all1;
set paper2. persistence_all;
where stkcd = "000001";
roa_lag = lag(roa);
keep stkcd year roa roa_lag;
run;

data   persistence_all2;
set   persistence_all1;
if (2000 - 9) < = year < = 2000;
run;

proc reg data = persistence_all2    outest = mmcoff;
model roa = roa_lag;
quit;
data mmcoff( keep = intercept persistencc);
set mmcoff;
rename roa_lag = persistence;
run;
proc sql;/ *给每个观测值增加截距项和系数 * /
```

```
create table persistence_all3 as
select * from persistence_all2 , mmcoff ;
quit ;


data persistence_all4 ;
set persistence_all3 ;
residual = roa − ( intercept + roa_lag * persistence ) ;
run ;


proc sql ;
create table persistence_all5 as
select stkcd , year , persistence , std ( residual ) as predictability , count ( re-
sidual ) as obs from persistence_all4 ;
quit ;
data    persistence_all6 ;
set persistence_all5 ;
where year = "2000" ;
run ;
options nodate nonotes nosource ;
% macro persistence ( stkcd , year ) ;
data persistence_all1 ;
set pub. persistence_all ;
where stkcd = " &stkcd " ;
roa_lag = lag ( roa ) ;
keep stkcd year roa    roa_lag ;
run ;


data    persistence_all2 ;
set    persistence_all1 ;
if ( &year − 9 ) < = year < = &year ;
run ;


proc reg data = persistence_all2 noprint outest = mmcoff ;
```

```
model roa = roa_lag;
quit;
data mmcoff( keep = intercept persistence);
set mmcoff;
rename roa_lag = persistence;
run;
proc sql;/*给每个观测值增加截距项和系数*/
create table persistence_all3 as
select * from persistence_all2,mmcoff;
quit;

data persistence_all4;
set persistence_all3;
residual = roa - (intercept + roa_lag * persistence);
run;

proc sql;
create table persistence_all5 as
select stkcd, year, persistence, std(residual) as predictability, count(re-
sidual) as obs from persistence_all4;
quit;
data persistence&stkcd&year;
set persistence_all5;
where year = "&year";
run;

data persistence_all6;
merge persistence_all6 persistence&stkcd&year;
by stkcd year;
run;
proc sql;
drop table persistence&stkcd&year;
quit;
```

```
run;
% mend persistence;
% include "persistence. txt";
run;


/ * 宏文件 persistence. txt 的形成 */
data _null_;
set paper2. persistence_all;
a = '% persistence(';
b = ',';
c = ')';
file "persistence. txt"; / * C:\Documents and Settings\Administrator\per-
sistence. txt */
put a $ stkcd $ b $ year $ c $;
run;


/ * 整理 pesistence_result */
options date notes source;
data persistence_result;
set persistence_all6;
where obs = 10;
run;
```

数据结构如表 9 - 6 所示（表中变量 persistence 表示某年公司盈余持续性，如表中第 4493 条观测值为 0.4477，表示证券代码为 600897 的公司在 2005 年的盈余持续性，计算期间为 1994 ~ 2005 年共 10 年；变量 predictability 表示某年公司盈余可预测性，如表中第 4493 条观测值为 1.9667，表示证券代码为 600897 的公司在 2005 年的盈余可预测性，计算期间为 1994 ~ 2005 年共 10 年；变量 obs 表示用于计算 persistence 和 predictability 的观测数）。

表 9－6   数据结构

	stkcd	year	persistence	predictability	obs
4493	600897	2005	0.4476884533	1.9666575498	10
4494	600897	2006	0.2347697774	2.2881496317	10
4495	600897	2007	1.3981618895	1.3246295293	10
4496	600897	2008	1.1172778116	1.4038271902	10
4497	600897	2009	1.1748918915	1.4549388388	10
4498	601607	2004	0.2378452725	1.2206301444	10
4499	601607	2005	0.61298374	1.3770111193	10
4500	601607	2006	0.8933594382	1.4696513505	10
4501	601607	2007	0.7655936648	1.3155059861	10
4502	601607	2008	0.6875655651	1.2468906624	10
4503	601607	2009	0.6909338891	1.3061401817	10

9.3 计算应计项质量

9.3.1 导入计算应计项质量的数据（paper2. accrualquality_all）

proc import datafile = "F:\论文3\ accrualquality_all"

out = paper2. accrualquality_all

dbms = Excel

replace；

    getnames = yes；

    mixed = yes；

run；

    数据结构如表 9－7 所示（表中变量 ni 表示公司净利润；opecash 表示公司经营活动现金流量净额；asset 表示公司总资产）。

表 9－7   数据结构

	stkcd	stkname	ni	year	opecash	asset
1	000001	深发展A	70875000	1990	.	2919190000
2	000001	深发展A	112650000	1991	.	4354460000
3	000001	深发展A	172110000	1992	.	7522847374
4	000001	深发展A	273310000	1993	.	9323224449
5	000001	深发展A	356328024	1994	.	15488411983
6	000001	深发展A	435059721	1995	.	20312475561
7	000001	深发展A	787300630	1996	.	30022029658
8	000001	深发展A	862227864	1997	.	31798628745
9	000001	深发展A	764240114	1998	2291097843	39399858617
10	000001	深发展A	555191092	1999	4671594474	45868972050
11	000001	深发展A	506551785	2000	1591065227	67227499769

9.3.2 计算应计项质量（paper2. accrualquality_result）

```
data accrualquality_all1 ;
set paper2. accrualquality_all ;
if opecash = . then delete ;
totalaccrual = ni − opecash ;
keep stkcd totalaccrual opecash asset year ;
run ;
data accrualquality_all2 ;
set accrualquality_all1 ;
where stkcd = "000001" ;
asset_lag1 = lag( asset ) ;
opecash_lag1 = lag( opecash ) ;
run ;
proc sort data = accrualquality_all2 ;
by descending year ;
run ;
data accrualquality_all3 ;
set accrualquality_all2 ;
opecash_lead1 = lag( opecash ) ;
run ;
proc sort data = accrualquality_all3 ;
by year ;
run ;
data accrualquality_all4 ;
set accrualquality_all3 ;
totalaccrual = totalaccrual/asset_lag1 ;
opecash = opecash/asset_lag1 ;
opecash_lag1 = opecash_lag1/asset_lag1 ;
opecash_lead1 = opecash_lead1/asset_lag1 ;
drop asset asset_lag1 ;
run ;
```

```
data    accrualquality_all5 ;
set    accrualquality_all4 ;
if (2008 − 9) < = year < = 2008 ; / * 我国上市公司从 1998 年开始披露
经营活动现金流量净额 * /
run ;


proc reg data = accrualquality_all5 noprint    outest = mmcoff ;
model totalaccrual = opecash opecash_lag1 opecash_lead1 ;
quit ;


data mmcoff ( keep = intercept opecashcoff opecash _ lag1 coff opecash _
lead1 coff) ;
set mmcoff ;
rename opecash = opecashcoff opecash_lag1 = opecash_lag1 coff opecash_
lead1 = opecash_lead1 coff ;
label    opecash = opecashcoff ;
run ;


proc sql ; / * 给每个观测值增加截距项和系数 * /
create table accrualquality_all6 as
select  *  from accrualquality_all5 , mmcoff ;
quit ;


data accrualquality_all7 ;
set accrualquality_all6 ;
residual = totalaccrual − ( intercept + opecash * opecashcoff + opecash_lag1 *
opecash_lag1 coff + opecash_lead1 * opecash_lead1 coff) ;
run ;


proc sql ;
create table accrualquality_all8 as
select stkcd , year , std( residual) as accrual_quality , count( residual) as obs
```

from accrualquality_all7 ;

　　quit ;

　　data　accrualquality_all9 ;

　　set accrualquality_all8 ;

　　where year = "2008" ;

　　run ;

　　options nodate nonotes nosource ;

　　% macro acccrualquality (stkcd , year) ;

　　data accrualquality_all1 ;

　　set pub. accrualquality_all ;

　　if opecash = . then delete ;

　　totalaccrual = ni − opecash ;

　　keep stkcd totalaccrual opecash asset year ;

　　run ;

　　data accrualquality_all2 ;

　　set accrualquality_all1 ;

　　where stkcd = " &stkcd" ;

　　asset_lag1 = lag(asset) ;

　　opecash_lag1 = lag(opecash) ;

　　run ;

　　proc sort data = accrualquality_all2 ;

　　by descending year ;

　　run ;

　　data accrualquality_all3 ;

　　set accrualquality_all2 ;

　　opecash_lead1 = lag(opecash) ;

　　run ;

　　proc sort data = accrualquality_all3 ;

　　by year ;

　　run ;

　　data accrualquality_all4 ;

```
set accrualquality_all3 ;
totalaccrual = totalaccrual/asset_lag1 ;
opecash = opecash/asset_lag1 ;
opecash_lag1 = opecash_lag1/asset_lag1 ;
opecash_lead1 = opecash_lead1/asset_lag1 ;
drop asset asset_lag1 ;
run ;

data    accrualquality_all5 ;
set    accrualquality_all4 ;
if ( &year − 9 ) < = year < = &year ;
run ;

proc reg data = accrualquality_all5 noprint    outest = mmcoff ;
model totalaccrual = opecash opecash_lag1 opecash_lead1 ;
quit ;

data mmcoff ( keep = intercept opecashcoff opecash _ lag1 coff opecash _
lead1 coff ) ;
set mmcoff ;
rename opecash = opecashcoff opecash _ lag1 = opecash _ lag1 coff opecash _
lead1 = opecash _ lead1 coff ;
label    opecash = opecashcoff ;
run ;

proc sql ;/ * 给每个观测值增加截距项和系数 * /
create table accrualquality_all6 as
select  *  from accrualquality_all5 ,mmcoff ;
quit ;

data accrualquality_all7 ;
set accrualquality_all6 ;
residual = totalaccrual − ( intercept + opecash * opecashcoff + opecash_lag1
```

```
* opecash_lag1coff + opecash_lead1 * opecash_lead1coff) ;
    run ;


    proc sql ;
    create table accrualquality_all8 as
    select stkcd, year, std( residual) as accrual_quality, count( residual) as obs
from accrualquality_all7 ;
    quit ;


    data    accrualquality&stkcd&year ;
    set accrualquality_all8 ;
    where year = " &year" ;
    run ;
    data    accrualquality_all9 ;
    merge    accrualquality_all9 accrualquality&stkcd&year ;
    by stkcd year ;
    run ;
    proc sql ;
    drop table accrualquality&stkcd&year ;
    quit ;
    run ;
    % mend acrualquality ;
    % include " accrualquality. txt" ;
    run ;



    options date notes source ;
    data aa ;
    set pub. accrualquality_all ;
    if year = 2008 ;
    run ;


    / * 宏文件 accrualquality. txt 的形成 * /
```

```
data _null_;
set  aa;
a = '% accrualquality (';
b = ',';
c = ')';
file " accrualquality. txt" ; / ∗ C: \ Documents and Settings \ Administrator \
accrualquality. txt ∗ /
put a $ stkcd $ b $ year $ c $ ;
run;

/ ∗ 整理 pesistence_result ∗ /
options date notes source;
data accrualquality_result;
set accrualquality_all9;
where obs = 10;
run;
```

数据结构如表9－8所示（表中变量 accrual_quality 表示某年公司盈余持续性，如表中第702条观测值为0.0224，表示证券代码为600886的公司在2008年的应计项质量，计算期间为1999～2008年共10年；变量 obs 表示用于计算 accrual_ quality 的观测数）。

表9－8　　　　　　　　　　　　　**数据结构**

	stkcd	year	accrual_quality	obs
702	600886	2008	0.0223566381	10
703	600887	2008	0.0575915528	10
704	600888	2008	0.0086299832	10
705	600889	2008	0.0212020906	10
706	600893	2008	0.0316639559	10
707	600894	2008	0.0432221992	10
708	600895	2008	0.0165230733	10
709	600896	2008	0.0202192606	10
710	600897	2008	0.0385039593	10
711	601607	2008	0.0164478761	10

9.4　计算公司综合会计信息质量
(paper2. rank_accounting)

```
proc sort data = paper2. Accrualquality_result;
by year;
quit;
proc rank data = paper2. Accrualquality_result group = 10 out = rank_accru-
alquality;
by year;
var accrual_quality;
ranks rank_accrualquality;
label rank_accrualquality = rank_accrualquality;
run;


data Persistence_result;
set paper2. Persistence_result;
persistence1 = - persistence;　/ * 加负号是为了使该变量值越小,会计信
息质量越高 * /
run;
proc sort data = Persistence_result;
by year;
quit;
proc rank data = Persistence_result group = 10 out = rank_persistence;
by year;
var persistence1;
ranks rank_persistence;
label rank_persistence = rank_persistence;
run;


proc rank data = Persistence_result group = 10 out = rank_predictability;
by year;
```

```
var predictability;
ranks rank_predictability;
label rank_predictability = rank_predictability;
run;


proc sort data = paper2. Smooth_10;
by year;
quit;
proc rank data = paper2. Smooth_10 group = 10 out = Rank_smooth;
by year;
var smooth_ni;
ranks rank_smoothni;
label rank_smoothni = rank_smoothni;
run;


proc sql;
create table rank_accounting as
select rank _ accrualquality. stkcd, rank _ accrualquality. year, rank _ accru-
alquality. rank_accrualquality,
    rank_persistence. rank_persistence, Rank_smooth. Rank_smoothni, Rank_
predictability. Rank_predictability
    from rank_accrualquality, rank_persistence, Rank_smooth, Rank_predicta-
bility
    where
    rank_accrualquality. stkcd = rank_persistence. stkcd = Rank_smooth. stkcd =
Rank_predictability. stkcd and
    rank _ accrualquality. year = rank _ persistence. year = Rank _ smooth. year =
Rank_predictability. year;
quit;
run;


data rank_accounting;
set rank_accounting;
```

rank_accounting = rank_accrualquality + rank_persistence + Rank_smoothni + Rank_predictability；

    run；

    数据结构如表9－9所示（表中变量 rank_accrualquality 表示某公司某年按照该年度所有公司应计项质量大小分成十组、并按照从小到大进行排序的排序数；变量 rank_persistence 表示某公司某年按照该年度所有公司盈余持续性大小分成十组、并按照从小到大进行排序的排序数；变量 rank_smoothni 表示某公司某年按照该年度所有公司盈余平滑性大小分成十组、并按照从小到大进行排序的排序数；变量 rank_ predictability 表示某公司某年按照该年度所有公司盈余可预测性大小分成十组、并按照从小到大进行排序的排序数；变量 rank_ accounting 表示某公司某年综合会计信息质量指标，计算方法为是四个会计信息质量指标某年度排序值的加总）。

表9－9   **数据结构**

	stkcd	year	rank_accrualquality	rank_persistence	rank_smoothni	rank_predictability	rank_accounting
698	600884	2008	0	2	5	1	8
699	600886	2008	3	5	5	6	19
700	600887	2008	8	0	7	4	19
701	600888	2008	0	3	3	2	8
702	600889	2008	3	3	2	4	12
703	600893	2008	5	7	3	6	21
704	600894	2008	7	5	9	8	29
705	600895	2008	2	3	1	2	8
706	600896	2008	3	5	7	5	20
707	600897	2008	6	0	5	1	12
708	601607	2008	2	2	4	1	9

会计信息质量与公司资金投向选择关系的 SAS 程序：单因素分析

10.1 基于净利润增长率相关性

这里公司资金投向选择指标选用上市公司净利润增长率与行业利润增长率的相关性（以下简称"净利润增长率相关性"）

相关性分析：表 5 – 1

```
proc sql;
create table all_attributes as
select
accrualquality_result_10. stkcd, accrualquality_result_10. year, accrualqual-
ity_result_10. accrual_quality,
persistence _ result10. persistence1, persistence _ result10. predictability,
smoothlast_10_ni. smooth_ni,
rank_accounting. rank_accounting, corrlast_10. corrni
from paper2. accrualquality _ result _ 10, paper2. persistence _ result10, pa-
per2. smoothlast_10_ni,
result2. rank_accounting, paper2. corrlast_10
where accrualquality _ result _ 10. stkcd = persistence _ result10. stkcd =
smoothlast_10_ni. stkcd =
rank_accounting. stkcd = corrlast_10. stkcd and
accrualquality_result_10. year = persistence_result10. year = smoothlast_10_
ni. year =
```

rank_accounting. year = corrlast_10. year；

quit；

run；

proc corr data = all_attributes pearson spearman ；

var accrual_quality persistence1 predictability smooth_ni rank_accounting corrni；

run；

分析结果如图 10 – 1 所示。

Pearson 相关系数, N = 707					
Prob > |r| under H0: Rho=0					
	accrual_quality	persistence1	predictability	smooth_ni	rank_accounting	corrni
accrual_quality	1.00000	0.18186 <.0001	0.88455 <.0001	0.57241 <.0001	0.65123 <.0001	-0.03226 0.3918
persistence1	0.18186 <.0001	1.00000	0.21560 <.0001	0.10588 0.0048	0.45280 <.0001	-0.04553 0.2266
predictability	0.88455 <.0001	0.21560 <.0001	1.00000	0.75685 <.0001	0.58587 <.0001	-0.03297 0.3814
smooth_ni	0.57241 <.0001	0.10588 0.0048	0.75685 <.0001	1.00000	0.40354 <.0001	-0.07013 0.0624
rank_accounting	0.65123 <.0001	0.45280 <.0001	0.58587 <.0001	0.40354 <.0001	1.00000	-0.16026 <.0001
corrni corrni	-0.03226 0.3918	-0.04553 0.2266	-0.03297 0.3814	-0.07013 0.0624	-0.16026 <.0001	1.00000

Spearman 相关系数, N = 707					
Prob > |r| under H0: Rho=0					
	accrual_quality	persistence1	predictability	smooth_ni	rank_accounting	corrni
accrual_quality	1.00000	0.20200 <.0001	0.86502 <.0001	0.64843 <.0001	0.86905 <.0001	-0.13373 0.0004
persistence1	0.20200 <.0001	1.00000	0.34943 <.0001	0.09898 0.0085	0.51453 <.0001	-0.09704 0.0098
predictability	0.86502 <.0001	0.34943 <.0001	1.00000	0.70526 <.0001	0.93651 <.0001	-0.16568 <.0001
smooth_ni	0.64843 <.0001	0.09898 0.0085	0.70526 <.0001	1.00000	0.77887 <.0001	-0.12250 0.0011
rank_accounting	0.86905 <.0001	0.51453 <.0001	0.93651 <.0001	0.77887 <.0001	1.00000	-0.17040 <.0001
corrni corrni	-0.13373 0.0004	-0.09704 0.0098	-0.16568 <.0001	-0.12250 0.0011	-0.17040 <.0001	1.00000

图 10 – 1　分析结果

10. 1. 1　accrual quality 与净利润增长率相关性的关系分析

变化趋势分析：图 5 – 1（a）

data aa；

```
set paper2. accrualquality_result;
drop obs;
data aa1;
set paper2. growth_result14;
keep stkcd year corrni;
run;
proc sql;
create table accrualquality_corr_10 as
select * from aa, aa1
where aa. stkcd = aa1. stkcd and aa. year = aa1. year;
quit;
proc rank data = accrualquality_corr_10 group = 10 out = aa2;
var accrual_quality;
ranks quality_rank;
label quality_rank = quality_rank;
run;
data aa3;
set aa2;
quality_rank = quality_rank + 1;
run;
proc sort data = aa3;
by quality_rank;
quit;
proc means data = aa3 noprint min median max mean std n;
by quality_rank;
var corrni;
output out = aa4( drop = _type_ _freq_) min = minimum median = median
max = maximum mean = mean std = std n = obsnumber;
run;

data aa5;
set aa4;
label   minimum = minimum   median = median maximum = maximum
```

```
mean = mean std = std obsnumber = obsnumber;
    run;


    footnote '会计信息质量与净利润相关性的基本关系';
    axis1 order = (1 to 10 by 1)
    width = 1 offset = (0,0) label = (color = blue justify = right 'accrual quality
decile') length = 80;
    axis2    label = (color = blue h = 1 'mean or median of correlation') length =
30;
    legend1 label = none shape = symbol(6,0.5) position = (top right inside)
mode = share across = 1;


    proc gplot data = aa5;
    plot median * quality_rank = 1 mean * quality_rank = 2 /haxis = axis1 vaxis =
axis2
    overlay legend = legend1;
    symbol1 v = dot    i = join c = blue line = 3 width = 2;
    symbol2 v = circle i = join c = red line = 3 width = 2;
    run;
```

数据结构如表 10 - 1 所示（表中变量 quality_rank 组别序号，计算方法为以公司 - 年度观测为基础，按照应计项质量大小（从小到大）分成 1 ~ 10 十组，如第 1 组包含 71 个观测并且该组所有观测的应计项质量值小于或等于 10% 分位数）。

表 10 - 1 数据结构

	quality_rank	minimum	median	maximum	mean	std	obsnumber
1	1	-0.466822942	0.3414512708	0.8319701571	0.2722187699	0.3242546207	71
2	2	-0.727632977	0.3934191548	0.9062462737	0.3026822751	0.3763877451	71
3	3	-0.692750109	0.2518913773	0.9034335	0.3127082796	0.3434988563	71
4	4	-0.740928412	0.2702556252	0.9316385235	0.2687940912	0.3470072778	71
5	5	-0.519733881	0.2789428015	0.9158934035	0.2589947292	0.3323377867	71
6	6	-0.703174967	0.1878563212	0.9286989541	0.2041171886	0.3777627411	71
7	7	-0.851269868	0.2300588967	0.8460647171	0.2232177613	0.3945885249	71
8	8	-0.870279699	0.2417140975	0.819127981	0.215275524	0.3412033628	71
9	9	-0.633105015	0.1400814606	0.8490378718	0.1309798175	0.290159504	71
10	10	-0.736395234	0.1400786808	0.8793088917	0.1604009508	0.3705209893	71

按照表 10 - 1 所绘图 5 - 1（a）：横坐标值为组别序号，纵坐标为净利润增长率相关性。

非参数检验：表 5.3

①把会计信息质量信息分成最好组与最差组：

data aa6；

set aa3；

if quality_rank = 1 or quality_rank = 10；／＊把会计信息质量信息分成最好组与最差组＊／

run；

proc ttest data = aa6；／＊进行差异性检验＊／

class quality_rank；

var corrni；

run；

检验结果如图 10 - 2 所示。

quality_rank	N	Mean	Std Dev	Std Err	Minimum	Maximum
1	71	0.2722	0.3243	0.0385	-0.4668	0.8320
10	71	0.1604	0.3705	0.0440	-0.7364	0.8793
Diff (1-2)		0.1118	0.3482	0.0584		

quality_rank	Method	Mean	95% CL Mean		Std Dev	95% CL Std Dev	
1		0.2722	0.1955	0.3490	0.3243	0.2783	0.3885
10		0.1604	0.0727	0.2481	0.3705	0.3180	0.4440
Diff (1-2)	Pooled	0.1118	-0.00371	0.2273	0.3482	0.3117	0.3943
Diff (1-2)	Satterthwaite	0.1118	-0.00373	0.2274			

Method	Variances	DF	t Value	Pr > |t|
Pooled	Equal	140	1.91	0.0577
Satterthwaite	Unequal	137.58	1.91	0.0577

Equality of Variances

Method	Num DF	Den DF	F Value	Pr > F
Folded F	70	70	1.31	0.2669

图 10 - 2　检验结果

②以会计信息质量中位数值为界限，把样本分为会计信息质量分成最

好组与最差组：

```
data aa6;
set aa3;
if quality_rank < =5 then type =1;/*以会计信息质量中值为界限,把
样本分为会计信息质量分成最好组与最差组*/
else type =2;
run;

proc ttest data = aa6;/*差异性检验*/
class type;
var corrni;
run;
```

检验结果如图 10 - 3 所示。

type		N	Mean	Std Dev	Std Err	Minimum	Maximum
1		355	0.2831	0.3438	0.0182	-0.7409	0.9316
2		355	0.1868	0.3565	0.0189	-0.8703	0.9287
Diff (1-2)			0.0963	0.3502	0.0263		

type	Method	Mean	95% CL Mean		Std Dev	95% CL Std Dev	
1		0.2831	0.2472	0.3190	0.3438	0.3203	0.3712
2		0.1868	0.1496	0.2240	0.3565	0.3320	0.3848
Diff (1-2)	Pooled	0.0963	0.0447	0.1479	0.3502	0.3329	0.3695
Diff (1-2)	Satterthwaite	0.0963	0.0447	0.1479			

Method	Variances	DF	t Value	Pr > |t|
Pooled	Equal	708	3.66	0.0003
Satterthwaite	Unequal	707.08	3.66	0.0003

Equality of Variances				
Method	Num DF	Den DF	F Value	Pr > F
Folded F	354	354	1.07	0.4971

图 10 - 3 检验结果

10.1.2 persistence 与净利润增长率相关性的关系分析

变化趋势分析：图 5 - 1（b）

```
data aa;
```

```
set paper2. persistence_result;
persistence = - persistence;
drop obs; run;
data aa1;
set paper2. growth_result14;
keep stkcd year corrni;
run;


proc sql;
create table persistence_corr_10 as
select * from aa, aa1
where aa. stkcd = aa1. stkcd and aa. year = aa1. year;
quit;
proc rank data = persistence_corr_10 group = 10 out = aa2;
var persistence;
ranks quality_rank;
label quality_rank = quality_rank;
run;
data aa3;
set aa2;
quality_rank = quality_rank + 1;
run;
proc sort data = aa3;
by quality_rank;
quit;
proc means data = aa3 noprint min median max mean std n;
by quality_rank;
var corrni;
output out = aa4 ( drop = _type_ _freq_ ) min = minimum median = median
max = maximum mean = mean std = std n = obsnumber;
run;


data aa5;
```

set aa4；

label　　minimum = minimum　　median = median　maximum = maximum

mean = mean std = std obsnumber = obsnumber；

run；

footnote '会计信息质量与净利润相关性的基本关系'；

axis1 order = (1 to 10 by 1)

width = 1 offset = (0 , 0) label = (color = blue justify = right 'persistence

decile') length = 80；

axis2　　label = (color = blue h = 1 'mean or median of correlation') length =

30；

legend1 label = none shape = symbol (6 , 0. 5) position = (top right inside)

mode = share across = 1；

proc gplot data = aa5；

plot median * quality_rank = 1 mean * quality_rank = 2 /haxis = axis1 vaxis =

axis2

overlay legend = legend1；

symbol1 v = dot　i = join c = blue line = 3 width = 2；

symbol2 v = circle i = join c = red line = 3 width = 2；

run；

数据结构如表 10 - 2 所示（表中变量 quality_rank 组别序号，计算方
法为以公司 - 年度观测为基础，按照盈余持续性大小（从小到大）分成
1 ~ 10 十组，如第 1 组包含 447 个观测并且该组所有观测的盈余持续性值
小于或等于 10% 分位数）。

表 10 - 2　　　　　　　　　　　　数据结构

	quality_rank	minimum	median	maximum	mean	std	obsnumber
1	1	-0.870279699	0.1864745364	0.9258212205	0.1641220075	0.3951852723	447
2	2	-0.902284504	0.2062729344	0.9158934035	0.181533472	0.3838637568	448
3	3	-0.869249814	0.2329558804	0.939995536	0.2111114308	0.3495565757	448
4	4	-0.808970298	0.1946254317	0.918528672	0.1947387569	0.3514807466	448
5	5	-0.844074265	0.2212557297	0.9158391359	0.2188268216	0.3315058983	448
6	6	-0.887309478	0.1908880595	0.9316385235	0.1865967313	0.3384435094	448
7	7	-0.863598043	0.1977548885	0.9955306576	0.1883967486	0.3481369324	448
8	8	-0.692407265	0.202703781	0.9286989541	0.1979687641	0.3058567937	448
9	9	-0.72379062	0.1984249874	0.9930918772	0.1833098533	0.336979315	448
10	10	-0.736395234	0.1720514863	0.9929804372	0.1699220894	0.338742161	448

按照表 10 - 2 所绘图 5.1 （b）：横坐标值为组别序号，纵坐标为净利润增长率相关性。

非参数检验：表 5 - 3

①把会计信息质量信息分成最好组与最差组：

data aa6;

set aa3;

if quality_rank = 1 or quality_rank = 10; /＊把会计信息质量分成最好组与最差组＊/

run;

proc ttest data = aa6; /＊进行差异性检验＊/

class quality_rank;

var corrni;

run;

检验结果如图 10 - 4 所示。

quality_rank		N	Mean	Std Dev	Std Err	Minimum	Maximum
1		447	0.1641	0.3952	0.0187	-0.8703	0.9258
10		448	0.1699	0.3387	0.0160	-0.7364	0.9930
Diff (1-2)			-0.00580	0.3680	0.0246		

quality_rank	Method	Mean	95% CL Mean		Std Dev	95% CL Std Dev	
1		0.1641	0.1274	0.2009	0.3952	0.3709	0.4229
10		0.1699	0.1385	0.2014	0.3387	0.3179	0.3625
Diff (1-2)	Pooled	-0.00580	-0.0541	0.0425	0.3680	0.3517	0.3859
Diff (1-2)	Satterthwaite	-0.00580	-0.0541	0.0425			

Method	Variances	DF	t Value	Pr > |t|
Pooled	Equal	893	-0.24	0.8137
Satterthwaite	Unequal	872.02	-0.24	0.8137

Equality of Variances

Method	Num DF	Den DF	F Value	Pr > F
Folded F	446	447	1.36	0.0012

图 10 - 4　检验结果

②以会计信息质量中位数值为界限，把样本分为会计信息质量分成最

好组与最差组：

    data aa6；

    set aa3；

    if quality_rank < =5 then type =1；／＊以会计信息质量中值为界限,把样本分为会计信息质量分成最好组与最差组＊／

    else type =2；

    run；

    proc ttest data =aa6；／＊差异性检验＊／

    class type；

    var corrni；

    run；

检验结果如图 10 -5 所示。

type	N	Mean	Std Dev	Std Err	Minimum	Maximum
1	2239	0.1941	0.3633	0.00768	-0.9023	0.9400
2	2240	0.1852	0.3338	0.00705	-0.8873	0.9955
Diff (1-2)		0.00884	0.3488	0.0104		

type	Method	Mean	95% CL Mean		Std Dev	95% CL Std Dev	
1		0.1941	0.1790	0.2091	0.3633	0.3529	0.3742
2		0.1852	0.1714	0.1991	0.3338	0.3243	0.3438
Diff (1-2)	Pooled	0.00884	-0.0116	0.0293	0.3488	0.3418	0.3562
Diff (1-2)	Satterthwaite	0.00884	-0.0116	0.0293			

Method	Variances	DF	t Value	Pr > |t|
Pooled	Equal	4477	0.85	0.3964
Satterthwaite	Unequal	4444.9	0.85	0.3964

Equality of Variances

Method	Num DF	Den DF	F Value	Pr > F
Folded F	2238	2239	1.18	<.0001

图 10 -5　检验结果

10.1.3　predictability 与净利润增长率相关性的关系分析

变化趋势分析：图 5 -1 （c）

    data aa；

```
set paper2. persistence_result;
drop obs; run;
data aa1;
set paper2. growth_result14;
keep stkcd year corrni;
run;

proc sql;
create table persistence_corr_10 as
select * from aa, aa1
where aa. stkcd = aa1. stkcd and aa. year = aa1. year;
quit;
proc rank data = persistence_corr_10 group = 10 out = aa2;
var predictability;
ranks quality_rank;
label quality_rank = quality_rank;
run;
data aa3;
set aa2;
quality_rank = quality_rank + 1;
run;
proc sort data = aa3;
by quality_rank;
quit;
proc means data = aa3 noprint min median max mean std n;
by quality_rank;
var corrni;
output out = aa4 ( drop = _type_ _freq_ ) min = minimum median = median
max = maximum mean = mean std = std n = obsnumber;
run;

data aa5;
set aa4;
```

label   minimum = minimum   median = median maximum = maximum
mean = mean std = std obsnumber = obsnumber；

run；

footnote '会计信息质量与净利润相关性的基本关系'；

axis1 order = (1 to 10 by 1)

width = 1 offset = (0,0) label = (color = blue justify = right 'predictability decile') length = 80；

axis2   label = (color = blue h = 1 'mean or median of correlation') length = 30；

legend1 label = none shape = symbol(6,0.5) position = (top right inside) mode = share across = 1，

proc gplot data = aa5；

plot median * quality_rank = 1 mean * quality_rank = 2 /haxis = axis1 vaxis = axis2

overlay legend = legend1；

symbol1 v = dot i = join c = blue line = 3 width = 2；

symbol2 v = circle i = join c = red line = 3 width = 2；

run；

数据结构如表 10-3 所示（表中变量 quality_rank 组别序号，计算方法为以公司-年度观测为基础，按照盈余可预测性大小（从小到大）分成 1~10 十组，如第 1 组包含 447 个观测并且该组所有观测的盈余可预测性值小于或等于 10% 分位数）。

表 10-3　　　　　　　　　　　　　数据结构

	quality_rank	minimum	median	maximum	mean	std	obsnumber
1	1	-0.808970298	0.3194814287	0.926495748	0.254567096	0.3500151935	447
2	2	-0.727632977	0.2013208616	0.9955306576	0.2248828007	0.3559839233	448
3	3	-0.791727067	0.2427439721	0.9258212205	0.224977535	0.3490562103	448
4	4	-0.794827584	0.2463469415	0.9634041084	0.2190523475	0.3376443354	448
5	5	-0.648801822	0.1886502624	0.9947856216	0.2105881111	0.3493836421	448
6	6	-0.902284504	0.2095828233	0.9044467797	0.1964948324	0.3545078836	448
7	7	-0.863598043	0.1650349507	0.9280385245	0.1468087192	0.3497631765	448
8	8	-0.887309478	0.1893335463	0.9316385235	0.1619786153	0.3459248654	448
9	9	-0.870279699	0.1223993791	0.8836276341	0.1108612687	0.3392205777	448
10	10	-0.81725805	0.1677779783	0.8886501825	0.1465172361	0.3325454542	448

按照表 10 - 3 所绘图 5.1（c）：横坐标值为组别序号，纵坐标为净利润增长率相关性。

非参数检验：表 5 - 3

①以会计质量大小所分 10 组为标准，把会计信息质量分成最好组与最差组：

```
data aa6；
set aa3；
if quality_rank = 1 or quality_rank = 10；/* 把会计信息质量分成最好组
与最差组 */
run；

proc ttest data = aa6；/* 进行差异性检验 */
class quality_rank；
var corrni；
run；
```

检验结果如图 10 - 6 所示。

quality_rank	N	Mean	Std Dev	Std Err	Minimum	Maximum
1	447	0.2546	0.3500	0.0166	-0.8090	0.9265
10	448	0.1465	0.3325	0.0157	-0.8173	0.8887
Diff (1-2)		0.1080	0.3414	0.0228		

quality_rank	Method	Mean	95% CL Mean		Std Dev	95% CL Std Dev	
1		0.2546	0.2220	0.2871	0.3500	0.3285	0.3746
10		0.1465	0.1156	0.1774	0.3325	0.3121	0.3559
Diff (1-2)	Pooled	0.1080	0.0633	0.1528	0.3414	0.3263	0.3580
Diff (1-2)	Satterthwaite	0.1080	0.0633	0.1528			

Method	Variances	DF	t Value	Pr > |t|
Pooled	Equal	893	4.73	<.0001
Satterthwaite	Unequal	890.46	4.73	<.0001

Equality of Variances

Method	Num DF	Den DF	F Value	Pr > F
Folded F	446	447	1.11	0.2797

图 10 - 6　检验结果

②以会计信息质量中位数值为界限，把样本分为会计信息质量分成最

好组与最差组：

```
data aa6;
set aa3;
if quality_rank < =5 then type =1;/*以会计信息质量中值为界限,把
```
样本分为会计信息质量分成最好组与最差组*/
```
else type =2;
run;


proc ttest data = aa6;/*差异性检验*/
class type;
var corrni;
run;
```

检验结果如图 10 -7 所示。

type		N	Mean	Std Dev	Std Err	Minimum	Maximum
1		2239	0.2268	0.3485	0.00736	-0.8090	0.9955
2		2240	0.1525	0.3453	0.00730	-0.9023	0.9316
Diff (1-2)			0.0743	0.3469	0.0104		

type	Method	Mean	95% CL Mean		Std Dev	95% CL Std Dev	
1		0.2268	0.2124	0.2412	0.3485	0.3386	0.3590
2		0.1525	0.1382	0.1668	0.3453	0.3355	0.3557
Diff (1-2)	Pooled	0.0743	0.0539	0.0946	0.3469	0.3398	0.3542
Diff (1-2)	Satterthwaite	0.0743	0.0539	0.0946			

	Method	Variances	DF	t Value	Pr > |t|
	Pooled	Equal	4477	7.16	<.0001
	Satterthwaite	Unequal	4476.6	7.16	<.0001

Equality of Variances

	Method	Num DF	Den DF	F Value	Pr > F
	Folded F	2238	2239	1.02	0.6637

图 10 -7　检验结果

10. 1. 4　smooth 与净利润增长率相关性的关系分析

变化趋势分析：图 5 -1 （d）

```
data aa;
```

```
set paper2. smooth_10;
keep stkcd year smooth_ni; run;
data aa1;
set paper2. growth_result14;
keep stkcd year corrni;
run;

proc sql;
create table persistence_corr_10 as
select  *  from aa,aa1
where aa. stkcd = aa1. stkcd and aa. year = aa1. year;
quit;
proc rank data = persistence_corr_10 group = 10 out = aa2;
var smooth_ni;
ranks quality_rank;
label quality_rank = quality_rank;
run;
data aa3;
set aa2;
quality_rank = quality_rank + 1;
run;
proc sort data = aa3;
by quality_rank;
quit;
proc means data = aa3 noprint min median max mean std n;
by quality_rank;
var corrni;
output out = aa4( drop = _type_ _freq_)  min = minimum median = median
max = maximum mean = mean std = std n = obsnumber;
run;

data aa5;
set aa4;
```

label　minimum = minimum　median = median maximum = maximum
mean = mean std = std obsnumber = obsnumber；

run；

footnote '会计信息质量与净利润相关性的基本关系'；

axis1 order = (1 to 10 by 1)

width = 1 offset = (0,0) label = (color = blue justify = right 'predictability
decile') length = 80；

axis2　label = (color = blue h = 1 'mean or median of correlation') length =
30；

legend1 label = none shape = symbol(6,0.5) position = (top right inside)
mode – share across – 1；

proc gplot data = aa5；

plot median * quality_rank = 1 mean * quality_rank = 2 /haxis = axis1 vaxis =
axis2

overlay legend = legend1；

symbol1 v = dot　i = join c = blue line = 3 width = 2；

symbol2 v = circle i = join c = red line = 3 width = 2；

run；

数据结构如表 10 – 4 所示（表中变量 quality_rank 组别序号，计算方
法为以公司 – 年度观测为基础，按照盈余平滑性大小（从小到大）分成
1 ~ 10 十组，如第 1 组包含 250 个观测并且该组所有观测的盈余持续性值
小于或等于 10% 分位数）。

表 10 – 4　　　　　　　　　　　　数据结构

	quality_rank	minimum	median	maximum	mean	std	obsnumber
1	1	-0.567776544	0.3018457326	0.9350829123	0.2897933422	0.3510282251	250
2	2	-0.791727067	0.290949996	0.9099724864	0.2343133075	0.3337899131	251
3	3	-0.692750109	0.2492745308	0.9182326324	0.247455429	0.328100987	251
4	4	-0.677698882	0.2539505116	0.8835869357	0.248084951	0.349902942	250
5	5	-0.752162543	0.2611822256	0.9286989541	0.2652687846	0.3886070923	251
6	6	-0.794827584	0.2579208163	0.9316385235	0.2354472064	0.3220460146	251
7	7	-0.870279699	0.2106045124	0.8926655771	0.196479194	0.3710926268	250
8	8	-0.844074265	0.2105533692	0.918528672	0.2221982145	0.3119782399	251
9	9	-0.869249814	0.2138872102	0.939995536	0.1775027183	0.3566007831	251
10	10	-0.863598043	0.1457134327	0.894737694	0.0995882054	0.3913712509	250

按照表 10 - 4 所绘图 5 - 1 (d)：横坐标值为组别序号，纵坐标为净利润增长率相关性。

非参数检验：表 5.3

①以会计质量大小所分 10 组为标准，把会计信息质量分成最好组与最差组：

data aa6；

set aa3；

if quality_rank = 1 or quality_rank = 10；／∗把会计信息质量分成最好组与最差组∗／

run；

proc ttest data = aa6；／∗进行差异性检验∗／

class quality_rank；

var corrni；

run；

检验结果如图 10 - 8 所示。

quality_rank	N	Mean	Std Dev	Std Err	Minimum	Maximum
1	250	0.2898	0.3510	0.0222	-0.5678	0.9351
10	250	0.0996	0.3914	0.0248	-0.8636	0.8947
Diff (1-2)		0.1902	0.3717	0.0333		

quality_rank	Method	Mean	95% CL Mean		Std Dev	95% CL Std Dev	
1		0.2898	0.2461	0.3335	0.3510	0.3227	0.3848
10		0.0996	0.0508	0.1483	0.3914	0.3598	0.4291
Diff (1-2)	Pooled	0.1902	0.1249	0.2555	0.3717	0.3500	0.3964
Diff (1-2)	Satterthwaite	0.1902	0.1249	0.2555			

Method	Variances	DF	t Value	Pr > |t|
Pooled	Equal	498	5.72	<.0001
Satterthwaite	Unequal	492.22	5.72	<.0001

Equality of Variances

Method	Num DF	Den DF	F Value	Pr > F
Folded F	249	249	1.24	0.0867

图 10 - 8　检验结果

②以会计信息质量中位数值为界限，把样本分为会计信息质量分成最

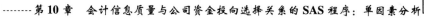

好组与最差组：

```
data aa6;
set aa3;
if quality_rank < =5 then type =1;/*以会计信息质量中值为界限,把
样本分为会计信息质量分成最好组与最差组*/
else type =2;
run;

proc ttest data =aa6;/*差异性检验*/
class type;
var corrni;
run;
```

检验结果如图 10 – 9 所示。

type	N	Mean	Std Dev	Std Err	Minimum	Maximum
1	1253	0.2570	0.3509	0.00991	-0.7917	0.9351
2	1253	0.1863	0.3545	0.0100	-0.8703	0.9400
Diff (1-2)		0.0707	0.3527	0.0141		

type	Method	Mean	95% CL Mean		Std Dev	95% CL Std Dev	
1		0.2570	0.2375	0.2764	0.3509	0.3377	0.3652
2		0.1863	0.1667	0.2060	0.3545	0.3411	0.3689
Diff (1-2)	Pooled	0.0707	0.0430	0.0983	0.3527	0.3432	0.3627
Diff (1-2)	Satterthwaite	0.0707	0.0430	0.0983			

Method	Variances	DF	t Value	Pr > |t|
Pooled	Equal	2504	5.01	<.0001
Satterthwaite	Unequal	2503.7	5.01	<.0001

Equality of Variances

Method	Num DF	Den DF	F Value	Pr > F
Folded F	1252	1252	1.02	0.7171

图 10 – 9 检验结果

10.1.5 综合会计信息质量（Totalaccounting）与净利润增长率相关性的关系分析

变化趋势分析：图 5 – 2

```
proc sql;
```

```
create table rank_accounting as
select rank_accrualquality. stkcd, rank_accrualquality. year, rank_accru-
alquality. rank_accrualquality,
rank_persistence. rank_persistence, Rank_smooth. Rank_smoothni, Rank_
predictability. Rank_predictability
from pub. rank_accrualquality, pub. rank_persistence, pub. Rank_smooth,
pub. Rank_predictability
where
rank_accrualquality. stkcd = rank_persistence. stkcd = Rank_smooth. stkcd =
Rank_predictability. stkcd and
rank_accrualquality. year = rank_persistence. year = Rank_smooth. year =
Rank_predictability. year;
quit;
run;
data rank_accounting1;
set rank_accounting;
rank_accounting = rank_accrualquality + rank_persistence + Rank_smoothni +
Rank_predictability;
keep stkcd year rank_accounting;
run;

data aa;
set rank_accounting1;
run;

data aa1;
set pub. growth_result14;
keep stkcd year corrni;
run;

proc sql;
create table totalaccounting_corrni as
select * from aa, aa1
```

```
where aa. stkcd = aal. stkcd and aa. year = aal. year;
quit;


proc rank data = totalaccounting_corrni group = 10 out = aa2;
var rank_accounting;
ranks quality_rank;
label quality_rank = quality_rank;
run;


data aa3;
set aa2;
quality_rank = quality_rank + 1;
run;
proc sort data = aa3;
by quality_rank;
quit;


proc means data = aa3 noprint min median max mean std n;
by quality_rank;
var corrni;
output out = aa4( drop = _type_ _freq_) min = minimum median = median
max = maximum mean = mean std = std n = obsnumber;
run;


data aa5;
set aa4;
label    minimum = minimum    median = median maximum = maximum
mean = mean std = std obsnumber = obsnumber;
run;


footnote '综合会计信息质量与净利润的基本关系';
axis1 order = (1 to 10 by 1)
width = 1 offset = (0,0) label = ( color = blue justify = right 'total account-
```

ing quality decile') length = 80;

axis2   label = (color = blue h = 1 'mean or median of correlation') length = 30;

legend1 label = none shape = symbol(6,0. 5) position = (top right inside) mode = share across = 1;

proc gplot data = aa5;

plot median * quality_rank = 1 mean * quality_rank = 2 ∕haxis = axis1 vaxis = axis2

overlay legend = legend1;

symbol1 v = dot   i = join c = blue line = 3 width = 2;

symbol2 v = circle i = join c = red line = 3 width = 2;

run;

数据结构如表 10 − 5 所示（表中变量 quality_rank 组别序号，计算方法为以公司 − 年度观测为基础，按照综合会计信息质量大小（从小到大）分成 1 ~ 10 十组，如第 1 组包含 79 个观测并且该组所有观测的综合会计信息质量值小于或等于 10% 分位数）。

表 10 − 5   **数据结构**

	quality_rank	minimum	median	maximum	mean	std	obsnumber
1	1	−0.567776544	0.4027124089	0.9062462737	0.344457903	0.3114932351	79
2	2	−0.692750109	0.2952986539	0.8502426931	0.2752350701	0.357913576	57
3	3	−0.727632977	0.3411982519	0.8225714082	0.2720770269	0.3731449602	83
4	4	−0.707461184	0.3206330747	0.9158934035	0.3102003807	0.3637572809	62
5	5	−0.794827584	0.1866251434	0.8490378718	0.2110818943	0.3487390847	62
6	6	−0.740928412	0.1978883164	0.9316385235	0.2365752028	0.374080261	77
7	7	−0.870279699	0.2541387733	0.9286989541	0.2110338122	0.3585061562	87
8	8	−0.851269868	0.2156746366	0.8108092832	0.1649623678	0.3591787213	55
9	9	−0.6833115	0.1741483238	0.8396482681	0.1613131268	0.2899052471	78
10	10	−0.736395234	0.1400786808	0.8793088917	0.1439546148	0.3575804963	67

按照表 10 − 5 所绘图 5 − 2：横坐标值为组别序号，纵坐标为净利润增长率相关性。

非参数检验：表 5 − 3

①以会计质量大小所分 10 组为标准，把会计信息质量分成最好组与最差组（bottom 10% vs. top 10%）：

```
data aa6;
set aa3;
if quality_rank = 1 or quality_rank = 10;
run;
```

```
proc ttest data = aa6;/*差异性检验*/
class quality_rank;
var corrni;/*需要替换*/
run;
```

检验结果如图 10 – 10 所示。

quality_rank	N	Mean	Std Dev	Std Err	Minimum	Maximum
1	79	0.3445	0.3115	0.0350	-0.5678	0.9062
10	67	0.1440	0.3576	0.0437	-0.7364	0.8793
Diff (1-2)		0.2005	0.3334	0.0554		

quality_rank	Method	Mean	95% CL Mean		Std Dev	95% CL Std Dev	
1		0.3445	0.2747	0.4142	0.3115	0.2694	0.3694
10		0.1440	0.0567	0.2312	0.3576	0.3056	0.4310
Diff (1-2)	Pooled	0.2005	0.0911	0.3100	0.3334	0.2989	0.3769
Diff (1-2)	Satterthwaite	0.2005	0.0897	0.3113			

Method	Variances	DF	t Value	Pr > |t|
Pooled	Equal	144	3.62	0.0004
Satterthwaite	Unequal	132.02	3.58	0.0005

Equality of Variances

Method	Num DF	Den DF	F Value	Pr > F
Folded F	66	78	1.32	0.2412

图 10 – 10 检验结果

②以会计信息质量中位数值为界限，把样本分为会计信息质量分成最好组与最差组（bottom 50% vs. top 50%）：

```
data aa6;
set aa3;
if quality_rank < =5 then type =1;
else type =2;
run;
```

```
proc ttest data = aa6 ; / * 差异性检验 * /
class type ;
var corrni ; / * 需要替换 * /
run ;
```

检验结果如图 10 – 11 所示。

type		N	Mean	Std Dev	Std Err	Minimum	Maximum
1		343	0.2851	0.3518	0.0190	-0.7948	0.9159
2		364	0.1865	0.3482	0.0182	-0.8703	0.9316
Diff (1-2)			0.0987	0.3499	0.0263		

type	Method	Mean	95% CL Mean		Std Dev	95% CL Std Dev	
1		0.2851	0.2478	0.3225	0.3518	0.3273	0.3803
2		0.1865	0.1506	0.2224	0.3482	0.3246	0.3755
Diff (1-2)	Pooled	0.0987	0.0470	0.1504	0.3499	0.3326	0.3692
Diff (1-2)	Satterthwaite	0.0987	0.0469	0.1504			

Method	Variances	DF	t Value	Pr > |t|
Pooled	Equal	705	3.75	0.0002
Satterthwaite	Unequal	701.58	3.75	0.0002

Equality of Variances

Method	Num DF	Den DF	F Value	Pr > F
Folded F	342	363	1.02	0.8456

图 10 – 11 检验结果

10.2 基于净利润增长率同步性

这里公司资金投向选择指标选用上市公司净利润增长率与行业利润增长率的同步性（以下简称"净利润增长率同步性"）。

相关性分析：表 5 – 2

```
proc sql ;
create table all_attributes as
select
accrualquality_result_10. stkcd , accrualquality_result_10. year , accrualquality_result_10. accrual_quality ,
persistence _ result10. persistence1 , persistence _ result10. predictability ,
```

smoothlast_10_ni. smooth_ni，

　　rank_accounting. rank_accounting，sygrowth_10. syni

　　from paper2. accrualquality _ result _ 10，paper2. persistence _ result10，pa-

per2. smoothlast_10_ni，

　　result2. rank_accounting，paper2. sygrowth_10

　　where accrualquality _ result _ 10. stkcd = persistence _ result10. stkcd =

smoothlast_10_ni. stkcd =

　　rank_accounting. stkcd = sygrowth_10. stkcd and

　　accrualquality_result_10. year = persistence_result10. year = smoothlast_10_

ni. year = rank_accounting. year = sygrowth_10. year；

　　quit；

　　run；

　　proc corr data = all_attributes pearson spearman ；

　　var accrual_quality persistence1 predictability　smooth_ni rank_accounting

syni；

　　run；

　　分析结果如图 10 – 12 所示。

	accrual_quality	persistence1	predictability	smooth_ni	rank_accounting	syni
			Pearson 相关系数, N = 707			
			Prob > |r| under H0: Rho=0			
accrual_quality	1.00000	0.18186 <.0001	0.88455 <.0001	0.57241 <.0001	0.65123 <.0001	-0.02206 0.5581
persistence1	0.18186 <.0001	1.00000	0.21560 <.0001	0.10588 0.0048	0.45280 <.0001	-0.10260 0.0063
predictability	0.88455 <.0001	0.21560 <.0001	1.00000	0.75685 <.0001	0.58587 <.0001	-0.02938 0.4355
smooth_ni	0.57241 <.0001	0.10588 0.0048	0.75685 <.0001	1.00000	0.40354 <.0001	-0.04355 0.2475
rank_accounting	0.65123 <.0001	0.45280 <.0001	0.58587 <.0001	0.40354 <.0001	1.00000	-0.14502 0.0001
syni syni	-0.02206 0.5581	-0.10260 0.0063	-0.02938 0.4355	-0.04355 0.2475	-0.14502 0.0001	1.00000

```
                        Spearman 相关系数, N = 707
                        Prob > |r| under H0: Rho=0

                    accrual_                                                rank_
                    quality   persistence1  predictability  smooth_ni   accounting      syni

accrual_quality     1.00000    0.20200        0.86502        0.64843     0.86905     -0.10532
                               <.0001         <.0001         <.0001      <.0001       0.0051

persistence1        0.20200    1.00000        0.34943        0.09898     0.51453     -0.15311
                    <.0001                    <.0001         0.0085      <.0001       <.0001

predictability      0.86502    0.34943        1.00000        0.70526     0.93651     -0.13457
                    <.0001     <.0001                        <.0001      <.0001       0.0003

smooth_ni           0.64843    0.09898        0.70526        1.00000     0.77887     -0.08562
                    <.0001     0.0085         <.0001                     <.0001       0.0228

rank_accounting     0.86905    0.51453        0.93651        0.77887     1.00000     -0.15349
                    <.0001     <.0001         <.0001         <.0001                   <.0001

syni               -0.10532   -0.15311       -0.13457       -0.08562    -0.15349      1.00000
syni                0.0051     <.0001         0.0003         0.0228      <.0001
```

图 10 – 12　分析结果

10.2.1　accrual quality 与净利润增长率同步性的关系分析

变化趋势分析：图 5 – 3（a）

```
data aa;
set paper2. accrualquality_result_10;
drop obs;
data aa1;
set paper2. sygrowth_10;
keep stkcd year syni;
run;
proc sql;
create table accrualquality_sy_10 as
select * from aa, aa1
where aa. stkcd = aa1. stkcd and aa. year = aa1. year;
quit;
proc rank data = accrualquality_sy_10 group = 10 out = aa2;
var accrual_quality;
ranks quality_rank;
label quality_rank = quality_rank;
```

```
run;
data aa3;
set aa2;
quality_rank = quality_rank + 1;
run;
proc sort data = aa3;
by quality_rank;
quit;
proc means data = aa3 noprint min median max mean std n;
by quality_rank;
var syni;
output out = aa4 ( drop = _type_ _freq_ ) min = minimum median = median
max = maximum mean = mean std = std n = obsnumber;
run;


data aa5;
set aa4;
label   minimum = minimum   median = median maximum = maximum
mean = mean std = std obsnumber = obsnumber;
run;
footnote '会计信息质量与净利润同步性的基本关系';
axis1 order = ( 1 to 10 by 1 )
width = 1 offset = ( 0 ,0 ) label = ( color = blue justify = right 'accrual quality
decile') length = 80;
axis2    label = ( color = blue h = 1 'mean or median of growth_syn') length =
30;
legend1 label = none shape = symbol( 6 ,0.5 ) position = ( top right inside )
mode = share across = 1;
proc gplot data = aa5;
plot median * quality_rank = 1 mean * quality_rank = 2 /haxis = axis1 vaxis =
axis2
overlay legend = legend1;
symbol1 v = dot   i = join c = blue line = 3 width = 2;
```

symbol2 v = circle i = join c = red line = 3 width = 2；

run；

数据结构如表 10 - 6 所示（表中变量 quality_rank 组别序号，计算方法为以公司 - 年度观测为基础，按照应计项质量大小（从小到大）分成 1 ~ 10 十组，如第 1 组包含 71 个观测并且该组所有观测的应计项质量值小于或等于 10% 分位数）。

表 10 - 6 　　　　　　　　　　数据结构

	quality_rank	minimum	median	maximum	mean	std	obsnumber
1	1	4.128664E-6	0.1293462432	0.6921743423	0.1777632578	0.1730258368	71
2	2	8.0144221E-6	0.1786426497	0.8212823086	0.2312889741	0.236951394	71
3	3	0.0000796411	0.087201295	0.8161920889	0.2141160808	0.2446585921	71
4	4	5.6622095E-7	0.1082244081	0.8679503385	0.1909683417	0.2133042893	71
5	5	7.1744968E-6	0.0948608084	0.8388607266	0.1759710629	0.1961721683	71
6	6	0.0000880763	0.0906642904	0.8624817473	0.1823585901	0.2199464162	71
7	7	0.0001203256	0.1030608178	0.7246603875	0.2033333137	0.216841018	71
8	8	3.2562354E-7	0.0808104325	0.757386754	0.1611235715	0.196691966	71
9	9	0.000035548	0.0427761656	0.7208653078	0.10016244	0.1366222254	71
10	10	6.5722235E-6	0.0808679822	0.7731841271	0.1610806656	0.1935431242	71

按照表 10 - 6 所绘图 5 - 3（a）：横坐标值为组别序号，纵坐标为净利润增长率相关性。

非参数检验：表 5 - 4

①以会计质量大小所分 10 组为标准，把会计信息质量分成最好组与最差组（bottom 10% vs. top 10%）：

data aa6；

set aa3；

if quality_rank = 1 or quality_rank = 10；/ * 把会计信息质量分成最好组与最差组 * /

run；

proc ttest data = aa6；/ * 进行差异性检验 * /

class quality_rank；

var　syni；

run；

检验结果如图 10 – 13 所示。

quality_rank	N	均值	标准差	标准误差	最小值	最大值	
1	71	0.1778	0.1730	0.0205	4.129E-6	0.6922	
10	71	0.1611	0.1935	0.0230	6.576E-6	0.7732	
差 (1-2)		0.0167	0.1836	0.0308			

quality_rank	方法	均值	95% CL 均值		标准差	95% CL 标准差	
1		0.1778	0.1368	0.2187	0.1730	0.1485	0.2073
10		0.1611	0.1153	0.2069	0.1935	0.1661	0.2319
差 (1-2)	汇总	0.0167	0.0442	0.0770	0.1000	0.1044	0.2073
差 (1-2)	Satterthwaite	0.0167	-0.0442	0.0776			

方法	方差	自由度	t 值	Pr > |t|
汇总	等于	140	0.54	0.5000
Satterthwaite	不等于	138.28	0.54	0.5891

方差等价				
方法	分子自由度	分母自由度	F 值	Pr > F
折叠的 F	70	70	1.25	0.3507

图 10 – 13　检验结果

②以会计信息质量中位数值为界限，把样本分为会计信息质量分成最好组与最差组（bottom 50%　vs. top 50%）：

```
data aa6；
set aa3；
if quality_rank < =5 then type =1；/ * 以会计信息质量中值为界限,把
样本分为会计信息质量分成最好组与最差组 * /
else type =2；
run；

proc ttest data = aa6；/ * 差异性检验 * /
class type；
var syni；
run；
```

检验结果如图 10 – 14 所示。

type	N	均值	标准差	标准误差	最小值	最大值
1	355	0.1980	0.2143	0.0114	5.662E-7	0.8680
2	355	0.1616	0.1969	0.0105	3.256E-7	0.8625
差 (1-2)		0.0364	0.2058	0.0154		

type	方法	均值	95% CL 均值		标准差	95% CL 标准差	
1		0.1980	0.1757	0.2204	0.2143	0.1996	0.2314
2		0.1616	0.1411	0.1822	0.1969	0.1834	0.2126
差 (1-2)	汇总	0.0364	0.00608	0.0667	0.2058	0.1956	0.2171
差 (1-2)	Satterthwaite	0.0364	0.00608	0.0667			

方法	方差	自由度	t 值	Pr > |t|
汇总	等于	708	2.36	0.0187
Satterthwaite	不等于	702.98	2.36	0.0187

	方差等价			
方法	分子自由度	分母自由度	F 值	Pr > F
折叠的 F	354	354	1.18	0.1116

图 10 - 14   检验结果

10.2.2   persistence 与净利润增长率同步性的关系分析

变化趋势分析：图 5 - 3（b）

data aa；

set paper2. persistence_result10；

drop obs persistence；run；

data aa1；

set paper2. sygrowth_10；

keep stkcd year syni；

run；

proc sql；

create table persistence_sy_10 as

select * from aa，aa1

where aa. stkcd = aa1. stkcd and aa. year = aa1. year；

quit；

proc rank data = persistence_sy_10 group = 10 out = aa2；

var persistence1；

ranks quality_rank；

label quality_rank = quality_rank；

```
run;

data aa3;
set aa2;
quality_rank = quality_rank + 1;
run;
proc sort data = aa3;
by quality_rank;
quit;
proc means data = aa3 noprint min median max mean std n;
by quality_rank;
var syni;
output out = aa4(drop = _type_ _freq_) min = minimum median = median
max = maximum mean = mean std = std n = obsnumber;
run;

data aa5;
set aa4;
label   minimum = minimum   median = median maximum = maximum
mean = mean std = std obsnumber = obsnumber;
run;

footnote '会计信息质量与净利润同步性的基本关系';
axis1 order = (1 to 10 by 1)
width = 1 offset = (0,0) label = (color = blue justify = right 'persistence
decile') length = 80;
axis2   label = (color = blue h = 1 'mean or median of growth_syn') length =
30;
legend1 label = none shape = symbol(6,0.5) position = (top right inside)
mode = share across = 1;
proc gplot data = aa5;
plot median * quality_rank = 1 mean * quality_rank = 2 /haxis = axis1 vaxis =
axis2
```

overlay legend = legend1;

symbol1 v = dot   i = join c = blue line = 3 width = 2;

symbol2 v = circle i = join c = red line = 3 width = 2;

run;

数据结构如表 10 – 7 所示（表中变量 quality_rank 组别序号，计算方法为以公司 – 年度观测为基础，按照盈余持续性大小（从小到大）分成 1 ~ 10 十组，如第 1 组包含 447 个观测并且该组所有观测的盈余持续性值小于或等于 10% 分位数）。

表 10 – 7　　　　　　　　　　　　　　数据结构

	quality_rank	minimum	median	maximum	mean	std	obsnumber
1	1	8.0144221E-6	0.113449707	0.8571449324	0.1827580561	0.2015587301	447
2	2	2.5580282E-6	0.1112732136	0.8388607266	0.1799768759	0.1936901151	448
3	3	6.1919586E-7	0.0967224325	0.8835916078	0.1664850907	0.1897391117	448
4	4	2.7247542E-6	0.0862956805	0.8436949212	0.1611861426	0.1853059255	448
5	5	2.0729818E-7	0.0804514123	0.8387613228	0.1575360345	0.1854983795	448
6	6	9.539396E-7	0.0703025291	0.8679503385	0.1491066706	0.187843293	448
7	7	3.3973577E-6	0.0668109209	0.9910812903	0.1564221244	0.1999625232	448
8	8	3.2277386E-7	0.0697693963	0.8624817473	0.1325121965	0.1651734188	448
9	9	6.5762235E-6	0.0804337721	0.9862314765	0.14690409	0.1782913063	448
10	10	3.2562354E-7	0.0651975154	0.9860101487	0.1433636381	0.1876868942	448

按照表 10 – 7 所绘图形 5 – 3 （b）：横坐标值为组别序号，纵坐标为净利润增长率同步性。

非参数检验：表 5 – 4

①以会计质量大小所分 10 组为标准，把会计信息质量分成最好组与最差组（bottom 10% vs. top 10%）：

data aa6;

set aa3;

if quality_rank = 1 or quality_rank = 10; / * 把会计信息质量分成最好组与最差组 * /

run;

proc ttest data = aa6; / * 进行差异性检验 * /

class quality_rank;

```
var syni;

run;
```

检验结果如图 10 - 15 所示。

quality_rank	N	均值	标准差	标准误差	最小值	最大值
1	447	0.1828	0.2016	0.00953	8.014E-6	0.8571
10	448	0.1434	0.1877	0.00887	3.256E-7	0.9860
差 (1-2)		0.0394	0.1947	0.0130		

quality_rank	方法	均值	95% CL 均值		标准差	95% CL 标准差	
1		0.1828	0.1640	0.2015	0.2016	0.1892	0.2157
10		0.1434	0.1259	0.1608	0.1877	0.1761	0.2009
差 (1-2)	汇总	0.0394	0.0138	0.0649	0.1947	0.1861	0.2042
差 (1-2)	Satterthwaite	0.0394	0.0138	0.0649	0.1947	0.1861	0.2042

方法	方差	自由度	t 值	Pr > |t|
汇总	等于	893	3.03	0.0025
Satterthwaite	不等于	888.21	3.03	0.0026

方差等价

方法	分子自由度	分母自由度	F 值	Pr > F
折叠的 F	446	447	1.15	0.1322

图 10 - 15　检验结果

②以会计信息质量中位数值为界限，把样本分为会计信息质量分成最好组与最差组（bottom 50% vs. top 50%）：

```
data aa6;

set aa3;

if quality_rank < = 5 then type = 1;/ * 以会计信息质量中值为界限,把
样本分为会计信息质量分成最好组与最差组 * /

else type = 2;

run;


proc ttest data = aa6; / * 差异性检验 * /

class type;

var syni;

run;
```

检验结果如图 10 – 16 所示。

type		N	均值	标准差	标准误差	最小值	最大值	
1		2239	0.1696	0.1913	0.00404	2.073E-7	0.8836	
2		2240	0.1457	0.1842	0.00389	3.228E-7	0.9911	
差 (1-2)			0.0239	0.1878	0.00561			

type	方法	均值	95% CL 均值		标准差	95% CL 标准差	
1		0.1696	0.1617	0.1775	0.1913	0.1859	0.1971
2		0.1457	0.1380	0.1533	0.1842	0.1789	0.1897
差 (1-2)	汇总	0.0239	0.0129	0.0349	0.1878	0.1840	0.1918
差 (1-2)	Satterthwaite	0.0239	0.0129	0.0349			

方法	方差	自由度	t 值	Pr > |t|
汇总	等于	4477	4.26	<.0001
Satterthwaite	不等于	4470.3	4.26	<.0001

	方差等价			
方法	分子自由度	分母自由度	F 值	Pr > F
折叠的 F	2238	2239	1.08	0.0702

图 10 – 16　检验结果

10.2.3　predictability 与净利润增长率同步性的关系分析

变化趋势分析：图 5 – 3（c）

```
data aa;
set paper2. persistence_result10;
drop obs persistence; run;
data aa1;
set paper2. sygrowth_10;
keep stkcd year syni;
run;
proc sql;
create table persistence_corr_10 as
select * from aa, aa1
where aa. stkcd = aa1. stkcd and aa. year = aa1. year;
quit;
proc rank data = persistence_corr_10 group = 10 out = aa2;
var predictability;
```

```
ranks quality_rank;
label quality_rank = quality_rank;
run;


data aa3;
set aa2;
quality_rank = quality_rank + 1;
run;
proc sort data = aa3;
by quality_rank;
quit;
proc means data = aa3 noprint min median max mean std n;
by quality_rank;
var syni;
output out = aa4 ( drop = _type_ _freq_ ) min = minimum median = median
max = maximum mean = mean std = std n = obsnumber;
run;


data aa5;
set aa4;
label   minimum = minimum   median = median maximum = maximum
mean = mean std = std obsnumber = obsnumber;
run;


footnote '会计信息质量与净利润同步性的基本关系';
axis1 order = ( 1 to 10 by 1 )
width = 1 offset = ( 0,0 ) label = ( color = blue justify = right 'predictability
decile') length = 80;
axis2   label = ( color = blue h = 1 'mean or median of growth_syn') length =
30;
legend1 label = none shape = symbol( 6,0. 5 ) position = ( top right inside )
mode = share across = 1;
proc gplot data = aa5;
```

plot median * quality_rank = 1 mean * quality_rank = 2 /haxis = axis1 vaxis = axis2

overlay legend = legend1;

symbol1 v = dot   i = join c = blue line = 3 width = 2;

symbol2 v = circle i = join c = red line = 3 width = 2;

run;

数据结构如表 10 - 8 所示（表中变量 quality_rank 组别序号，计算方法为以公司 - 年度观测为基础，按照盈余可预测性大小（从小到大）分成 1 ~ 10 十组，如第 1 组包含 447 个观测并且该组所有观测的盈余可预测性值小于或等于 10% 分位数）。

表 10 - 8

	quality_rank	minimum	median	maximum	mean	std	obsnumber
1	1	9.2236897E-6	0.1341057143	0.8583943711	0.1870409691	0.1891923167	447
2	2	5.6622095E-7	0.0806171344	0.9910812903	0.1770139604	0.2132924252	448
3	3	4.4382943E-7	0.0978996789	0.8571449324	0.1721831644	0.1901984543	448
4	4	0.00001106	0.0940497279	0.9281474762	0.1617331556	0.1807215444	448
5	5	3.2277386E-7	0.0769079913	0.989598433	0.1661438066	0.2097957799	448
6	6	0.0000141227	0.082716894	0.8180239774	0.1640055323	0.1954300427	448
7	7	6.1919586E-7	0.0802296922	0.8612555029	0.143614012	0.1774436836	448
8	8	2.0729818E-7	0.0753806958	0.8679503385	0.1456339771	0.1820732124	448
9	9	4.0514646E-6	0.0538562048	0.7807977957	0.1271039672	0.1682828704	448
10	10	8.7207982E-7	0.0622976716	0.7896991469	0.1318069348	0.1608747225	448

按照表 10 - 8 所绘图 5 - 3（c）：横坐标值为组别序号，纵坐标为净利润增长率同步性。

非参数检验：表 5 - 4

①以会计质量大小所分 10 组为标准，把会计信息质量分成最好组与最差组（bottom 10% vs. top 10%）：

data aa6;

set aa3;

if quality_rank = 1 or quality_rank = 10; / * 把会计信息质量分成最好组与最差组 * /

run;

proc ttest data = aa6; / * 进行差异性检验 * /

class quality_rank;

var syni;

run;

检验结果如图 10 - 17 所示。

quality_rank	N	均值	标准差	标准误差	最小值	最大值
1	447	0.1870	0.1892	0.00895	9.224E-6	0.8584
10	448	0.1318	0.1609	0.00760	8.721E-7	0.7897
差 (1-2)		0.0552	0.1756	0.0117		

quality_rank	方法	均值	95% CL 均值		标准差	95% CL 标准差	
1		0.1870	0.1695	0.2046	0.1892	0.1776	0.2026
10		0.1318	0.1169	0.1467	0.1609	0.1510	0.1722
差 (1-2)	汇总	0.0552	0.0322	0.0783	0.1756	0.1678	0.1841
差 (1-2)	Satterthwaite	0.0552	0.0322	0.0783			

方法	方差	自由度	t 值	Pr > |t|
汇总	等于	893	4.71	<.0001
Satterthwaite	不等于	869.9	4.70	<.0001

方差等价

方法	分子自由度	分母自由度	F 值	Pr > F
折叠的 F	446	447	1.38	0.0006

图 10 - 17　检验结果

②以会计信息质量中位数值为界限，把样本分为会计信息质量分成最好组与最差组（bottom 50% vs. top 50%）：

data aa6;

set aa3;

if quality_rank < =5 then type =1; / * 以会计信息质量中值为界限,把样本分为会计信息质量分成最好组与最差组 */

else type =2;

run;

proc ttest data =aa6; / * 差异性检验 */

class type;

var syni;

run;

检验结果如图 10 – 18 所示。

type		N	均值	标准差	标准误差	最小值	最大值	
1		2239	0.1728	0.1971	0.00416	3.228E-7	0.9311	
2		2240	0.1424	0.1775	0.00375	2.073E-7	0.8680	
差 (1-2)			0.0304	0.1876	0.00560			

type	方法	均值	95% CL 均值		标准差	95% CL 标准差	
1		0.1728	0.1646	0.1810	0.1971	0.1915	0.2030
2		0.1424	0.1351	0.1498	0.1775	0.1725	0.1829
差 (1-2)	汇总	0.0304	0.0194	0.0414	0.1876	0.1837	0.1915
差 (1-2)	Satterthwaite	0.0304	0.0194	0.0414			

方法	方差	自由度	t 值	Pr > |t|
汇总	等于	4477	5.42	<.0001
Satterthwaite	不等于	4428.6	5.42	<.0001

方差等价

方法	分子自由度	分母自由度	F 值	Pr > F
折叠的 F	2238	2239	1.23	<.0001

图 10 – 18   检验结果

10.2.4   smoothness 与净利润增长率同步性的关系分析

变化趋势分析：图 5 – 3（d）

```
data aa;
set paper2. smoothlast_10_ni; run;
data aa1;
set paper2. sygrowth_10;
keep stkcd year syni;
run;
proc sql;
create table smooth_corr_10 as
select * from aa, aa1
where aa. stkcd = aa1. stkcd and aa. year = aa1. year;
quit;
proc rank data = smooth_corr_10 group = 10 out = aa2;
var smooth_ni;
ranks quality_rank;
```

```
label quality_rank = quality_rank ;
run ;


data aa3 ;
set aa2 ;
quality_rank = quality_rank + 1 ;
run ;
proc sort data = aa3 ;
by quality_rank ;
quit ;
proc means data = aa3 noprint min median max mean std n ;
by quality_rank ;
var syni ;
output out = aa4 ( drop = _type_ _freq_ ) min = minimum median = median
max = maximum mean = mean std = std n = obsnumber ;
run ;


data aa5 ;
set aa4 ;
label    minimum = minimum    median = median maximum = maximum
mean = mean std = std obsnumber = obsnumber ;
run ;


footnote '会计信息质量与净利润同步性的基本关系' ;
axis1 order = ( 1 to 10 by 1 )
width = 1 offset = ( 0 ,0 ) label = ( color = blue justify = right 'smooth decile' )
length = 80 ;
axis2    label = ( color = blue h = 1 'mean or median of growth_syn' ) length =
30 ;
legend1 label = none shape = symbol ( 6 ,0. 5 ) position = ( top right inside )
mode = share across = 1 ;
proc gplot data = aa5 ;
plot median * quality_rank = 1 mean * quality_rank = 2 /haxis = axis1 vaxis =
```

axis2

```
overlay legend = legend1 ;
symbol1 v = dot    i = join c = blue line = 3 width = 2 ;
symbol2 v = circle i = join c = red line = 3 width = 2 ;
run ;
```

数据结构如表 10 - 9 所示（表中变量 quality_rank 组别序号，计算方法为以公司 - 年度观测为基础，按照盈余平滑性大小（从小到大）分成 1 ~ 10 十组，如第 1 组包含 250 个观测并且该组所有观测的盈余持续性值小于或等于 10% 分位数）。

表 10 - 9　　　　　　　　　　数据结构

	quality_rank	minimum	median	maximum	mean	std	obsnumber
1	1	5.6622095E-7	0.1250996055	0.8743800529	0.2067081128	0.2197436467	250
2	2	4.7764714E-6	0.119498625	0.8280499261	0.1658745449	0.1722120831	251
3	3	0.00001106	0.0981135065	0.8431511671	0.1684555615	0.1975503924	251
4	4	0.0000293505	0.0957439762	0.7807258729	0.1834884835	0.2055243463	250
5	5	5.5161829E-6	0.1075924864	0.8624817473	0.220781345	0.2401960826	251
6	6	5.4298083E-6	0.0948608084	0.8679503385	0.1587358208	0.1735520218	251
7	7	1.4896821E-6	0.0920376623	0.7968518326	0.1757629724	0.2012633883	250
8	8	3.2562354E-7	0.0728133522	0.8436949212	0.1463146981	0.1867097488	251
9	9	6.600371E-6	0.0838774745	0.8835916078	0.1581647036	0.1894198228	251
10	10	3.3973577E-6	0.0747524645	0.8005555411	0.1624765808	0.1988719146	250

按照表 10 - 9 所绘图 5 - 3（d）：横坐标值为组别序号，纵坐标为净利润增长率相关性。

非参数检验：表 5 - 4

①以会计质量大小所分 10 组为标准，把会计信息质量分成最好组与最差组（bottom 10% vs. top 10%）：

```
data aa6 ;
set aa3 ;
if quality_rank = 1 or quality_rank = 10 ; / * 把会计信息质量分成最好组
与最差组 * /
run ;

proc ttest data = aa6 ; / * 进行差异性检验 * /
class quality_rank ;
```

```
var    syni;

run;
```

检验结果如图 10 – 19 所示。

quality_rank	N	均值	标准差	标准误差	最小值	最大值
1	250	0.2067	0.2197	0.0139	5.662E-7	0.8744
10	250	0.1625	0.1989	0.0126	3.397E-6	0.8006
差 (1-2)		0.0442	0.2096	0.0187		

quality_rank	方法	均值	95% CL 均值		标准差	95% CL 标准差	
1		0.2067	0.1793	0.2341	0.2197	0.2020	0.2409
10		0.1625	0.1377	0.1872	0.1989	0.1828	0.2180
差 (1-2)	汇总	0.0442	0.00740	0.0811	0.2096	0.1973	0.2234
差 (1-2)	Satterthwaite	0.0442	0.00740	0.0811			

方法	方差	自由度	t 值	Pr > |t|
汇总	等于	498	2.36	0.0187
Satterthwaite	不等于	493.12	2.36	0.0187

	方差等价			
方法	分子自由度	分母自由度	F 值	Pr > F
折叠的 F	249	249	1.22	0.1160

图 10 – 19　检验结果

②以会计信息质量中位数值为界限，把样本分为会计信息质量分成最好组与最差组（bottom 50% vs. top 50%）：

```
data aa6;

set aa3;

if quality_rank < =5 then type =1;/ * 以会计信息质量中值为界限,把
样本分为会计信息质量分成最好组与最差组 * /

else type =2;

run;


proc ttest data = aa6; / * 差异性检验 * /

class type;

var    syni;

run;
```

检验结果如图 10 – 20 所示。

type	N	均值	标准差	标准误差	最小值	最大值
1	1253	0.1891	0.2091	0.00591	5.662E-7	0.8744
2	1253	0.1603	0.1901	0.00537	3.256E-7	0.8836
差 (1-2)		0.0288	0.1998	0.00798		

type	方法	均值	95% CL 均值		标准差	95% CL 标准差	
1		0.1891	0.1775	0.2006	0.2091	0.2012	0.2176
2		0.1603	0.1497	0.1708	0.1901	0.1830	0.1979
差 (1-2)	汇总	0.0288	0.0131	0.0444	0.1998	0.1944	0.2055
差 (1-2)	Satterthwaite	0.0288	0.0131	0.0444			

方法	方差	自由度	t 值	Pr > |t|
汇总	等于	2504	3.60	0.0003
Satterthwaite	不等于	2481.8	3.60	0.0003

方差等价				
方法	分子自由度	分母自由度	F 值	Pr > F
折叠的 F	1252	1252	1.21	0.0008

图 10-20 检验结果

10.2.5 综合会计信息质量 (Totalaccounting) 与净利润增长率同步性的关系分析

变化趋势分析：图 5-4

```
proc sql;
create table rank_accounting as
select rank_accrualquality. stkcd, rank_accrualquality. year, rank_accru-
alquality. rank_accrualquality,
rank_persistence. rank_persistence, rank_smoothni. rank_smoothni, rank_
predictability. rank_predictability
from
result2. rank_accrualquality, result2. rank_persistence, result2. Rank_
smoothni, result2. rank_predictability
where
rank_accrualquality. stkcd = rank_persistence. stkcd = rank_smoothni. stkcd =
rank_predictability. stkcd and
rank_accrualquality. year = rank_persistence. year = rank_smoothni. year =
rank_predictability. year;
```

```
quit;
run;
data rank_accounting1;
set rank_accounting;
rank_accounting = rank_accrualquality + rank_persistence + rank_smoothni +
rank_predictability;
keep stkcd year rank_accounting;
run;

data aa;
set rank_accounting1;
run;
data aa1;
set paper2. sygrowth_10;
keep stkcd year syni;
run;
proc sql;
create table totalaccounting as
select * from aa,aa1
where aa. stkcd = aa1. stkcd and aa. year = aa1. year;
quit;
proc rank data = totalaccounting group = 10 out = aa2;
var rank_accounting;
ranks quality_rank;
label quality_rank = quality_rank;
run;

data aa3;
set aa2;
quality_rank = quality_rank + 1;
run;
proc sort data = aa3;
by quality_rank;
```

```
quit;
proc means data = aa3 noprint min median max mean std n;
by quality_rank;
var syni;
output out = aa4(drop = _type_ _freq_) min = minimum median = median
max = maximum mean = mean std = std n = obsnumber;
run;

data aa5;
set aa4;
label    minimum = minimum    median = median maximum = maximum
mean = mean std = std obsnumber = obsnumber;
run;

footnote '会计信息质量与净利润同步性的基本关系';
axis1 order = (1 to 10 by 1)
width = 1 offset = (0,0) label = (color = blue justify = right 'total account-
ing quality decile') length = 80;
axis2    label = (color = blue h = 1 'mean or median of growth_syn') length =
30;
legend1 label = none shape = symbol(6,0.5) position = (top right inside)
mode = share across = 1;
proc gplot data = aa5;
plot median * quality_rank = 1 mean * quality_rank = 2 /haxis = axis1 vaxis =
axis2
overlay legend = legend1;
symbol1 v = dot   i = join c = blue line = 3 width = 2;
symbol2 v = circle i = join c = red line = 3 width = 2;
run;
```

数据结构如表 10 - 10 所示（表中变量 quality_rank 组别序号，计算方法为以公司 - 年度观测为基础，按照综合会计信息质量大小（从小到大）分成 1 ~ 10 十组，如第 1 组包含 79 个观测并且该组所有观测的综合会计信息质量值小于或等于 10% 分位数）。

表 10 - 10　　　　　　　　　　**数据结构**

	quality_rank	minimum	median	maximum	mean	std	obsnumber
1	1	8.0144221E-6	0.1786426497	0.8212823086	0.2144510795	0.2014242215	79
2	2	9.2236897E-6	0.1201431442	0.7229126372	0.201609066	0.2132807621	57
3	3	5.6622095E-7	0.1421557227	0.6766237216	0.2115855138	0.2061086577	83
4	4	0.0000283229	0.1278252665	0.8388607266	0.2264094524	0.2418279735	62
5	5	0.001102126	0.0699069032	0.7208653078	0.1642129193	0.2010918337	62
6	6	0.0001203256	0.0808104325	0.8679503385	0.194086517	0.2310583861	77
7	7	0.0000570695	0.0904417366	0.8624817473	0.1715846159	0.2095215489	87
8	8	7.1744968E-6	0.0754308249	0.7246603875	0.153876312	0.1947590703	55
9	9	3.2562354E-7	0.0410024243	0.7050092141	0.1089894765	0.1557335674	78
10	10	6.5762235E-6	0.0760505034	0.7731841271	0.1466783273	0.1767678171	67

按照表 10 - 10 所绘图 5 - 4：横坐标值为组别序号，纵坐标为净利润增长率同步性。

非参数检验：表 5 - 4

①以会计质量大小所分 10 组为标准，把会计信息质量分成最好组与最差组（bottom 10% vs. top 10%）：

data aa6；

set aa3；

if quality_rank = 1 or quality_rank = 10；

run；

proc ttest data = aa6；/ * 差异性检验 * /

class quality_rank；

var syni；/ * 需要替换 * /

run；

检验结果如图 10 - 21 所示。

quality_rank	N	均值	标准差	标准误差	最小值	最大值
1	79	0.2145	0.2014	0.0227	8.014E-6	0.8213
10	67	0.1467	0.1768	0.0216	6.576E-6	0.7732
差 (1-2)		0.0678	0.1905	0.0316		

quality_rank	方法	均值	95% CL 均值		标准差	95% CL 标准差	
1		0.2145	0.1693	0.2596	0.2014	0.1742	0.2389
10		0.1467	0.1036	0.1898	0.1768	0.1511	0.2131
差 (1-2)	汇总	0.0678	0.00523	0.1303	0.1905	0.1708	0.2154
差 (1-2)	Satterthwaite	0.0678	0.00590	0.1296			

方法	方差	自由度	t 值	Pr > |t|
汇总	等于	144	2.14	0.0339
Satterthwaite	不等于	143.82	2.16	0.0320

方差等价

方法	分子自由度	分母自由度	F 值	Pr > F
折叠的 F	78	66	1.30	0.2765

图 10-21　检验结果

②以会计信息质量中位数值为界限，把样本分为会计信息质量分成最好组与最差组（bottom 50% vs. top 50%）：

```
data aa6;
set aa3;
if quality_rank < =5 then type =1;
else type =2;
run;
```

```
proc ttest data = aa6;/*差异性检验*/
class type;
var syni;/*需要替换*/
run;
```

检验结果如图 10-22 所示。

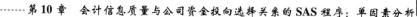

type		N	均值	标准差	标准误差	最小值	最大值
1		343	0.2047	0.2120	0.0114	5.662E-7	0.8389
2		364	0.1557	0.1972	0.0103	3.256E-7	0.8680
差 (1-2)			0.0490	0.2045	0.0154		

type	方法	均值	95% CL 均值		标准差	95% CL 标准差	
1		0.2047	0.1822	0.2272	0.2120	0.1972	0.2292
2		0.1557	0.1353	0.1760	0.1972	0.1839	0.2127
差 (1-2)	汇总	0.0490	0.0188	0.0793	0.2045	0.1944	0.2158
差 (1-2)	Satterthwaite	0.0490	0.0187	0.0793			

方法	方差	自由度	t 值	Pr > |t|
汇总	等于	705	3.19	0.0015
Satterthwaite	不等于	693.03	3.18	0.0015

	方差等价			
方法	分子自由度	分母自由度	F 值	Pr > F
折叠的 F	342	363	1.16	0.1752

图 10-22 检验结果

10.3 被解释变量和解释变量基本统计特征分析的 SAS 程序

10.3.1 会计信息质量指标基本统计特征：表 3-3

注意这里仅列出应计项质量 accrual quality 变量的基本统计特征 SAS 程序，其他单个会计信息质量指标只需替换对应数据库替换。

proc means data = paper2. Accrualquality _ result _ 10   min median max mean std n；

var accrual_quality；   /＊针对不同会计信息质量指标要进行替换＊/

output out = aaa (drop = _type_ _freq_) mean = mean std = std min = minimum median = median max = maximum   n = obs；

run；

分析结果如图 10-23 所示。

MEANS PROCEDURE					
分析变量: accrual_quality					
最小值	中位数	最大值	均值	标准差	N
0.0016984	0.0290489	0.5258435	0.0404391	0.0437362	711

图 10 – 23 分析结果

10.3.2 会计信息质量指标之间相关性: 表 3 – 4

proc sql;

create table all_attributes as

select

accrualquality_result_10. stkcd, accrualquality_result_10. year, accrualquality_result_10. accrual_quality,

persistence _ result10. persistence1, persistence _ result10. predictability, smoothlast_10_ni. smooth_ni,

rank_accounting. rank_accounting

from paper2. accrualquality _ result _ 10, paper2. persistence _ result10, paper2. smoothlast_10_ni,

result2. rank_accounting

where accrualquality _ result _ 10. stkcd = persistence _ result10. stkcd = smoothlast_10_ni. stkcd = rank_accounting. stkcd and

accrualquality_result_10. year = persistence_result10. year = smoothlast_10_ ni. year = rank_accounting. year;

quit;

run;

proc corr data = all_attributes pearson   spearman ;

var accrual_quality persistence1 predictability   smooth_ni rank_accounting;

run;

分析结果如图 10 – 24 所示。

| Pearson 相关系数, N = 707 Prob > \|r\| under H0: Rho=0 | | | | |
accrual_ quality	persistence1	predictability	smooth_ni	rank_ accounting
accrual_quality 1.00000	0.18186 <.0001	0.88455 <.0001	0.57241 <.0001	0.65123 <.0001
persistence1 0.18186 <.0001	1.00000	0.21560 <.0001	0.10588 0.0048	0.45280 <.0001
predictability 0.88455 <.0001	0.21560 <.0001	1.00000	0.75685 <.0001	0.58587 <.0001
smooth_ni 0.57241 <.0001	0.10588 0.0048	0.75685 <.0001	1.00000	0.40354 <.0001
rank_accounting 0.65123 <.0001	0.45280 <.0001	0.58587 <.0001	0.40354 <.0001	1.00000

| Spearman 相关系数, N = 707 Prob > \|r\| under H0: Rho=0 | | | | |
accrual_ quality	persistence1	predictability	smooth_ni	rank_ accounting
accrual_quality 1.00000	0.20200 <.0001	0.86502 <.0001	0.64843 <.0001	0.86905 <.0001
persistence1 0.20200 <.0001	1.00000	0.34943 <.0001	0.09898 0.0085	0.51453 <.0001
predictability 0.86502 <.0001	0.34943 <.0001	1.00000	0.70526 <.0001	0.93651 <.0001
smooth_ni 0.64843 <.0001	0.09898 0.0085	0.70526 <.0001	1.00000	0.77887 <.0001
rank_accounting 0.86905 <.0001	0.51453 <.0001	0.93651 <.0001	0.77887 <.0001	1.00000

图 10 – 24　分析结果

10.3.3　资金投向选择指标基本统计特征：表 4 – 2 – panel A 和表 4 – 3 – Panel A

注意这里仅列出资金投向选择指标净利润增长率同步性 corrni 的基本统计特征 SAS 程序，其他资金投向选择指标只需替换对应数据库替换。

```
proc means data = paper2. corrlast_10   min median max mean std n;
    var corrni;              ／＊针对不同会计信息质量指标要进行替换＊／
    output out = aaa( drop = _type_ _freq_) mean = mean std = std min = mini-
```

mum median = median max = maximum   n = obs;

　　run;

　　分析结果如图 10 – 25 所示。

```
                    MEANS PROCEDURE
                分析变量: corrni corrni
    最小值        中位数        最大值         均值         标准差      N
  -0.9096761    0.1987150    0.9955307    0.1880542    0.3499246   5407
```

图 10 – 25　分析结果

10.3.4　资金投向选择指标之间相关性：表 4 – 2 – panel B 和表 4 – 3 – Panel B

　　①表 4 – 2 – panel B:

　　proc sql;

　　create table all_attributes as

　　select corrlast_10. stkcd, corrlast_10. year, corrlast_10. corrni, sygrowth_

10. syni

　　from paper2. corrlast_10, paper2. sygrowth_10

　　where corrlast_10. stkcd = sygrowth_10. stkcd and

　　corrlast_10. year = sygrowth_10. year;

　　quit;

　　run;

　　proc corr data = all_attributes pearson spearman ;

　　var corrni syni;

　　run;

　　分析结果如图 10 – 26 所示。

```
          Pearson 相关系数, N = 5407
          Prob > |r| under H0: Rho=0

                        corrni            syni

          corrni       1.00000         0.52205
          corrni                        <.0001

          syni         0.52205         1.00000
          syni          <.0001


          Spearman 相关系数, N = 5407
          Prob > |r| under H0: Rho=0

                        corrni            syni

          corrni       1.00000         0.61454
          corrni                        <.0001

          syni         0.61454         1.00000
          syni          <.0001
```

图 10-26　分析结果

②表 4-3-panel B：

```
data    corrlast_10；
set paper2. corrlast_10 ；
year1 = year * 1；
run；
data    sygrowth_10；
set paper2. sygrowth_10 ；
year1 = year * 1；
run；
proc sql；
create table all_attributes as
select
corrlast_10. stkcd, corrlast_10. year, corrlast_10. corrni, sygrowth_10. syni,
abnomal_growth. median_ni
from corrlast_10, sygrowth_10, paper2. abnomal_growth
where corrlast_10. stkcd = sygrowth_10. stkcd = abnomal_growth. stkcd and
corrlast_10. year1 = sygrowth_10. year1 = abnomal_growth. year；
```

```
quit;
run;
proc corr data = all_attributes pearson spearman ;
var corrni syni median_ni;
run;
```

分析结果如图 10 – 27 所示

Pearson 相关系数, N = 5407 Prob > |r| under H0: Rho=0			
	corrni	syni	median_ni
corrni corrni	1.00000	0.52205 <.0001	0.10347 <.0001
syni syni	0.52205 <.0001	1.00000	0.05734 <.0001
median_ni	0.10347 <.0001	0.05734 <.0001	1.00000
Spearman 相关系数, N = 5407 Prob > |r| under H0: Rho=0			
	corrni	syni	median_ni
corrni corrni	1.00000	0.61454 <.0001	0.10492 <.0001
syni syni	0.61454 <.0001	1.00000	0.05212 0.0001
median_ni	0.10492 <.0001	0.05212 0.0001	1.00000

图 10 – 27　分析结果

第 11 章

稳健性检验 SAS 程序：单因素分析

11.1 计算公司超行业净利润增长率 (paper2. abnomal_growth)

```
data abgrowth1;
set paper2. growth_result;
abg_ni = ni_growth − median_ni;
keep stkcd year abg_ni;
run;

data abgrowth2;
set abgrowth1;
if abg_ni =. then delete;
year1 = year * 1;
drop year;
run;

data    abgrowth3;
set    abgrowth2;
if (2000 − 9) < = year1 < = 2000;
run;
```

```
proc means data = abgrowth3 noprint   median   mean   n;
by stkcd;
var abg_ni;
output out = abgrowth4( drop = _type_ _freq_) median = median_ni   mean =
mean_ni n = obs_ni;
run;


data   abgrowth5;
set abgrowth4;
year = 2000;
run;


data   abgrowth;
set   abgrowth5;
run;


% macro abgrowth( year);
data   abgrowth3;
set   abgrowth2;
if ( &year − 9) < = year1 < = &year;
run;


proc means data = abgrowth3 noprint   median   mean   n;
by stkcd;
var abg_ni;
output out = abgrowth4( drop = _type_ _freq_) median = median_ni   mean =
mean_ni n = obs_ni;
run;


data abgrowth&year;
set abgrowth4;
year = &year;
run;
```

```
data    abgrowth;
merge abgrowth abgrowth&year;
by stkcd year;
run;

proc sql;
drop table abgrowth&year;
quit;
run;
% mend abgrowth;
% abgrowth( 2000 );
% abgrowth( 2001 );
% abgrowth( 2002 );
% abgrowth( 2003 );
% abgrowth( 2004 );
% abgrowth( 2005 );
% abgrowth( 2006 );
% abgrowth( 2007 );
% abgrowth( 2008 );
% abgrowth( 2009 );
run;

data paper2. abnomal_growth;
set abgrowth;
where obs_ni = 10;
run;
```

数据结构如表 11 – 1 所示（表中变量 median_ni 表示公司超行业净利润增长率的中值，mean_ni 表示公司超行业净利润增长率的均值，变量 ni_obs 表示用于计算超行业净利润增长率中值或均值的观测数，如编号为 5445 的观测，median_ni 的计算方法为该公司 1997 ~ 2006 年期间年超行业净利润增长率的中值，所用计算观测数为 10 个；mean_ni 的计算方法为该公司 1997 ~ 2006 年期间年超行业净利润增长率的均值，所用计算观测数为 10 个）。

表 11 - 1 数据结构

	stkcd	median_ni	mean_ni	obs_ni	year
5445	600897	-0.102426	-0.02319465	10	2006
5446	600897	-0.0418315	0.0342305	10	2007
5447	600897	0.022326	0.0741935	10	2008
5448	600897	0.0863665	0.1066942	10	2009
5449	601607	-0.0978175	0.21356735	10	2003
5450	601607	-0.0978175	0.2105505	10	2004
5451	601607	-0.122114	0.18060205	10	2005
5452	601607	-0.122114	0.0181722	10	2006
5453	601607	-0.2486745	-0.1091285	10	2007
5454	601607	-0.2486745	-0.25899205	10	2008
5455	601607	-0.2486745	-0.21788845	10	2009

11.2 基于超行业净利润增长率

这里公司资金投向选择指标选用上市公司净利润增长率超过行业利润增长率的数额（以下简称"超行业净利润增长率"）。

相关性分析：表 5 - 8

```
data abnomal_growth;
set paper2. abnomal_growth;
length year1 $ 4;        /*数值型转换成字符型*/
year1 = year;
drop year;
run;

proc sql;
create table all_attributes as
select
accrualquality_result_10. stkcd, accrualquality_result_10. year, accrualqual-
ity_result_10. accrual_quality,
```

persistence _ result10. persistence1 , persistence _ result10. predictability,
smoothlast_10_ni. smooth_ni,

    rank_accounting. rank_accounting , abnomal_growth. median_ni

from paper2. accrualquality _ result _ 10 , paper2. persistence _ result10 , paper2. smoothlast_10_ni ,

    result2. rank_accounting , abnomal_growth

where accrualquality _ result _ 10. stkcd = persistence _ result10. stkcd = smoothlast_10_ni. stkcd =

    rank_accounting. stkcd = abnomal_growth. stkcd and

accrualquality_result_10. year = persistence_result10. year = smoothlast_10_ni. year =

    rank_accounting. year = abnomal_growth. year1 ;

    quit ;

    run ;

    proc corr data = all_attributes pearson spearman ;

    var accrual_quality persistence1 predictability   smooth_ni rank_accounting median_ni ;

    run ;

分析结果如图 11 - 1 所示。

Pearson 相关系数, N = 707 Prob > |r| under H0: Rho=0						
	accrual_quality	persistence1	predictability	smooth_ni	rank_accounting	median_ni
accrual_quality	1.00000	0.18186 <.0001	0.88455 <.0001	0.57241 <.0001	0.65123 <.0001	-0.06643 0.0776
persistence1	0.18186 <.0001	1.00000	0.21560 <.0001	0.10588 0.0048	0.45280 <.0001	-0.09984 0.0079
predictability	0.88455 <.0001	0.21560 <.0001	1.00000	0.75685 <.0001	0.58587 <.0001	-0.08850 0.0186
smooth_ni	0.57241 <.0001	0.10588 0.0048	0.75685 <.0001	1.00000	0.40354 <.0001	-0.07535 0.0452
rank_accounting	0.65123 <.0001	0.45280 <.0001	0.58587 <.0001	0.40354 <.0001	1.00000	-0.13870 0.0002
median_ni	-0.06643 0.0776	-0.09984 0.0079	-0.08850 0.0186	-0.07535 0.0452	-0.13870 0.0002	1.00000

	accrual_quality	persistence1	predictability	smooth_ni	rank_accounting	median_ni
		Spearman 相关系数, N = 707 Prob > |r| under H0: Rho=0				
accrual_quality	1.00000	0.20200 <.0001	0.86502 <.0001	0.64843 <.0001	0.86905 <.0001	-0.13693 0.0003
persistence1	0.20200 <.0001	1.00000	0.34943 <.0001	0.09898 0.0085	0.51453 <.0001	-0.09744 0.0095
predictability	0.86502 <.0001	0.34943 <.0001	1.00000	0.70526 <.0001	0.93651 <.0001	-0.13078 0.0005
smooth_ni	0.64843 <.0001	0.09898 0.0085	0.70526 <.0001	1.00000	0.77887 <.0001	-0.18015 <.0001
rank_accounting	0.86905 <.0001	0.51453 <.0001	0.93651 <.0001	0.77887 <.0001	1.00000	-0.17429 <.0001
median_ni	-0.13693 0.0003	-0.09744 0.0095	-0.13078 0.0005	-0.18015 <.0001	-0.17429 <.0001	1.00000

图 11-1　分析结果

11.2.1　accrual quality 与超行业净利润增长率的关系分析

变化趋势分析：图 5-5（a）

```
data aa;
set paper2. accrualquality_result_10;
year1 = year * 1;
drop obs year; run;
data aa1;
set paper2. abnomal_growth;
keep stkcd year median_ni mean_ni;
run;
proc sql;
create table accrualquality_corr_10 as
select * from aa, aa1
where aa. stkcd = aa1. stkcd and aa. year1 = aa1. year;
quit; run;
proc rank data = accrualquality_corr_10 group = 10 out = aa2;
var accrual_quality;
ranks quality_rank;
```

```
    label quality_rank = quality_rank;
    run;
    data aa3;
    set aa2;
    quality_rank = quality_rank + 1;
    run;
    proc sort data = aa3;
    by quality_rank;
    quit;
    proc means data = aa3 noprint min median max mean std n;
    by quality_rank;
    var median_ni;
    output out = aa4 (drop = _type_ _freq_) min = minimum median = median
max = maximum mean = mean std = std n = obsnumber;
    run;


    data aa5;
    set aa4;
    label    minimum = minimum    median = median maximum = maximum
mean = mean std = std obsnumber = obsnumber;
    run;


    footnote '会计信息质量与超行业净利润增长率的基本关系';
    axis1 order = (1 to 10 by 1)
    width = 1 offset = (0,0) label = (color = blue justify = right 'accrual quality
decile') length = 80;
    axis2    label = (color = blue h = 1 'mean or median of abnormal industry
growth') length = 30;
    legend1 label = none shape = symbol(6,0.5) position = (top right inside)
mode = share across = 1;
    proc gplot data = aa5;
    plot median * quality_rank = 1 mean * quality_rank = 2 /haxis = axis1 vaxis =
axis2
```

```
overlay legend = legend1;
symbol1  v = dot   i = join  c = blue  line = 3  width = 2;
symbol2  v = circle i = join c = red  line = 3  width = 2;
run;
```

数据结构如表 11 – 2 所示（表中变量 quality_rank 组别序号，计算方法为以公司 – 年度观测为基础，按照应计项质量大小（从小到大）分成 1 ~ 10 十组，如第 1 组包含 71 个观测并且该组所有观测的应计项质量值小于或等于 10% 分位数）。

表 11 – 2   数据结构

	quality_rank	minimum	median	maximum	mean	std	obsnumber
1	1	-0.3436765	0.0000955	0.428569	0.0042904648	0.1470384175	71
2	2	-0.344461	-0.02681125	0.8919725	-0.005594616	0.1844967649	71
3	3	-0.535605	-0.03683425	0.6422925	-0.035916004	0.1702986928	71
4	4	-0.545489	0.00490525	0.6744755	0.0100820704	0.2025433843	71
5	5	-0.7420055	-0.0572555	0.832305	-0.042438532	0.2757014764	71
6	6	-0.9840085	-0.0585605	0.787348	-0.038820866	0.2528810587	71
7	7	-0.8936205	-0.076525	1.07103625	-0.06968669	0.3002269393	71
8	8	-0.820519	-0.09676	0.9620455	-0.091356687	0.2853895949	71
9	9	-0.79733275	-0.11380825	0.81517025	-0.065484729	0.3203544744	71
10	10	-0.894108	-0.044893	1.11015775	-0.030860704	0.3633872706	71

按照表 11 – 2 所绘图 5 – 5 （a）：横坐标值为组别序号，纵坐标为超行业净利润增长率。

非参数检验：表 5 – 9

①以会计质量大小所分 10 组为标准，把会计信息质量信息分成最好组与最差组（bottom 10% vs. top 10%）：

```
data aa6;
set aa3;
if quality_rank = 1 or quality_rank = 10; / * 把会计信息质量信息分成最
好组与最差组 */
run;

proc ttest data = aa6; / * 进行差异性检验 */
class quality_rank;
var   median_ni;
```

run；

检验结果如图 11 - 2 所示。

quality_rank	N	均值	标准差	标准误差	最小值	最大值
1	71	0.00429	0.1470	0.0175	-0.3437	0.4286
10	71	-0.0309	0.3634	0.0431	-0.8941	1.1102
差 (1-2)		0.0352	0.2772	0.0465		

quality_rank	方法	均值	95% CL 均值		标准差	95% CL 标准差	
1		0.00429	-0.0305	0.0391	0.1470	0.1262	0.1762
10		-0.0309	-0.1169	0.0552	0.3634	0.3119	0.4354
差 (1-2)	汇总	0.0352	-0.0568	0.1271	0.2772	0.2482	0.3139
差 (1-2)	Satterthwaite	0.0352	-0.0572	0.1275			

方法	方差	自由度	t 值	Pr > |t|
汇总	等于	140	0.76	0.4612
Satterthwaite	不等于	92.323	0.76	0.4518

方差等价				
方法	分子自由度	分母自由度	F 值	Pr > F
折叠的 F	70	70	6.11	<.0001

图 11 - 2　检验结果

②以会计信息质量中位数值为界限，把样本分为会计信息质量分成最好组与最差组（bottom 50% vs. top 50%）：

```
data aa6；
set aa3；
if quality_rank < =5 then type =1；/ * 以会计信息质量中值为界限,把
样本分为会计信息质量分成最好组与最差组 * /
else type =2；
run；

proc ttest data = aa6；/ * 差异性检验 * /
class type；
var median_ni；
run；
```

检验结果如图 11 -3 所示。

type	N	均值	标准差	标准误差	最小值	最大值
1	355	-0.0139	0.2008	0.0107	-0.7420	0.8920
2	355	-0.0592	0.3057	0.0162	-0.9840	1.1102
差 (1-2)		0.0453	0.2587	0.0194		

type	方法	均值	95% CL 均值		标准差	95% CL 标准差	
1		-0.0139	-0.0349	0.00705	0.2008	0.1871	0.2168
2		-0.0592	-0.0912	-0.0273	0.3057	0.2848	0.3300
差 (1-2)	汇总	0.0453	0.00721	0.0834	0.2587	0.2459	0.2729
差 (1-2)	Satterthwaite	0.0453	0.00720	0.0835			

方法	方差	自由度	t 值	Pr > |t|
汇总	等于	708	2.33	0.0198
Satterthwaite	不等于	611.6	2.33	0.0199

方差等价				
方法	分子自由度	分母自由度	F 值	Pr > F
折叠的 F	354	354	2.32	<.0001

图 11-3　检验结果

11.2.2　persistence 与超行业净利润增长率的关系分析

变化趋势分析：图 5-5（b）

```
data aa;
set paper2. persistence_result10;
year1 = year * 1;
drop obs year; run;
data aa1;
set paper2. abnomal_growth;
keep stkcd year median_ni mean_ni;
run;
proc sql;
create table accrualquality_corr_10 as
select * from aa, aa1
where aa. stkcd = aa1. stkcd and aa. year1 = aa1. year;
quit; run;
proc rank data = accrualquality_corr_10 group = 10 out = aa2;
var persistence1;
ranks quality_rank;
```

```
label quality_rank = quality_rank ;
run ;
data aa3 ;
set aa2 ;
quality_rank = quality_rank + 1 ;
run ;
proc sort data = aa3 ;
by quality_rank ;
quit ;
proc means data = aa3 noprint min median max mean std n ;
by quality_rank ;
var median_ni ;
output out = aa4 ( drop = _type_ _freq_ ) min = minimum median = median
max = maximum mean = mean std = std n = obsnumber ;
run ;

data aa5 ;
set aa4 ;
label    minimum = minimum    median = median maximum = maximum
mean = mean std = std obsnumber = obsnumber ;
run ;

footnote '会计信息质量与超行业净利润增长率的基本关系' ;
axis1 order = ( 1 to 10 by 1 )
width = 1 offset = ( 0,0 ) label = ( color = blue justify = right 'persistence
decile') length = 80 ;
axis2    label = ( color = blue h = 1 'mean or median of abnormal industry
growth') length = 30 ;
legend1 label = none shape = symbol( 6,0. 5 ) position = ( top right inside )
mode = share across = 1 ;
proc gplot data = aa5 ;
plot median * quality_rank = 1 mean * quality_rank = 2 /haxis = axis1 vaxis =
axis2
```

```
overlay legend = legend1 ;
symbol1  v = dot    i = join  c = blue  line = 3  width = 2 ;
symbol2  v = circle  i = join  c = red  line = 3  width = 2 ;
run ;
```

数据结构如表 11 – 3 所示（表中变量 quality_rank 组别序号，计算方法为以公司 – 年度观测为基础，按照盈余持续性大小（从小到大）分成 1 ~ 10 十组，如第 1 组包含 447 个观测并且该组所有观测的盈余持续性值小于或等于 10% 分位数）。

表 11 –3   数据结构

	quality_rank	minimum	median	maximum	mean	std	obsnumber
1	1	-0.6255625	-0.025580125	0.9620455	-0.03466648	0.1936132896	448
2	2	-0.6779125	-0.02157675	0.77267225	-0.016578206	0.1696780107	448
3	3	-0.8742475	-0.02435575	0.9620455	-0.022023418	0.1904121827	448
4	4	-0.52116325	-0.02937575	0.864096	-0.030548519	0.177860892	448
5	5	-0.612465	-0.023812	1.01644275	-0.016117747	0.221717936	448
6	6	-0.7420055	-0.0389595	0.90960475	-0.041462291	0.2167137558	449
7	7	-0.880798	-0.028526625	1.01644275	-0.038190649	0.2383515229	448
8	8	-0.7420055	-0.062820875	1.98613275	-0.058081812	0.2697223327	448
9	9	-0.79733275	-0.0634485	1.11015775	-0.075857772	0.2593169986	448
10	10	-1.55614725	-0.040317625	0.98055925	-0.062779111	0.3217642098	448

按照表 11 –3 所绘图 5.5（b）：横坐标值为组别序号，纵坐标为超行业净利润增长率。

非参数检验：表 5 –9

①以会计质量大小所分 10 组为标准，把会计信息质量信息分成最好组与最差组（bottom 10% vs. top 10%）：

```
data aa6 ;
set aa3 ;
if quality_rank = 1 or quality_rank = 10 ;
run ;
proc ttest data = aa6 ;  / * 差异性检验 * /
class quality_rank ;
var median_ni ;
```

```
run;
```

检验结果如图 11 - 4 所示。

quality_rank	N	均值	标准差	标准误差	最小值	最大值
1	448	-0.0347	0.1936	0.00915	-0.6256	0.9620
10	448	-0.0628	0.3218	0.0152	-1.5561	0.9806
差 (1-2)		0.0281	0.2655	0.0177		

quality_rank	方法	均值	95% CL 均值		标准差	95% CL 标准差	
1		-0.0347	-0.0526	-0.0167	0.1936	0.1817	0.2072
10		-0.0628	-0.0927	-0.0329	0.3218	0.3020	0.3443
差 (1-2)	汇总	0.0281	-0.00671	0.0629	0.2655	0.2538	0.2784
差 (1-2)	Satterthwaite	0.0281	-0.00672	0.0629			

方法	方差	自由度	t 值	Pr > |t|
汇总	等于	894	1.58	0.1134
Satterthwaite	不等于	733.18	1.58	0.1135

方差等价				
方法	分子自由度	分母自由度	F 值	Pr > F
折叠的 F	447	447	2.76	<.0001

图 11 - 4　检验结果

②以会计信息质量中位数值为界限，把样本分为会计信息质量分成最好组与最差组（bottom 50% vs. top 50%）：

```
data aa6;
set aa3;
if quality_rank < =5 then type =1;
else type =2;
run;

proc ttest data = aa6;/*差异性检验*/
class type;
var median_ni;
run;
```

检验结果如图 11 - 5 所示。

	type	N	均值	标准差	标准误差	最小值	最大值
	1	2240	-0.0240	0.1915	0.00405	-0.8742	1.0164
	2	2241	-0.0553	0.2637	0.00557	-1.5561	1.9861
	差 (1-2)		0.0313	0.2304	0.00688		

type	方法		均值	95% CL 均值		标准差	95% CL 标准差	
1			-0.0240	-0.0319	-0.0161	0.1915	0.1860	0.1972
2			-0.0553	-0.0662	-0.0443	0.2637	0.2562	0.2716
差 (1-2)	汇总		0.0313	0.0178	0.0448	0.2304	0.2257	0.2353
差 (1-2)	Satterthwaite		0.0313	0.0178	0.0448			

	方法	方差	自由度	t 值	Pr > |t|
	汇总	等于	4479	4.54	<.0001
	Satterthwaite	不等于	4088.4	4.54	<.0001

		方差等价			
方法	分子自由度	分母自由度		F 值	Pr > F
折叠的 F	2240	2239		1.90	<.0001

图 11 - 5 检验结果

11.2.3 predictability 与超行业净利润增长率的关系分析

变化趋势分析：图 5 - 5（c）

```
data aa;
set paper2. persistence_result10;
year1 = year * 1;
drop obs year; run;
data aa1;
set paper2. abnomal_growth;
keep stkcd year median_ni mean_ni;
run;
proc sql;
create table accrualquality_corr_10 as
select * from aa, aa1
where aa. stkcd = aa1. stkcd and aa. year1 = aa1. year;
quit; run;
proc rank data = accrualquality_corr_10 group = 10 out = aa2;
var predictability;
ranks quality_rank;
```

```
label quality_rank = quality_rank ;
run ;
data aa3 ;
set aa2 ;
quality_rank = quality_rank + 1 ;
run ;
proc sort data = aa3 ;
by quality_rank ;
quit ;
proc means data = aa3 noprint min median max mean std n ;
by quality_rank ;
var median_ni ;
output out = aa4 ( drop = _type_ _freq_ ) min = minimum median = median
max = maximum mean = mean std = std n = obsnumber ;
run ;


data aa5 ;
set aa4 ;
label    minimum = minimum    median = median maximum = maximum
mean = mean std = std obsnumber = obsnumber ;
run ;


footnote '会计信息质量与超行业净利润增长率的基本关系';
axis1 order = ( 1 to 10 by 1 )
width = 1 offset = ( 0,0 ) label = ( color = blue justify = right 'predictability
decile') length = 80 ;
axis2    label = ( color = blue h = 1 'mean or median of abnormal industry
growth') length = 30 ;
legend1 label = none shape = symbol( 6,0. 5 ) position = ( top right inside )
mode = share across = 1 ;
proc gplot data = aa5 ;
plot median * quality_rank = 1 mean * quality_rank = 2 /haxis = axis1 vaxis =
axis2
```

```
overlay legend = legend1;
symbol1  v = dot    i = join  c = blue  line = 3  width = 2;
symbol2  v = circle  i = join  c = red  line = 3  width = 2;
run;
```

数据结构如表 11 – 4 所示（表中变量 quality_rank 组别序号，计算方法为以公司 – 年度观测为基础，按照盈余可预测性大小（从小到大）分成 1 ~ 10 十组，如第 1 组包含 447 个观测并且该组所有观测的盈余可预测性值小于或等于 10% 分位数）。

表 11 – 4

数据结构

	quality_rank	minimum	median	maximum	mean	std	obsnumber
1	1	-0.38091275	-0.024363625	0.508864	-0.017254848	0.1371360033	448
2	2	-0.5634435	-0.01259175	0.8919725	-0.013573547	0.1567518528	448
3	3	-0.9840085	-0.00381875	0.7382945	-0.016994075	0.1574465321	448
4	4	-0.548135	-0.00413125	0.756437	-0.013211142	0.1763580384	448
5	5	-0.7361085	-0.020170875	0.91066775	-0.003888453	0.2143185599	448
6	6	-0.6779125	-0.0337435	0.91066775	-0.035299706	0.2211638974	449
7	7	-0.73607225	-0.017271	0.9620455	-0.00465753	0.2685203661	448
8	8	-1.55614725	-0.08764775	0.90960475	-0.091050715	0.2609256507	448
9	9	-0.880798	-0.1264065	1.01644275	-0.127667857	0.265075493	448
10	10	-1.004023	-0.10227175	1.98613275	-0.072721888	0.3366440352	448

按照表 11 – 4 所绘图 5 – 5（c）：横坐标值为组别序号，纵坐标为超行业净利润增长率。

非参数检验：表 5 – 9

①以会计质量大小所分 10 组为标准，把会计信息质量信息分成最好组与最差组（bottom 10% vs. top 10%）：

```
data aa6;
set aa3;
if quality_rank = 1 or quality_rank = 10;
run;

proc ttest data = aa6; /*差异性检验*/
class quality_rank;
var median_ni; /*需要替换*/
```

```
run;
```

检验结果如图 11 −6 所示。

quality_rank	N	均值	标准差	标准误差	最小值	最大值
1	448	-0.0173	0.1371	0.00648	-0.3809	0.5089
10	448	-0.0727	0.3366	0.0159	-1.0040	1.9861
差 (1-2)		0.0555	0.2570	0.0172		

quality_rank	方法	均值	95% CL 均值		标准差	95% CL 标准差	
1		-0.0173	-0.0300	-0.00452	0.1371	0.1287	0.1468
10		-0.0727	-0.1040	-0.0415	0.3366	0.3159	0.3603
差 (1-2)	汇总	0.0555	0.0218	0.0892	0.2570	0.2457	0.2695
差 (1-2)	Satterthwaite	0.0555	0.0217	0.0892			

方法	方差	自由度	t 值	Pr > |t|
汇总	等于	894	3.23	0.0013
Satterthwaite	不等于	591.38	3.23	0.0013

方差等价				
方法	分子自由度	分母自由度	F 值	Pr > F
折叠的 F	447	447	6.03	<.0001

图 11 −6　检验结果

②以会计信息质量中位数值为界限，把样本分为会计信息质量分成最好组与最差组（bottom 50% vs. top 50%）：

```
data aa6;
set aa3;
if quality_rank < =5 then type =1;
else type =2;
run;

proc ttest data = aa6; /∗差异性检验∗/
class type;
var median_ni;/∗需要替换∗/
run;
```

检验结果如图 11 −7 所示。

type	N	均值	标准差	标准误差	最小值	最大值
1	2240	-0.0130	0.1703	0.00360	-0.9840	0.9107
2	2241	-0.0663	0.2761	0.00583	-1.5561	1.9861
差 (1-2)		0.0533	0.2294	0.00685		

type	方法	均值	95% CL 均值		标准差	95% CL 标准差	
1		-0.0130	-0.0200	-0.00593	0.1703	0.1655	0.1755
2		-0.0663	-0.0777	-0.0548	0.2761	0.2682	0.2844
差 (1-2)	汇总	0.0533	0.0398	0.0667	0.2294	0.2248	0.2343
差 (1-2)	Satterthwaite	0.0533	0.0398	0.0667			

方法	方差	自由度	t 值	Pr > |t|
汇总	等于	4479	7.77	<.0001
Satterthwaite	不等于	3729.6	7.77	<.0001

	方差等价			
方法	分子自由度	分母自由度	F 值	Pr > F
折叠的 F	2240	2239	2.63	<.0001

图 11-7　检验结果

11.2.4　smoothness 与超行业净利润增长率的关系分析

变化趋势分析：图 5-5 (d)

```
data aa;
set paper2. smoothlast_10_ni;
year1 = year * 1;
drop obs year; run;
data aa1;
set paper2. abnomal_growth;
keep stkcd year median_ni mean_ni;
run;
proc sql;
create table accrualquality_corr_10 as
select * from aa, aa1
where aa. stkcd = aa1. stkcd and aa. year1 = aa1. year;
quit; run;
proc rank data = accrualquality_corr_10 group = 10 out = aa2;
var smooth_ni;
ranks quality_rank;
```

```
label quality_rank = quality_rank；
run；
data aa3；
set aa2；
quality_rank = quality_rank + 1；
run；
proc sort data = aa3；
by quality_rank；
quit；
proc means data = aa3 noprint min median max mean std n；
by quality_rank；
var median_ni；
output out = aa4（drop = _type_ _freq_）min = minimum median = median
max = maximum mean = mean std = std n = obsnumber；
run；


data aa5；
set aa4；
label    minimum = minimum    median = median maximum = maximum
mean = mean std = std obsnumber = obsnumber；
run；


footnote '会计信息质量与超行业净利润增长率的基本关系'；
axis1 order = (1 to 10 by 1)
width = 1 offset = (0,0) label = (color = blue justify = right 'smoothness
decile')length = 80；
axis2    label = (color = blue h = 1 'mean or median of abnormal industry
growth')length = 30；
legend1 label = none shape = symbol(6,0.5) position = (top right inside)
mode = share across = 1；
proc gplot data = aa5；
plot median * quality_rank = 1 mean * quality_rank = 2 /haxis = axis1 vaxis =
axis2
```

```
overlay legend = legend1;
symbol1  v = dot    i = join  c = blue  line = 3  width = 2;
symbol2  v = circle  i = join  c = red  line = 3  width = 2;
run;
```

数据结构如表 11 – 5 所示（表中变量 quality_rank 组别序号，计算方法为以公司 – 年度观测为基础，按照盈余持续性大小（从小到大）分成 1 ~ 10 十组，如第 1 组包含 447 个观测并且该组所有观测的盈余持续性值小于或等于 10% 分位数）。

表 11 – 5   数据结构

	quality_rank	minimum	median	maximum	mean	std	obsnumber
1	1	-0.40860025	0.000102375	0.642827	0.024241798	0.155951032	250
2	2	-0.57841375	-0.00053425	0.91066775	0.0029581524	0.1933057314	251
3	3	-0.70365725	-0.0204735	0.98055925	-0.032643212	0.2040737116	251
4	4	-0.6361425	0.003792375	1.01644275	0.01205646	0.230542855	250
5	5	-0.8936205	-0.02339775	0.832305	-0.018286509	0.2439465311	251
6	6	-0.8936205	-0.03601475	1.98613275	-0.020230192	0.2904894705	251
7	7	-0.7420055	-0.025238875	0.8272605	-0.027632796	0.2264949327	250
8	8	-0.9840085	-0.0552695	1.11015775	-0.029152264	0.2565454713	251
9	9	-0.820519	-0.0913455	1.07103625	-0.091861162	0.2687875586	251
10	10	-1.55614725	-0.1200175	0.80915675	-0.12576799	0.3064524837	250

按照表 11 – 5 所绘图 5 – 5（d）：横坐标值为组别序号，纵坐标为超行业净利润增长率。

非参数检验：表 5 – 9

①以会计质量大小所分 10 组为标准，把会计信息质量信息分成最好组与最差组（bottom 10% vs. top 10%）：

```
data aa6;
set aa3;
if quality_rank = 1 or quality_rank = 10;
run;
```

```
proc ttest data = aa6;  / * 差异性检验 * /
class quality_rank;
var median_ni;/ * 需要替换 * /
```

run；

检验结果如图 11 – 8 所示。

quality_rank	N	均值	标准差	标准误差	最小值	最大值
1	250	0.0242	0.1560	0.00986	-0.4086	0.6428
10	250	-0.1258	0.3065	0.0194	-1.5561	0.8092
差 (1-2)		0.1500	0.2431	0.0217		

quality_rank	方法	均值	95% CL 均值		标准差	95% CL 标准差	
1		0.0242	0.00482	0.0437	0.1560	0.1434	0.1710
10		-0.1258	-0.1639	-0.0876	0.3065	0.2817	0.3360
差 (1-2)	汇总	0.1500	0.1073	0.1927	0.2431	0.2289	0.2592
差 (1-2)	Satterthwaite	0.1500	0.1072	0.1928			

方法	方差	自由度	t 值	Pr > |t|
汇总	等于	498	6.90	<.0001
Satterthwaite	不等于	369.86	6.90	<.0001

方差等价				
方法	分子自由度	分母自由度	F 值	Pr > F
折叠的 F	249	249	3.86	<.0001

图 11 – 8　检验结果

②以会计信息质量中位数值为界限，把样本分为会计信息质量分成最好组与最差组（bottom 50% vs. top 50%）：

```
data aa6；
set aa3；
if quality_rank < =5 then type =1；
else type =2；
run；
```

```
proc ttest data = aa6；/ *差异性检验 */
class type；
var median_ni；/ *需要替换 */
run；
```

检验结果如图 11 – 9 所示。

type	N	均值	标准差	标准误差	最小值	最大值
1	1253	-0.00237	0.2085	0.00589	-0.8936	1.0164
2	1253	-0.0589	0.2740	0.00774	-1.5561	1.9861
差 (1-2)		0.0565	0.2435	0.00973		

type	方法	均值	95% CL 均值		标准差	95% CL 标准差	
1		-0.00237	-0.0139	0.00919	0.2085	0.2007	0.2170
2		-0.0589	-0.0741	-0.0437	0.2740	0.2637	0.2852
差 (1-2)	汇总	0.0565	0.0375	0.0756	0.2435	0.2369	0.2504
差 (1-2)	Satterthwaite	0.0565	0.0375	0.0756			

方法	方差	自由度	t 值	Pr > |t|
汇总	等于	2504	5.81	<.0001
Satterthwaite	不等于	2338	5.81	<.0001

	方差等价			
方法	分子自由度	分母自由度	F 值	Pr > F
折叠的 F	1252	1252	1.73	<.0001

图 11-9 检验结果

11.2.5 综合会计信息质量（Totalaccounting）与超行业净利润增长率的关系分析

变化趋势分析：图 5-6

```
proc sql;
create table rank_accounting as
select rank_accrualquality. stkcd, rank_accrualquality. year, rank_accrualquality. rank_accrualquality,
rank_persistence. rank_persistence, rank_smoothni. rank_smoothni, rank_predictability. rank_predictability
from
result2. rank_accrualquality, result2. rank_persistence, result2. Rank_smoothni, result2. rank_predictability
where
rank_accrualquality. stkcd = rank_persistence. stkcd = rank_smoothni. stkcd = rank_predictability. stkcd and
rank_accrualquality. year = rank_persistence. year = rank_smoothni. year = rank_predictability. year;
quit;
```

```
run;
data rank_accounting1;
set rank_accounting;
rank_accounting = rank_accrualquality + rank_persistence + rank_smoothni +
rank_predictability;
keep stkcd year rank_accounting;
run;
data aa;
set rank_accounting1;
year1 = year * 1;
drop   year; run;
data aa1;
set paper2. abnomal_growth;
keep stkcd year median_ni mean_ni;
run;
proc sql;
create table accrualquality_corr_10 as
select * from aa,aa1
where aa. stkcd = aa1. stkcd and aa. year1 = aa1. year;
quit; run;
proc rank data = accrualquality_corr_10 group = 10 out = aa2;
var rank_accounting;
ranks quality_rank;
label quality_rank = quality_rank;
run;
data aa3;
set aa2;
quality_rank = quality_rank + 1;
run;
proc sort data = aa3;
by quality_rank;
quit;
proc means data = aa3 noprint min median max mean std n;
```

```
by quality_rank;
var median_ni;
output out = aa4 (drop = _type_ _freq_) min = minimum median = median
max = maximum mean = mean std = std n = obsnumber;
run;


data aa5;
set aa4;
label    minimum = minimum    median = median maximum = maximum
mean = mean std = std obsnumber = obsnumber;
run;


footnote '会计信息质量与超行业净利润增长率的基本关系';
axis1 order = (1 to 10 by 1)
width = 1 offset = (0,0) label = (color = blue justify = right 'total account-
ing quality decile') length = 80;
axis2    label = (color = blue h = 1 'mean or median of abnormal industry
growth') length = 30;
legend1 label = none shape = symbol(6,0.5) position = (top right inside)
mode = share across = 1;
proc gplot data = aa5;
plot median * quality_rank = 1 mean * quality_rank = 2 /haxis = axis1 vaxis = axis2
overlay legend = legend1;
symbol1 v = dot  i = join c = blue line = 3 width = 2;
symbol2 v = circle i = join c = red line = 3 width = 2;
run;
```

数据结构如表 11 - 6 所示（表中变量 quality_rank 组别序号，计算方法为以公司 - 年度观测为基础，按照综合会计信息质量大小（从小到大）分成 1~10 十组，如第 1 组包含 79 个观测并且该组所有观测的综合会计信息质量值小于或等于 10% 分位数）。

按照表 11 -6 所绘图 5 -6：横坐标值为组别序号，纵坐标为超行业净利润增长率。

表 11 – 6   数据结构

	quality_rank	minimum	median	maximum	mean	std	obsnumber
1	1	-0.344461	-0.0265915	0.428569	-0.021976911	0.1265099477	79
2	2	-0.40860025	-0.032415	0.3393965	-0.013469425	0.1523565868	57
3	3	-0.348756	0.015126	0.8919725	0.0060028705	0.1956433823	83
4	4	-0.535605	-0.045907375	0.32631625	-0.04961777	0.1620874215	62
5	5	-0.545489	-0.016720125	0.7042585	0.0223383952	0.2592359125	62
6	6	-0.57841375	0.00688925	0.832305	0.0088054773	0.2785182608	77
7	7	-0.7420055	-0.05413975	0.9620455	-0.041932997	0.28451624	87
8	8	-0.8936205	-0.12258325	0.98055925	-0.108074127	0.3079577559	55
9	9	-0.9840085	-0.12389475	1.01644275	-0.106995119	0.2895167694	78
10	10	-0.894108	-0.105386	1.11015775	-0.08987541	0.3740001655	67

非参数检验：表 5 – 9

①以会计质量大小所分 10 组为标准，把会计信息质量信息分成最好组与最差组（bottom 10% vs. top 10%）：

data aa6；

set aa3；

if quality_rank = 1 or quality_rank = 10；

run；

proc ttest data = aa6；／ * 差异性检验 * ／

class quality_rank；

var median_ni；／ * 需要替换 * ／

run；

检验结果如图 11 – 10 所示。

quality_rank	N	均值	标准差	标准误差	最小值	最大值
1	79	-0.0220	0.1265	0.0142	-0.3445	0.4286
10	67	-0.0899	0.3740	0.0457	-0.8941	1.1102
差 (1-2)		0.0679	0.2698	0.0448		

quality_rank	方法	均值	95% CL 均值		标准差	95% CL 标准差	
1		-0.0220	-0.0503	0.00636	0.1265	0.1094	0.1500
10		-0.0899	-0.1811	0.00135	0.3740	0.3197	0.4508
差 (1-2)	汇总	0.0679	-0.0207	0.1565	0.2698	0.2419	0.3050
差 (1-2)	Satterthwaite	0.0679	-0.0274	0.1632			

方法	方差	自由度	t 值	Pr > |t|
汇总	等于	144	1.52	0.1319
Satterthwaite	不等于	78.803	1.42	0.1599

方差等价

方法	分子自由度	分母自由度	F 值	Pr > F
折叠的 F	66	78	8.74	<.0001

图 11 – 10 检验结果

②以会计信息质量中位数值为界限，把样本分为会计信息质量分成最好组与最差组（bottom 50% vs. top 50%）：

```
data aa6;
set aa3;
if quality_rank < =5 then type =1;
else type =2;
run;


proc ttest data = aa6; /＊差异性检验＊/
class type;
var median_ni;/＊需要替换＊/
run;
```

检验结果如图 11 –11 所示。

type	N	均值	标准差	标准误差	最小值	最大值
1	343	-0.0108	0.1840	0.00994	-0.5455	0.8920
2	364	-0.0640	0.3079	0.0161	-0.9840	1.1102
差 (1-2)		0.0532	0.2554	0.0192		

type	方法	均值	95% CL 均值		标准差	95% CL 标准差	
1		-0.0108	-0.0303	0.00877	0.1840	0.1712	0.1990
2		-0.0640	-0.0957	-0.0322	0.3079	0.2870	0.3320
差 (1-2)	汇总	0.0532	0.0154	0.0909	0.2554	0.2428	0.2695
差 (1-2)	Satterthwaite	0.0532	0.0160	0.0904			

方法	方差	自由度	t 值	Pr > |t|
汇总	等于	705	2.77	0.0058
Satterthwaite	不等于	599.06	2.81	0.0052

方差等价

方法	分子自由度	分母自由度	F 值	Pr > F
折叠的 F	363	342	2.80	<.0001

图 11 –11　检验结果

第 12 章

会计信息质量与公司资金
投向选择关系的 SAS
程序：多因素分析

12.1 控制变量计算 SAS 程序

12.1.1 公司成长性指标（MTB）的计算（paper2. mtb_last）

```
options nodate nonotes nosource;
data mtb1;
set paper2. mtb_dateend;
if  mtb = . then delete;
run;
data mtb4;
set mtb1;
where stkcd = "000001";
run;
data mtb5;
set mtb4;
if (2000 - 9) < = date < = 2000;/* 以 10 年为周期计算 mtb */
run;
proc means data = mtb5 noprint mean median n;
var mtb;
```

```
output out = mtb6( drop = _type_ _freq_) median = median_mtb
mean = mean_mtb n = obs_mtb ;
run;
data mtb7;
set mtb6;
label   median_mtb = median_mtb mean_mtb = mean_mtb obs_mtb = obs_
mtb;
run;
proc sql;
create table mtb8 as
select * from mtb5, mtb7
where mtb5. stkcd = "000001" and mtb5. date = 2000;
quit;
data mtb9;   /* 该文件最后导出至 paper2. mtb_last */
set mtb8;
drop   mtb;
run;


% macro mtb( stkcd, date);
data mtb4;
set mtb1;
where stkcd = "&stkcd";
run;


data mtb5;
set mtb4;
if ( &date − 9) < = date < = &date;
run;


proc means data = mtb5 noprint mean median n;
var   mtb;
output out = mtb6( drop = _type_ _freq_) median = median_mtb
mean = mean_mtb   n = obs_mtb ;
```

```
run;

data mtb7;
set mtb6;
label    median_mtb = median_mtb mean_mtb = mean_mtb obs_mtb = obs_
mtb;
run;

proc sql;
create table mtb8 as
select * from mtb5, mtb7
where mtb5. stkcd = "&stkcd" and mtb5. date = &date;
quit;

data mtb&stkcd&date;
set mtb8;
drop mtb;
run;

data mtb9;
merge mtb9 mtb&stkcd&date;
by stkcd date;
run;

proc sql;
drop table mtb&stkcd&date;
quit;
run;

% mend mtb;
% include "mtb. txt";
```

宏文本"mtb. txt"

```
data aa;
set paper2. mtb_yearend;
where date > = 2000;
run;
data _null_;
set aa;
a = '% mtb(';
b = ',';
c = ')';
file "mtb. txt"; /* C:\Documents and Settings\Administrator\mtb. txt */
put a $ stkcd $ b $ date $ c $;
run;
```

数据结构如表 12 - 1（表中变量 median_mtb 表示公司市净率的中值，mean_mtb 表示公司市净率的均值，变量 obs_mtb_表示计算公司市净率中值或均值的观测数，如编号为 10 的观测，median_mtb 的计算方法为该公司 1991～2000 年期间年末市净率的中值，计算观测数为 10 个；mean_mtb 的计算方法为该公司 1991～2000 年期间年末市净率的均值，计算观测数为 10 个）。

表 12 - 1　　　　　　　　　　数据结构

	Stkcd	Date	median_mtb	mean_mtb	obs_mtb	year
10	000002	2000	2.78935	3.41459	10	2000
11	000002	2001	2.6188	3.17895	10	2001
12	000002	2002	2.51555	2.39	10	2002
13	000002	2003	2.30845	2.2293	10	2003
14	000002	2004	2.30845	2.28831	10	2004
15	000002	2005	2.30845	2.39601	10	2005
16	000002	2006	2.3342	2.60039	10	2006
17	000002	2007	2.3342	2.93055	10	2007
18	000002	2008	2.3825	2.94021	10	2008
19	000002	2009	2.46	3.00409	10	2009

12.1.2　公司规模（Size）的计算（paper2. asset_last）

```
options nodate nonotes nosource;
```

```
data asset1 ;
set paper2. asset_all ;
if   asset = . then delete ;
run ;
data asset4 ;
set asset1 ;
where stkcd = "000001" ;
run ;
data asset5 ;
set asset4 ;
if (2000 - 9) < = year < = 2000 ;/ * 以 10 年为周期计算 asset * /
run ;
proc means data = asset5 noprint mean median n ;
var asset ;
output out = asset6 ( drop = _type_ _freq_) median = median_asset
mean = mean_asset n = obs_asset ;
run ;
data asset7 ;
set asset6 ;
label   median_asset = median_asset mean_asset = mean_asset obs_asset =
obs_asset ;
run ;
proc sql ;
create table asset8 as
select * from asset5 , asset7
where asset5. stkcd = "000001" and asset5. year = "2000" ;
quit ;
data asset9 ;
set asset8 ;
drop   asset ;
run ;

% macro asset( stkcd , year ) ;
```

```
data asset4;
set asset1;
where stkcd = "&stkcd";
run;

data asset5;
set asset4;
if (&year - 9) < = year < = &year;
run;

proc means data = asset5 noprint mean median n;
var   asset;
output out = asset6(drop = _type_ _freq_) median = median_asset
mean = mean_asset   n = obs_asset ;
run;

data asset7;
set asset6;
label   median_asset = median_asset mean_asset = mean_asset obs_asset =
obs_asset;
run;

proc sql;
create table asset8 as
select * from asset5, asset7
where asset5. stkcd = "&stkcd" and asset5. year = "&year";
quit;

data asset&stkcd&year;
set asset8;
drop asset;
run;
```

```
data asset9;    /*该文件最后导出至 paper2. asset_last */
merge asset9 asset&stkcd&year;
by stkcd year;
run;

proc sql;
drop table asset&stkcd&year;
quit;
run;

% mend asset;
% include "asset. txt";
```

宏文本"asset. txt"

```
data aa;
set paper2. asset_all;
where date > = 2000;
run;
data _null_;
set aa;
a = '% asset(';
b = ',';
c = ')';
file "asset. txt";  /* C: \Documents and Settings\Administrator\asset. txt */
put a $ stkcd $ b $ date $ c $;
run;
```

数据结构如表 12-2 所示（表中变量 median_asset 表示公司规模的中值，mean_asset 表示公司规模的均值，变量 obs_asset 表示计算公司规模中值或均值的观测数，如编号为 11 的观测，median_asset 的计算方法为该公司 1992～2001 年期间年末总资产的中值，计算观测数为 10 个；mean_asset 的计算方法为该公司 1992～2001 年期间年末总资产的均值，计算观测数为 10 个）。

表 12 – 2   数据结构

	stkcd	year	median_asset	mean_asset	obs_asset
11	000002	2001	3712875386.7	3707179796.4	10
12	000002	2002	3998801975.8	4432509768.6	10
13	000002	2003	4266320982.3	5274997915	10
14	000002	2004	5058455840.5	6560921400.7	10
15	000002	2005	6052579422.9	8436722857.9	10
16	000002	2006	7349366969.6	13082094464	10
17	000002	2007	9388431202	22695578609	10
18	000002	2008	13047731313	34215438832	10
19	000002	2009	18763407296	47526827868	10
20	000005	2002	1872431914.9	1685703020.3	10

12.1.3 公司规模盈利能力（ROA）的计算（paper2. roa_last）

```
options nodate nonotes nosource;
data roa1;
set paper2. roa;
if   roa = . then delete;
run;
data roa4;
set roa1;
where stkcd = "000001";
run;
data roa5;
set roa4;
if (2000 – 9) < = year < = 2000;/ * 以 10 年为周期计算 roa * /
run;
proc means data = roa5 noprint mean median n;
var roa;
output out = roa6( drop = _type_ _freq_) median = median_roa
mean = mean_roa n = obs_roa ;
run;
data roa7;
set roa6;
label   median_roa = median_roa mean_roa = mean_roa obs_roa = obs_roa;
run;
proc sql;
```

```
create table roa8 as
select * from roa5, roa7
where roa5. stkcd = "000001" and roa5. year = "2000";
quit;
data roa9;
set roa8;
drop  roa;
run;

% macro roa( stkcd, year);
data roa4;
set roa1;
where stkcd = "&stkcd";
run;

data roa5;
set roa4;
if (&year - 9) < = year < = &year;
run;

proc means data = roa5 noprint mean median n;
var  roa;
output out = roa6( drop = _type_ _freq_) median = median_roa
mean = mean_roa  n = obs_roa ;
run;

data roa7;
set roa6;
label  median_roa = median_roa mean_roa = mean_roa obs_roa = obs_roa;
run;

proc sql;
create table roa8 as
```

```
select  *  from roa5 , roa7
where roa5. stkcd = " &stkcd"  and roa5. year = " &year" ;
quit ;


data roa&stkcd&year ;
set roa8 ;
drop roa ;
run ;


data roa9 ; ／ * 该文件最后导出至 paper2. roa_last * ／
merge roa9 roa&stkcd&year ;
by stkcd year ;
run ;


proc sql ;
drop table roa&stkcd&year ;
quit ;
run ;


% mend roa ;
% include " roa. txt" ;


宏文本" roa. txt"
data roa ;
set paper2. persistence_all ;
roa = roa／100 ;
keep stkcd year roa ;
run ;


data aa1 ;
set roa ;
year1 = input( year,4. ) ;
run ;
```

```
data aa;
set aa1;
where year1 > = 2000;
run;
data _null_;
set aa;
a = '% roa(';
b = ',';
c = ')';
file "roa. txt"; / * C:\Documents and Settings\Administrator\roa. txt * /
put a $ stkcd $ b $ year1 $ c $;
run;
```

数据结构如表 12 – 3（表中变量 median_roa 表示公司盈利能力的中值，mean_roa 表示公司盈利能力的均值，变量 obs_roa 表示计算公司盈利能力中值或均值的观测数，如编号为 1 的观测，median_roa 的计算方法为该公司 1991～2000 年期间年 ROA 的中值，计算观测数为 10 个；mean_roa 的计算方法为该公司 1991～2000 年期间年 ROA 的均值，计算观测数为10 个）。

表 12 – 3　　　　　　　　　数据结构

	stkcd	year	median_roa	mean_roa	obs_roa
1	000001	2000	0.0283085	0.0248056	10
2	000001	2001	0.026099	0.0221376	10
3	000001	2002	0.022886	0.0195414	10
4	000001	2003	0.017245	0.016533	10
5	000001	2004	0.01099	0.0138064	10
6	000001	2005	0.0066265	0.0115218	10
7	000001	2006	0.0048455	0.0089331	10
8	000001	2007	0.0048455	0.0070081	10
9	000001	2008	0.003657	0.0050098	10
10	000001	2009	0.003657	0.0046548	10

12.1.4　公司负债程度（Leverage）的计算（paper2. lev_last）

```
options nodate nonotes nosource;
data lev1;
set paper2. lev_all;
```

```
if   lev = .  then delete;
run;
data lev4;
set lev1;
where stkcd = "000001";
run;
data lev5;
set lev4;
if (2000 - 9) < = year < = 2000;/ * 以 10 年为周期计算 lev * /
run;
proc means data = lev5 noprint mean median n;
var lev;
output out = lev6(drop = _type_ _freq_) median = median_lev
mean = mean_lev n = obs_lev;
run;
data lev7;
set lev6;
label   median_lev = median_lev mean_lev = mean_lev obs_lev = obs_lev;
run;
proc sql;
create table lev8 as
select * from lev5, lev7
where lev5. stkcd = "000001" and lev5. year = "2000";
quit;
data lev9;
set lev8;
drop   lev;
run;

% macro lev(stkcd, year);
data lev4;
set lev1;
where stkcd = "&stkcd";
```

```
run;


data lev5;
set lev4;
if (&year - 9) < = year < = &year;
run;


proc means data = lev5 noprint mean median n;
var    lev;
output out = lev6(drop = _type_ _freq_) median = median_lev
mean = mean_lev    n = obs_lev;
run;


data lev7;
set lev6;
label    median_lev = median_lev mean_lev = mean_lev obs_lev = obs_lev;
run;


proc sql;
create table lev8 as
select * from lev5, lev7
where lev5. stkcd = "&stkcd" and lev5. year = "&year";
quit;


data lev&stkcd&year;
set lev8;
drop lev;
run;


data lev9;   /* 该文件最后导出至 paper2. lev_last */
merge lev9 lev&stkcd&year;
by stkcd year;
run;
```

```
proc sql;
drop table lev&stkcd&year;
quit;
run;

% mend lev;
% include "lev. txt";

宏文本"lev. txt"
data aa1;
set paper2. lev;
year1 = input(year,4. );
run;
data aa;
set aa1;
where year1 > = 2000;
run;
data _null_;
set aa;
a = '% lev(';
b = ',';
c = ')';
file "lev. txt";  / * C:\Documents and Settings\Administrator\lev. txt * /
put a $ stkcd $ b $ year1 $ c $;
run;
```

数据结构如表 12 - 4 所示（表中变量 median_lev 表示公司负债程度的中值，mean_lev 表示公司负债程度的均值，变量 obs_lev_表示计算公司负债程度中值或均值的观测数，如编号为 13 的观测，median_lev 的计算方法为该公司 1992 ~ 2001 年期间年 lev 的中值，计算观测数为 10 个；mean_lev 的计算方法为该公司 1992 ~ 2001 年期间年 lev 的均值，计算观测数为10 个）。

表12-4 数据结构

	stkcd	year	median_lev	mean_lev	obs_lev
13	000002	2001	0.543486	0.552385	10
14	000002	2002	0.543486	0.5353239	10
15	000002	2003	0.5358595	0.5337986	10
16	000002	2004	0.5358595	0.5361237	10
17	000002	2005	0.5358595	0.5392227	10
18	000002	2006	0.5358595	0.5476835	10
19	000002	2007	0.5660935	0.5639921	10
20	000002	2008	0.5885535	0.5834883	10
21	000002	2009	0.601986	0.5982424	10
22	000002	2010	0.630089	0.6256769	10
23	000004	2000	0.6926725	0.687744	10

12.1.5 公司营运能力（OperatingCycle）的计算（paper2. Opecycle_last）

```
options nodate nonotes nosource;
data opecycle1;
set paper2. opecycle_all;
if  opecycle = . then delete;
run;
data opecycle4;
set opecycle1;
where stkcd = "000001";
run;
data opecycle5;
set opecycle4;
if (2000 - 9) < = year < = 2000;/* 以 10 年为周期计算 opecycle */
run;
proc means data = opecycle5 noprint mean median n;
var opecycle;
output out = opecycle6(drop = _type_ _freq_) median = median_opecycle
mean = mean_opecycle n = obs_opecycle ;
run;
data opecycle7;
set opecycle6;
label  median_opecycle = median_opecycle mean_opecycle = mean_opecy-
```

```
cle obs_opecycle = obs_opecycle;
    run;
    proc sql;
    create table opecycle8 as
    select * from opecycle5, opecycle7
    where opecycle5. stkcd = "000001" and opecycle5. year = "2000";
    quit;
    data opecycle9;
    set opecycle8;
    drop   opecycle;
    run;


    % macro opecycle(stkcd, year);
    data opecycle4;
    set opecycle1;
    where stkcd = " &stkcd";
    run;


    data opecycle5;
    set opecycle4;
    if ( &year - 9) < = year < = &year;
    run;


    proc means data = opecycle5 noprint mean median n;
    var   opecycle;
    output out = opecycle6( drop = _type_ _freq_) median = median_opecycle
    mean = mean_opecycle   n = obs_opecycle ;
    run;


    data opecycle7;
    set opecycle6;
    label   median_opecycle = median_opecycle mean_opecycle = mean_opecy-
cle obs_opecycle = obs_opecycle;
```

run;

```
proc sql;
create table opecycle8 as
select * from opecycle5, opecycle7
where opecycle5. stkcd = " &stkcd" and opecycle5. year = " &year";
quit;

data opecycle&stkcd&year;
set opecycle8;
drop opecycle;
run;

data opecycle9;    /* 该文件最后导出至 paper2. opecycle_last */
merge opecycle9 opecycle&stkcd&year;
by stkcd year;
run;

proc sql;
drop table opecycle&stkcd&year;
quit;
run;

% mend opecycle;
% include "opecycle. txt";
```

宏文本"opecycle. txt"

```
options date notes source;
data aa1;
set paper2. opecycle_all;
year1 = input( year,4. );
run;
```

```
data aa;
set aa1;
where year1 > = 2000;
run;
data _null_;
set aa;
a = '% opecycle(';
b = ',';
c = ')';
file "opecycle. txt"; / * C:\Documents and Settings\Administrator\opecy-
cle. txt * /
put a $ stkcd $ b $ year1 $ c $;
run;
```

数据结构如表 12 – 5 所示（表中变量 median_opecycle 表示公司营运能力的中值，mean_opecycle 表示公司营运能力的均值，变量 obs_opecycle 表示计算公司营运能力中值或均值的观测数，如编号为 2 的观测，median_opecycle 的计算方法为该公司 1992 ~ 2001 年期间年营业周期的中值，计算观测数为 10 个；mean_opecycle 的计算方法为该公司 1992 ~ 2001 年期间年营业周期的均值，计算观测数为 10 个）。

表 12 – 5　　　　　　　　　　　　　　数据结构

	stkcd	year	median_opecycle	mean_opecycle	obs_opecycle
2	000002	2001	410.54565	368.35646	10
3	000002	2002	439.8527	419.53261	10
4	000002	2003	459.1984	461.5884	10
5	000002	2004	466.50485	499.82469	10
6	000002	2005	517.44925	528.32801	10
7	000002	2006	523.63625	549.46548	10
8	000002	2007	581.9867	598.56201	10
9	000002	2008	626.2229	662.275	10
10	000002	2009	672.46005	709.36742	10
11	000002	2010	727.7242	801.24527	10

12.1.6　公司营运波动性（σ(Sales)）的计算（paper2. Stdsale_last）

```
data sales_all;
```

```
set paper2. sales_all;
year1 = input( year,4. );
run;
data asset_all;
set paper2. asset_all;
year1 = input( year,4. );
run;


proc sql;
create table sales_all1 as
select sales_all. stkcd,sales_all. year,sales_all. sales,
asset_all. asset
from sales_all,asset_all
where sales_all. stkcd = asset_all. stkcd and
sales_all. year1 − asset_all. year1 = 1;
quit;
run;
data sales_all2;
set sales_all1;
sales = sales/asset;
drop asset;
run;／＊用上一年期末总资产对 sale 进行 deflate＊／


options nodate nonotes nosource;
data stdsale1;
set paper2. sales_all2;
if    sales = . then delete;
run;
data stdsale4;
set stdsale1;
where stkcd = "000001";
run;
data stdsale5;
```

```
set stdsale4;
if (2000 - 9) < = year < = 2000;/ * 以 10 年为周期计算 stdsale */
run;
proc means data = stdsale5 noprint std n;
var sales;
output out = stdsale6( drop = _type_ _freq_) std = stdsale n = obs_stdsale;
run;
data stdsale7;
set stdsale6;
label stdsale = stdsale obs_stdsale = obs_stdsale;
run;
proc sql;
create table stdsale8 as
select * from stdsale5, stdsale7
where stdsale5. stkcd = "000001" and stdsale5. year = "2000";
quit;
data stdsale9;
set stdsale8;
drop sales;
run;


% macro stdsale( stkcd, year);
data stdsale4;
set stdsale1;
where stkcd = "&stkcd";
run;


data stdsale5;
set stdsale4;
if ( &year - 9) < = year < = &year;
run;


proc means data = stdsale5 noprint std n;
```

```
var sales ;
output out = stdsale6 ( drop = _type_  _freq_) std = stdsale n = obs_stdsale ;
run ;


data stdsale7 ;
set stdsale6 ;
label stdsale = stdsale obs_stdsale = obs_stdsale ;
run ;


proc sql ;
create table stdsale8 as
select  *  from stdsale5 , stdsale7
where stdsale5. stkcd = " &stkcd"  and stdsale5. year = " &year" ;
quit ;


data stdsale&stkcd&year ;
set stdsale8 ;
drop sales ;
run ;


data stdsale9 ;    / * 该文件最后导出至 paper2. Stdsale_last * /
merge stdsale9 stdsale&stkcd&year ;
by stkcd year ;
run ;


proc sql ;
drop table stdsale&stkcd&year ;
quit ;
run ;


% mend stdsale ;
% include " stdsale. txt" ;
```

宏文本"stdsale. txt"

```
data aa1 ;
set paper2. sales_all2 ;
year1 = input( year ,4. ) ;
run ;
data aa ;
set aa1 ;
where year1 > = 2000 ;
run ;
data _null_ ;
set aa ;
a = '% stdsale( ';
b = ',';
c = ')';
file " stdsale. txt" ; / * C : \ Documents and Settings \ Administrator \ stdsale. txt * /
put a $ stkcd $ b $ year1 $ c $ ;
run ;
```

数据结构如表 12 - 6 所示（表中变量 stdsale 表示公司经营波动性，变量 obs_stdsale 表示计算公司经营波动性的观测数，如编号为 1 的观测，stdsale 的计算方法为该公司 1991 ~ 2000 年期间年营业收入（经过上年年末总资产标准化处理）的标准差，计算观测数为 10 个）。

表 12 - 6   数据结构

	stkcd	year	stdsale	obs_stdsale
1	000001	2000	0. 0247132607	10
2	000001	2001	0. 0221363446	10
3	000001	2002	0. 0185277618	10
4	000001	2003	0. 0193057981	10
5	000001	2004	0. 0180730477	10
6	000001	2005	0. 018069165	10
7	000001	2006	0. 0138437703	10
8	000001	2007	0. 011218298	10
9	000001	2008	0. 0072854495	10
10	000001	2009	0. 0065400648	10

12.2 多因素回归分析 SAS 程序

12.2.1 基于 growth_corr 的回归分析：表 5 - 6

与单个会计信息质量指标回归①

```
data corrni_10;
set paper2. corrlast_10;
keep stkcd year corrni;
run;
data rank_accrualquality;
set result2. rank_accrualquality;
rank_accrualquality = rank_accrualquality + 1;
run;                      ／*针对不同会计信息质量指标要进行替换*／
proc sql;
create table reg_var as
select corrni_10. stkcd, corrni_10. year, corrni_10. corrni,
rank_ accrualquality. rank _ accrualquality, asset _ last. median _ asset, mtb _
last. median_mtb, roa_last. median_roa , lev_last. median_lev,
opecycle_last. median_opecycle, stdsale_last2. stdsale
from corrni_10, rank_ accrualquality, paper2. asset_last, paper2. mtb_last,
paper2. roa_last, paper2. lev_last,
paper2. opecycle_last,
paper2. stdsale_last2
where
corrni_10. stkcd = rank_ accrualquality. stkcd = asset_ last. stkcd = mtb_
last. stkcd = roa_last. stkcd = lev_last. stkcd = opecycle_last. stkcd
  = stdsale_last2. stkcd and
```

_____

① 这里仅列出 growth_corr 与应计项质量 accrual quality 之间多因素分析的 SAS 程序，其他单个会计信息质量指标只需进行数据库替换即可。

corrni_10. year = rank_accrualquality. year = roa_last. year = asset_last. year = mtb_last. year = lev_last. year = opecycle_last. year

= stdsale_last2. year;

quit;

run;

data   reg1;

set reg_var;

asset = log(median_asset);

opecycle = log(median_opecycle);

run;

proc reg data = reg1;

model corrni = rank_accrualquality asset median_mtb median_roa median_lev stdsale opecycle;

quit;run;

回归结果如图 12 − 1 所示。

REG 过程
模型: MODEL1
因变量: corrni corrni

读取的观测数	696
使用的观测数	696

方差分析

源	自由度	平方和	均方	F 值	Pr > F
模型	7	3.97925	0.56846	4.79	<.0001
误差	688	81.65415	0.11868		
校正合计	695	85.63340			

均方根误差	0.34450	R 方	0.0465
因变量均值	0.23394	调整 R 方	0.0368
变异系数	147.26472		

参数估计值

变量	标签	自由度	参数估计值	标准误差	t 值	Pr > |t|
Intercept	Intercept	1	−0.90049	0.37310	−2.41	0.0161
rank_accrualquality	rank_accrualquality	1	−0.01025	0.00501	−2.05	0.0410
asset		1	0.05598	0.01674	3.34	0.0009
median_mtb	median_mtb	1	−0.00163	0.00392	−0.42	0.6780
median_roa	median_roa	1	0.44780	0.54896	0.82	0.4149
median_lev	median_lev	1	0.02612	0.08786	0.30	0.7663
stdsale	stdsale	1	0.00148	0.01924	0.08	0.9386
opecycle		1	−0.00483	0.01468	−0.33	0.7423

图 12 −1   回归结果

与综合会计信息质量指标回归

```
data corrni_10;
set paper2. corrlast_10;
keep stkcd year corrni;
run;
data rank_accounting;
set result2. rank_accounting;
run;
proc sql;
create table reg_var as
select corrni_10. stkcd, corrni_10. year, corrni 10. corrni,
rank _ accounting. rank _ accounting, asset _ last. median _ asset, mtb _
last. median_mtb, roa_last. median_roa , lev_last. median_lev,
opecycle_last. median_opecycle, stdsale_last2. stdsale
from corrni_10, rank_accounting, paper2. asset_last, paper2. mtb_last, pa-
per2. roa_last, paper2. lev_last, paper2. opecycle_last,
paper2. stdsale_last2
where
corrni _ 10. stkcd = rank _ accounting. stkcd = asset _ last. stkcd = mtb _
last. stkcd = roa_last. stkcd = lev_last. stkcd = opecycle_last. stkcd
   = stdsale_last2. stkcd and
corrni_10. year = rank_accounting. year = roa_last. year = asset_last. year =
mtb_last. year = lev_last. year = opecycle_last. year
   = stdsale_last2. year;
quit;
run;
data   reg1;
set reg_var;
asset = log( median_asset);
opecycle = log( median_opecycle);
run;
```

```
proc reg data = reg1 ;
model corrni = rank_accounting asset median_mtb median_roa median_lev
stdsale opecycle ;
quit ;
run ;
```

回归结果如图 12 - 2 所示。

```
                              REG 过程
                          模型: MODEL1
                      因变量: corrni  corrni

                      读取的观测数          693
                      使用的观测数          693

                             方差分析

                                平方
源            自由度             和            均方        F 值    Pr > F

模型             7         3.98803       0.56972      4.81    <.0001
误差           685        81.21660       0.11856
校正合计        692        85.20462

            均方根误差        0.34433    R 方        0.0468
            因变量均值        0.23332    调整 R 方    0.0371
            变异系数        147.57852

                            参数估计值

                                  参数            标准
变量            标签      自由度    估计值           误差      t 值    Pr > |t|

Intercept       Intercept     1    -0.79698       0.38121    -2.09    0.0369
rank_accounting               1    -0.00385       0.00162    -2.38    0.0177
asset                         1     0.05273       0.01701     3.10    0.0020
median_mtb      median_mtb    1    -0.00134       0.00394    -0.34    0.7330
median_roa      median_roa    1     0.34141       0.55092     0.62    0.5357
median_lev      median_lev    1     0.02366       0.08782     0.27    0.7877
stdsale         stdsale       1     0.00041986     0.01920     0.02    0.3826
opecycle                      1    -0.00784       0.01459    -0.54    0.5912
```

图 12 - 2　回归结果

12.2.2　基于 growth_syn 的回归分析：表 5 - 7

与单个会计信息质量指标回归[①]

```
data sygrowth_10 ;
```

---

① 这里仅列出 growth_syn 与盈余平滑性 smooth 之间多因素分析的 SAS 程序，其他单个会计信息质量指标只需进行数据库替换即可。

```
set paper2. sygrowth_10;
keep stkcd year syni;
run;
```

```
data rank_smooth;
set result2. rank_smoothni;
rank_smooth = rank_smoothni + 1;
run;                    /*针对不同会计信息质量指标要进行替换*/
```

```
proc sql;
create table reg_var as
select sygrowth_10. stkcd, sygrowth_10. year, sygrowth_10. syni,
rank_smooth. rank_smooth, asset_last. median_asset, mtb_last. median_mtb,
roa_last. median_roa , lev_last. median_lev,
opecycle_last. median_opecycle, stdsale_last2. stdsale
from sygrowth_10, rank_smooth, paper2. asset_last, paper2. mtb_last, pa-
per2. roa_last, paper2. lev_last, paper2. opecycle_last,
paper2. stdsale_last2
where
sygrowth_10. stkcd = rank_smooth. stkcd = asset_last. stkcd = mtb_
last. stkcd = roa_last. stkcd = lev_last. stkcd = opecycle_last. stkcd
 = stdsale_last2. stkcd and
sygrowth_10. year = rank_smooth. year = roa_last. year = asset_last. year =
mtb_last. year = lev_last. year = opecycle_last. year
 = stdsale_last2. year;
quit;
run;
data   reg1;
set reg_var;
asset = log(median_asset);
opecycle = log(median_opecycle);
run;
```

```
proc reg data = reg1 ;
model syni = rank_smooth asset median_mtb median_roa median_lev stdsale
opecycle ;
quit ;
```

回归结果如图 12 – 3 所示。

```
                           REG 过程
                        模型: MODEL1
                     因变量: syni  syni

                     读取的观测数        2457
                     使用的观测数        2457

                         方差分析
                           平方
       源        自由度      和         均方      F 值    Pr > F

      模型          7     3.29762    0.47109   12.36   <.0001
      误差       2449    93.36056    0.03812
      校正合计     2456    96.65818

              均方根误差     0.19525   R 方        0.0341
              因变量均值     0.17293   调整 R 方   0.0314
              变异系数    112.90881

                          参数估计值
                           参数         标准
  变量        标签       自由度   估计值       误差      t 值    Pr > |t|

Intercept   Intercept     1   -0.48445    0.11244    -4.31   <.0001
rank_smooth               1   -0.00118    0.00143    -0.83    0.4077
asset                     1    0.03299    0.00503     6.56   <.0001
median_mtb  median_mtb    1   -0.00139    0.00125    -1.12    0.2646
median_roa  median_roa    1    0.06131    0.16436     0.37    0.7092
median_lev  median_lev    1   -0.07143    0.02679    -2.67    0.0077
stdsale     stdsale       1   -0.0007495  0.00041571  -0.18    0.8569
opecycle                  1   -0.00013886 0.00442     -0.03    0.9750
```

图 12 – 3   回归结果

与综合会计信息质量指标回归

```
data sygrowth_10 ;
set paper2. sygrowth_10 ;
keep stkcd year syni ;
run ;
data rank_accounting ;
```

```
    set result2. rank_accounting;
    run;
    proc sql;
    create table reg_var as
    select sygrowth_10. stkcd, sygrowth_10. year, sygrowth_10. syni,
    rank _ accounting. rank _ accounting, asset _ last. median _ asset, mtb _
last. median_mtb, roa_last. median_roa , lev_last. median_lev,
    opecycle_last. median_opecycle, stdsale_last2. stdsale
    from sygrowth _ 10, rank _ accounting, paper2. asset _ last, paper2. mtb _ last,
paper2. roa_last, paper2. lev_last, paper2. opecycle_last,
    paper2. stdsale_last2
    where
    sygrowth_ 10. stkcd = rank _ accounting. stkcd = asset _ last. stkcd = mtb _
last. stkcd = roa_last. stkcd = lev_last. stkcd = opecycle_last. stkcd
      = stdsale_last2. stkcd and
    sygrowth_10. year = rank_accounting. year = roa_last. year = asset_last. year =
mtb_last. year = lev_last. year = opecycle_last. year
      = stdsale_last2. year;
    quit;
    run;
    data    reg1;
    set reg_var;
    asset = log( median_asset) ;
    opecycle = log( median_opecycle) ;
    run;

    proc reg data = reg1;
    model syni = rank_accounting asset median_mtb median_roa median_lev
stdsale opecycle;
    quit;
    run;
```

回归结果如图 12 -4 所示。

```
                        REG 过程
                      模型: MODEL1
                    因变量: syni  syni

               读取的观测数          693
               使用的观测数          693

                       方差分析

                          平方
  源        自由度         和        均方      F 值    Pr > F

  模型          7      1.72161    0.24594    6.22    <.0001
  误差        685     27.06401    0.03951
  校正合计     692     28.78562


          均方根误差        0.19877   R 方        0.0598
          因变量均值        0.17739   调整 R 方   0.0502
          变异系数       112.05308


                       参数估计值

                          参数          标准
  变量         标签      自由度   估计值        误差       t 值    Pr > |t|

  Intercept      Intercept       1   -0.56107      0.22006     -2.55    0.0110
  rank_accounting                1   -0.00177   0.00093392     -1.90    0.0583
  asset                          1    0.03852      0.00982      3.92    <.0001
  median_mtb     median_mtb      1   -0.00060691   0.00227     -0.27    0.7894
  median_roa     median_roa      1    0.05532      0.31802      0.17    0.8620
  median_lev     median_lev      1   -0.07929      0.05069     -1.56    0.1183
  stdsale        stdsale         1   -0.00578      0.01109     -0.52    0.6021
  opecycle                       1   -0.00138      0.00842     -0.16    0.8700
```

图 12 - 4　回归结果

12.2.3　稳健性检验——基于 growth_abnormal 的回归分析：表 5 - 10、表 5 - 11、表 5 - 12

12.2.3.1　表 5 - 11 回归分析

与单个会计信息质量指标回归[①]

data corrni_10；

set paper2. abnomal_growth；

year1 = substr(year,9,4) ；/ * 将数值转换成字符 * /

[①]　这里仅列出 growth_abnormal 与应计项质量 accrual quality 之间多因素分析的 SAS 程序，其他单个会计信息质量指标只需进行数据库替换即可。

```
keep stkcd year1 median_ni mean_ni;
run;


data rank_accrualquality;
set result2. rank_accrualquality;
rank_accrualquality = rank_accrualquality + 1;
run;                      /＊针对不同会计信息质量指标要进行替换＊/


proc sql;
create table reg_var as
select corrni_10. stkcd, corrni_10. year1, corrni_10. median_ni,
rank_accrualquality. rank_accrualquality, asset_last. median_asset, mtb_
last. median_mtb, roa_last. median_roa, lev_last. median_lev,
opecycle_last. median_opecycle, stdsale_last2. stdsale
from corrni_10, rank_accrualquality, paper2. asset_last, paper2. mtb_last,
paper2. roa_last, paper2. lev_last, paper2. opecycle_last,
paper2. stdsale_last2
where
corrni_10. stkcd = rank_accrualquality. stkcd = asset_last. stkcd = mtb_
last. stkcd = roa_last. stkcd = lev_last. stkcd = opecycle_last. stkcd
= stdsale_last2. stkcd and
corrni_10. year1 = rank_accrualquality. year = roa_last. year = asset_
last. year = mtb_last. year = lev_last. year = opecycle_last. year
= stdsale_last2. year;
quit;
run;
data  reg1;
set reg_var;
asset = log(median_asset);
opecycle = log(median_opecycle);
run;
proc reg data = reg1;
model median_ni = rank_accrualquality asset median_mtb median_roa me-
```

dian_lev stdsale opecycle；

　　quit；

　　run；

回归结果如图 12 - 5 所示。

```
                            REG 过程
                        模型：MODEL1
                        因变量：median_ni

                        读取的观测数        696
                        使用的观测数        696

                            方差分析
                         平方
    源          自由度        和         均方      F 值    Pr > F

    模型          7      4.36103    0.62300    11.03    <.0001
    误差          688    38.86670   0.05649
    校正合计       695    43.22773


        均方根误差        0.23768    R 方      0.1009
        因变量均值       -0.03910    调整 R 方   0.0917
        变异系数       -607.90992

                            参数估计值

                                      参数         标准
    变量                标签      自由度   估计值       误差      t 值   Pr > |t|

    Intercept          Intercept          1   -0.31444    0.25741   -1.22   0.2223
    rank_accrualquality  rank_accrualquality  1   -0.00715    0.00345   -2.07   0.0389
    asset                                   1    0.00565    0.01155    0.49   0.6246
    median_mtb         median_mtb          1    0.00092906 0.00271    0.34   0.7314
    median_roa         median_roa          1    2.67958    0.37874    7.07   <.0001
    median_lev         median_lev          1    0.17337    0.06061    2.86   0.0044
    stdsale            stdsale             1    0.03881    0.01327    2.92   0.0036
    opecycle           opecycle            1   -0.00061772 0.01013   -0.06   0.9514
```

图 12 - 5　回归结果

与综合会计信息质量指标回归

data corrni_10；

set paper2. abnomal_growth；

year1 = substr(year,9,4)；/∗将数值转换成字符∗/

keep stkcd year1 median_ni mean_ni；

run；

data rank_accounting；

set result2. rank_accounting；

run；

```
proc sql;
create table reg_var as
select corrni_10. stkcd, corrni_10. year1, corrni_10. median_ni,
rank _ accounting. rank _ accounting, asset _ last. median _ asset, mtb _
last. median_mtb, roa_last. median_roa , lev_last. median_lev,
opecycle_last. median_opecycle, stdsale_last2. stdsale
from corrni_10, rank_accounting, paper2. asset_last, paper2. mtb_last, pa-
per2. roa_last, paper2. lev_last, paper2. opecycle_last,
paper2. stdsale_last2
where
corrni _ 10. stkcd = rank _ accounting. stkcd = asset _ last. stkcd = mtb _
last. stkcd = roa_last. stkcd = lev_last. stkcd = opecycle_last. stkcd
= stdsale_last2. stkcd and
corrni_10. year1 = rank_accounting. year = roa_last. year = asset_last. year =
mtb_last. year = lev_last. year = opecycle_last. year
= stdsale_last2. year;
quit;
run;
data   reg1;
set reg_var;
asset = log( median_asset) ;
opecycle = log( median_opecycle) ;
run;
proc reg data = reg1;
model median_ni = rank_accounting asset median_mtb median_roa median_
lev stdsale opecycle;
quit;
run;
```

回归结果如图 12 –6 所示。

```
                            REG 过程
                         模型: MODEL1
                       因变量: median_ni

                    读取的观测数        693
                    使用的观测数        693

                            方差分析

       源        自由度      平方和        均方      F 值     Pr > F

     模型           7      4.46471     0.63782    11.64    <.0001
     误差         685     37.52162     0.05478
     校正合计      692     41.98634

                    均方根误差       0.23404    R 方      0.1063
                    因变量均值      -0.04072    调整 R 方  0.0972
                    变异系数     -574.74147

                            参数估计值

   变量            标签      自由度    参数        标准       t 值    Pr > |t|
                                    估计值      误差

 Intercept      Intercept       1   -0.14777    0.25911   -0.57    0.5687
 rank_accounting                1   -0.00344    0.00110   -3.13    0.0018
 asset                          1   -0.00058025 0.01156   -0.05    0.9600
 median_mtb     median_mtb      1    0.00128    0.00267    0.48    0.6331
 median_roa     median_roa      1    2.56069    0.37446    6.84    <.0001
 median_lev     median_lev      1    0.17852    0.05969    2.99    0.0029
 stdsale        stdsale         1    0.03690    0.01305    2.83    0.0048
 opecycle                       1   -0.00261    0.00991   -0.26    0.7927
```

图 12 - 6   回归结果

12. 2. 3. 2   表 5 - 11 回归分析

与单个会计信息质量指标回归[①]

data corrni_10;

set paper2. abnomal_growth;

year2 = year - 1;

year1 = substr(year2,9,4);/ * 将数值转换成字符 * /

keep stkcd year year1 median_ni;

run;

data rank_accrualquality;

set result2. rank_accrualquality;

----

① 这里仅列出 growth_abnormal 与应计项质量 accrual quality 之间多因素分析的 SAS 程序，其他单个会计信息质量指标只需进行数据库替换即可。

```
rank_accrualquality = rank_accrualquality + 1;
run;                         /*针对不同会计信息质量指标要进行替换*/


proc sql;
create table reg_var as
select corrni_10. stkcd, corrni_10. year1, corrni_10. median_ni,
rank_accrualquality. rank_accrualquality, asset_last. median_asset, mtb_
last. median_mtb, roa_last. median_roa, lev_last. median_lev,
opecycle_last. median_opecycle, stdsale_last2. stdsale
from corrni_10, rank_accrualquality, paper2. asset_last, paper2. mtb_last,
paper2. roa_last, paper2. lev_last, paper2. opecycle_last,
paper2. stdsale_last2
where
corrni_10. stkcd = rank_accrualquality. stkcd = asset_last. stkcd = mtb_
last. stkcd = roa_last. stkcd = lev_last. stkcd = opecycle_last. stkcd
   = stdsale_last2. stkcd and
corrni_10. year1 = rank_accrualquality. year = roa_last. year = asset_
last. year = mtb_last. year = lev_last. year = opecycle_last. year
   = stdsale_last2. year;
quit;
run;
data    reg1;
set reg_var;
asset = log( median_asset);
opecycle = log( median_opecycle);
run;


proc reg data = reg1;
model median_ni = rank_accrualquality asset median_mtb median_roa me-
dian_lev stdsale opecycle;
quit; run;
```

回归结果如图 12 - 7 所示。

```
                        REG 过程
                      模型: MODEL1
                    因变量: median_ni

                读取的观测数        696
                使用的观测数        696

                       方差分析

                              平方
    源          自由度            和        均方      F 值   Pr > F

    模型           7       3.32628    0.47518    8.40   <.0001
    误差          688      38.92709    0.05658
    校正合计       695      42.25337

            均方根误差      0.23787    R 方      0.0787
            因变量均值     -0.03342    调整 R 方  0.0693
            变异系数     -711.66892

                       参数估计值

                                    参数      标准
    变量          标签        自由度   估计值     误差      t 值   Pr > |t|

Intercept          Intercept          1   -0.56598   0.25761   -2.20   0.0284
rank_accrualquality rank_accrualquality 1   -0.00491   0.00346   -1.42   0.1561
asset                                  1    0.01727   0.01156    1.49   0.1356
median_mtb         median_mtb         1   -0.00035403 0.00271   -0.13   0.8960
median_roa         median_roa         1    2.13703   0.37904    5.64   <.0001
median_lev         median_lev         1    0.24954   0.06066    4.11   <.0001
stdsale            stdsale            1    0.01738   0.01328    1.31   0.1913
opecycle                              1   -0.00247   0.01014   -0.24   0.8078
```

图 12 – 7　回归结果

与综合会计信息质量指标回归

data corrni_10;

set paper2. abnomal_growth;

year2 = year − 1;

year1 = substr(year2,9,4);/ ∗ 将数值转换成字符 ∗/

keep stkcd year year1 median_ni;

run;

data rank_accounting;

set result2. rank_accounting;

run;

proc sql;

create table reg_var as

select corrni_10. stkcd,corrni_10. year1,corrni_10. median_ni,

rank _ accounting. rank _ accounting, asset _ last. median _ asset, mtb _

last. median_mtb,roa_last. median_roa ,lev_last. median_lev, opecycle_last. median_opecycle，stdsale_last2. stdsale

from corrni_10，rank_accounting，paper2. asset_last，paper2. mtb_last，pa-
per2. roa_last，paper2. lev_last，paper2. opecycle_last，

paper2. stdsale_last2

where

corrni_10. stkcd = rank_accounting. stkcd = asset_last. stkcd = mtb_
last. stkcd = roa_last. stkcd = lev_last. stkcd = opecycle_last. stkcd

　= stdsale_last2. stkcd and

corrni_10. year1 = rank_accounting. year = roa_last. year = asset_last. year =
mtb_last. year = lev_last. year = opecycle_last. year

　= stdsale_last2. year；

quit；

run；

data　reg1；

set reg_var；

asset = log(median_asset)；

opecycle = log(median_opecycle)；

run；

proc reg data = reg1；

model median_ni = rank_accounting asset median_mtb median_roa median_
lev stdsale opecycle；

quit；run；

回归结果如图 12 - 8 所示。

12. 2. 3. 3　表 5 - 12 回归分析

与单个会计信息质量指标回归①

data corrni_10；

set paper2. abnomal_growth；

where year < = 2006；

---

① 这里仅列出 growth_abnormal 与应计项质量 accrual quality 之间多因素分析的 SAS 程序，其
他单个会计信息质量指标只需进行数据库替换即可。

```
                            REG 过程
                          模型: MODEL1
                         因变量: median_ni

                    读取的观测数          693
                    使用的观测数          693

                            方差分析

                              平方
      源          自由度        和              均方       F 值    Pr > F

      模型           7      3.36389        0.48056     8.65   <.0001
      误差          685     38.06858        0.05557
      校正合计       692     41.43246


             均方根误差         0.23574    R 方       0.0812
             因变量均值        -0.03485    调整 R 方   0.0718
             变异系数        -676.42140


                           参数估计值

                                  参数          标准
      变量         标签      自由度    估计值         误差        t 值    Pr > |t|

      Intercept    Intercept    1    -0.42445      0.26099     -1.63   0.1043
      rank_accounting           1    -0.00262      0.00111     -2.36   0.0184
      asset                     1     0.01187      0.01165      1.02   0.3084
      median_mtb   median_mtb   1    -0.00007114   0.00269     -0.03   0.9789
      median_roa   median_roa   1     2.04580      0.37718      5.42   <.0001
      median_lev   median_lev   1     0.25458      0.06012      4.23   <.0001
      stdsale      stdsale      1     0.01603      0.01315      1.22   0.2231
      opecycle                  1    -0.00373      0.00999     -0.37   0.7089
```

图 12 - 8　回归结果

year1 = substr(year,9,4) ;／＊将数值转换成字符＊／

keep stkcd year1 median_ni mean_ni ;

run ;

data rank_predictability ;

set result2. rank_predictability ;

rank_predictability = rank_predictability + 1 ;

run ;　　　　　　　　　　／＊针对不同会计信息质量指标要进行替换＊／

proc sql ;

create table reg_var as

select corrni_10. stkcd , corrni_10. year1 , corrni_10. median_ni ,

rank _ predictability. rank _ predictability , asset _ last. median _ asset , mtb _

last. median_mtb , roa_last. median_roa , lev_last. median_lev ,

opecycle_last. median_opecycle , stdsale_last2. stdsale

from corrni_10 , rank_predictability , paper2. asset_last , paper2. mtb_last , paper2. roa_last , paper2. lev_last , paper2. opecycle_last ,

　　　paper2. stdsale_last2

　　　where

　　　corrni_ 10. stkcd = rank _ predictability. stkcd = asset _ last. stkcd = mtb _

last. stkcd = roa_last. stkcd = lev_last. stkcd = opecycle_last. stkcd

　　　= stdsale_last2. stkcd and

　　　corrni_10. year1 = rank_predictability. year = roa_last. year = asset_last. year =

mtb_last. year = lev_last. year = opecycle_last. year

　　　= stdsale_last2. year ;

　　　quit ;

　　　run ;

　　　data　　reg1 ;

　　　set reg_var ;

　　　asset = log(median_asset) ;

　　　opecycle = log(median_opecycle) ;

　　　run ;

　　　proc reg data = reg1 ;

　　　model median_ni = rank_predictability asset median_mtb median_roa medi-

an_lev stdsale opecycle ;

　　　quit ;

　　　run ;

回归结果如图 12 - 9 所示。

与综合会计信息质量指标回归

　　　proc sql ;

　　　create table rank_accounting as

　　　select　rank _ persistence. stkcd , rank _ persistence. year , rank _ persist-

ence. rank_persistence ,

　　　rank_predictability. rank_predictability

　　　from result2. rank_persistence , result2. rank_predictability

　　　where rank_persistence. stkcd = rank_predictability. stkcd and

```
                          REG 过程
                       模型: MODEL1
                       因变量: median_ni

                       读取的观测数          1876
                       使用的观测数          1876

                            方差分析

                                平方
           源        自由度      和          均方       F 值    Pr > F

           模型          7     12.84925    1.83561    49.08   <.0001
           误差        1868     69.85835    0.03740
           校正合计     1875     82.70760

                       均方根误差      0.19338   R 方        0.1554
                       因变量均值     -0.04729   调整 R 方    0.1522
                       变异系数    -408.93917

                           参数估计值

                                          参数         标准
变量              标签          自由度    估计值        误差      t 值    Pr > |t|

Intercept         Intercept         1     0.00740     0.12900    0.06    0.9542
rank_predictability  rank_predictability  1    -0.00939     0.00172   -5.46    <.0001
asset                               1    -0.00803     0.00586   -1.37    0.1709
median_mtb        median_mtb        1     0.00530     0.00191    2.77    0.0056
median_roa        median_roa        1     2.66869     0.18722   14.25    <.0001
median_lev        median_lev        1     0.27592     0.03325    8.30    <.0001
stdsale           stdsale           1     0.00258     0.00205    1.26    0.2085
opecycle                            1    -0.01863     0.00524   -3.55    0.0004
```

图 12 - 9　回归结果

rank_persistence. year = rank_predictability. year;

quit;

run;

data rank_accounting1;

set rank_accounting;

rank_accounting = rank_persistence + Rank_predictability;

keep stkcd year rank_accounting;

run;

data corrni_10;

set paper2. abnomal_growth;

where year < = 2006;

year1 = substr(year,9,4);/ * 将数值转换成字符 */

keep stkcd year1 median_ni mean_ni;

run;

```
data rank_accounting;
set rank_accounting1;
run;
proc sql;
create table reg_var as
select corrni_10. stkcd,corrni_10. year1 ,corrni_10. median_ni,
rank _ accounting. rank _ accounting, asset _ last. median _ asset, mtb _
last. median_mtb ,roa_last. median_roa ,lev_last. median_lev,
opecycle_last. median_opecycle, stdsale_last2. stdsale
from corrni_10 , rank _accounting, paper2. asset_last, paper2. mtb _last, pa-
per2. roa_last,paper2. lev_last, paper2. opecycle_last,
paper2. stdsale_last2
where
corrni _ 10. stkcd = rank _ accounting. stkcd = asset _ last. stkcd = mtb _
last. stkcd = roa_last. stkcd = lev_last. stkcd = opecycle_last. stkcd
= stdsale_last2. stkcd and
corrni_10. year1 = rank_accounting. year = roa_last. year = asset_last. year =
mtb_last. year = lev_last. year = opecycle_last. year
= stdsale_last2. year;
quit;
run;
data   reg1;
set reg_var;
asset = log( median_asset) ;
opecycle = log( median_opecycle) ;
run;
proc reg data = reg1;
model median_ni = rank_accounting asset median_mtb median_roa median_
lev stdsale opecycle;
quit;
run;
```

回归结果如图 12 – 10 所示。

```
                          REG 过程
                       模型: MODEL1
                       因变量: median_ni

                   读取的观测数          1876
                   使用的观测数          1876


                          方差分析

                             平方
     源         自由度          和        均方       F 值    Pr > F

     模型           7      12.38475    1.76925    47.00   <.0001
     误差        1868      70.32286    0.03765
     校正合计     1875      82.70760


           均方根误差        0.19403    R 方        0.1497
           因变量均值       -0.04729    调整 R 方    0.1466
           变异系数      -410.29649

                          参数估计值

                               参数         标准
  变量          标签      自由度  估计值       误差       t 值    Pr > |t|

  Intercept     Intercept      1   -0.01279    0.13006    -0.10   0.9217
  rank_accounting              1   -0.00439    0.00106    -4.15   <.0001
  asset                        1   -0.00716    0.00590    -1.21   0.2251
  median_mtb    median_mtb     1    0.00484    0.00191     2.53   0.0115
  median_roa    median_roa     1    2.67437    0.18832    14.20   <.0001
  median_lev    median_lev     1    0.28779    0.03354     8.58   <.0001
  stdsale       stdsale        1    0.00248    0.00206     1.20   0.2289
  opecycle                     1   -0.02125    0.00521    -4.08   <.0001
```

图 12-10 回归结果

第 13 章

公司治理机制变量构建和
描述性统计分析的
SAS 程序

公司治理机制变量共有 7 个，其计算方法同公司控制变量的计算相同，计算窗口为 10 年，即某年度公司治理机制变量的取值为从该年度（0年）算起至 −9 年时间点的该期间相应公司治理变量的中值或均值。由于计算变量的 SAS 程序具有相同性，本部分只列出董事会规模（Board）、独立董事比例（Outdir）、公司所属地区市场化进程程度（Mktscore）3 个变量的计算程序和结果，其他 4 个变量的计算只需对替换对应变量名称即可，本部分不再赘述。

13.1 董事会规模（Board）的计算

```
options nodate nonotes nosource;
data board1;
set paper2. gover_new1;
keep stkcd year board;
if board = .   then   delete;
run;
data board4;
set board1;
where stkcd = "000001";
run;
data board5;
```

```
set board4;
if (2000 - 9) < = year < = 2000;/ * 以 10 年为周期计算 board * /
run;

proc means data = board5 noprint mean median n;
var board;
output out = board6(drop = _type_ _freq_) median = median_board
mean = mean_board n = obs_board ;
run;
data board7;
set board6;
label   median _ board = median _ board mean _ board = mean _ board obs_
board = obs_board;
run;
proc sql;
create table board8 as
select * from board5, board7
where board5. stkcd = "000001" and board5. year = "2000";
quit;
data board9;
set board8;
drop   board;
run;

% macro board(stkcd,year);
data board4;
set board1;
where stkcd = "&stkcd";
run;

data board5;
set board4;
if (&year - 9) < = year < = &year;
run;
```

```
proc means data = board5 noprint mean median n;
var    board;
output out = board6( drop = _type_ _freq_) median = median_board
mean = mean_board   n = obs_board ;
run;

data board7;
set board6;
label   median_board = median_board mean_board = mean_board obs_
board = obs_board;
run;

proc sql;
create table board8 as
select * from board5, board7
where board5. stkcd = "&stkcd" and board5. year = "&year";
quit;

data board&stkcd&year;
set board8;
drop board;
run;

data board9;
merge board9 board&stkcd&year;
by stkcd year;
run;

proc sql;
drop table board&stkcd&year;
quit;
run;
```

```
% mend board ;
% include " board. txt " ;
```

宏文本" board. txt "

```
options date notes source ;
data board1 ;
set paper2. gover_new1 ;
keep stkcd year board ;
if board = .    then    delete ;
run ;
data aa1 ;
set board1 ;
year1 = input( year ,4. ) ;
run ;
data aa ;
set aa1 ;
where year1 > = 2000 ;
run ;
data _null_ ;
set aa ;
a = '% board ( ';
b = ',';
c = ')';
file " board. txt " ; / * C : \Documents and Settings\Administrator\board. txt * /
put a $ stkcd $ b $ year1 $ c $ ;
run ;
```

数据结构如表 13 - 1 所示。（表中变量 median_board 表示公司董事会规模的中值，mean_board 表示公司董事会规模的均值，变量 obs_board_表示计算公司董事会规模中值或均值的观测数，如编号为 11 的观测，median_board 的计算方法为该公司 1991～2000 年期间年董事会规模的中值，计算观测数为 2 个；mean_board 的计算方法为该公司 1991~2000 年期间年董事会规模的均值，计算观测数为 2 个）。

表 13−1   数据结构

	stkcd	year	median_board	mean_board	obs_board
11	000002	2000	18	18	2
12	000002	2001	18	16.333333333	3
13	000002	2002	15.5	15	4
14	000002	2003	13	14.2	5
15	000002	2004	12	13.666666667	6
16	000002	2005	11	13.285714286	7
17	000002	2006	11	13	8
18	000002	2007	11	12.777777778	9
19	000002	2008	11	12.6	10
20	000002	2009	11	11.9	10

13.2   独立董事比例（Outdir）的计算

```
options nodate nonotes nosource;
data ratio_dd1;
set paper2. gover_new1;
keep stkcd year ratio_dd;          /*注意这里用变量 ratio_dd 表示外部
```
独立董事比例，而在正文中用变量 Outdir 表示外部独立董事比例*/
```
if ratio_dd = .     then    delete;
run;
data ratio_dd4;
set ratio_dd1;
where stkcd = "000001";
run;
data ratio_dd5;
set ratio_dd4;
if (2000 − 9) < = year < = 2000;/*以 10 年为周期计算 ratio_dd*/
run;
proc means data = ratio_dd5 noprint mean median n;
```

```
var ratio_dd;
output out = ratio_dd6(drop = _type_ _freq_) median = median_ratio_dd
mean = mean_ratio_dd n = obs_ratio_dd ;
run;
data ratio_dd7;
set ratio_dd6;
label              median_ratio_dd = median_ratio_dd              mean_ra-
tio_dd = mean_ratio_dd obs_ratio_dd = obs_ratio_dd;
run;
proc sql;
create table ratio_dd8 as
select * from ratio_dd5 , ratio_dd7
where ratio_dd5. stkcd = "000001" and ratio_dd5. year = "2000" ;
quit;
data ratio_dd9;
set ratio_dd8;
drop   ratio_dd;
run;

% macro ratio_dd(stkcd, year) ;
data ratio_dd4;
set ratio_dd1 ;
where stkcd = " &stkcd" ;
run;

data ratio_dd5;
set ratio_dd4;
if (&year - 9) < = year < = &year;
run;

proc means data = ratio_dd5 noprint mean median n;
var   ratio_dd;
output out = ratio_dd6(drop = _type_ _freq_) median = median_ratio_dd
```

```
mean = mean_ratio_dd    n = obs_ratio_dd ;
run;


data ratio_dd7;
set ratio_dd6;
Label                median_ratio_dd = median_ratio_dd          mean_ra-
tio_dd = mean_ratio_dd obs_ratio_dd = obs_ratio_dd;
run;


proc sql;
create table ratio_dd8 as
select * from ratio_dd5, ratio_dd7
where ratio_dd5. stkcd = "&stkcd" and ratio_dd5. year = "&year";
quit;


data ratio_dd&stkcd&year;
set ratio_dd8;
drop ratio_dd;
run;


data ratio_dd9;
merge ratio_dd9 ratio_dd&stkcd&year;
by stkcd year;
run;


proc sql;
drop table ratio_dd&stkcd&year;
quit;
run;


% mend ratio_dd;
% include "ratio_dd. txt";
```

宏文本"ratio_dd. txt"

```
options date notes source;
data ratio_dd1;
set paper2. gover_new1;
keep stkcd year ratio_dd;
if ratio_dd = .    then    delete;
run;
data aa1;
set ratio_dd1;
year1 = input(year,4. );
run;
data aa;
set aa1;
where year1 > = 2000;
run;
data _null_;
set aa;
a = '% ratio_dd(';
b = ',';
c = ')';
file "ratio_dd. txt"; / * C:\Documents and Settings\Administrator\ratio_
dd. txt * /
put a $ stkcd $ b $ year1 $ c $;
run;
```

数据结构如表13 - 2所示（表中变量 median_ratio_dd 表示公司独立董事比例的中值，mean_ratio_dd 表示公司独立董事比例的均值，变量 obs_ratio_dd_表示计算公司独立董事比例中值或均值的观测数，如编号为11的观测，median_ratio_dd 的计算方法为该公司 1991～2000 年期间年独立董事比例的中值，计算观测数为2个；mean_ratio_dd 的计算方法为该公司 1991～2000 年期间年独立董事比例的均值，计算观测数为2个）。

表 13 - 2　　　　　　　　　　　**数据结构**

	stkcd	year	median_ratio_dd	mean_ratio_dd	obs_ratio_dd
11	000002	2000	0.1111111111	0.1111111111	2
12	000002	2001	0.1111111111	0.0997150997	3
13	000002	2002	0.1111111111	0.1656954157	4
14	000002	2003	0.1111111111	0.2052836053	5
15	000002	2004	0.2373737374	0.2316757317	6
16	000002	2005	0.3636363636	0.2505272505	7
17	000002	2006	0.3636363636	0.2646658896	8
18	000002	2007	0.3636363636	0.275662609	9
19	000002	2008	0.3636363636	0.2844599844	10
20	000002	2009	0.3636363636	0.3097125097	10

13.3　公司所在地区市场化进程程度
（Mktscore）的计算

```
options nodate nonotes nosource;
data mktscore1;
set paper2. gover_province1;
keep stkcd year mktscore;
if mktscore = .    then    delete;
run;
data mktscore4;
set mktscore1;
where stkcd = "000001";
run;
data mktscore5;
set mktscore4;
if (2000 - 9) < = year < = 2000;/* 以 10 年为周期计算 mktscore */
run;
proc means data = mktscore5 noprint mean median n;
var mktscore;
output out = mktscore6(drop = _type_ _freq_) median = median_mktscore
mean = mean_mktscore n = obs_mktscore;
run;
```

```
data mktscore7;
set mktscore6;
label            median_mktscore = median_mktscore            mean_
mktscore = mean_mktscore obs_mktscore = obs_mktscore;
run;
proc sql;
create table mktscore8 as
select * from mktscore5, mktscore7
where mktscore5. stkcd = "000001" and mktscore5. year = "2000";
quit;
data mktscore9;
set mktscore8;
drop    mktscore;
run;


% macro mktscore(stkcd, year);
data mktscore4;
set mktscore1;
where stkcd = "&stkcd";
run;


data mktscore5;
set mktscore4;
if (&year - 9) < = year < = &year;
run;


proc means data = mktscore5 noprint mean median n;
var    mktscore;
output out = mktscore6(drop = _type_ _freq_) median = median_mktscore
mean = mean_mktscore    n = obs_mktscore;
run;


data mktscore7;
```

```
set mktscore6 ;
label                median_mktscore = median_mktscore                mean_
mktscore = mean_mktscore obs_mktscore = obs_mktscore ;
run ;


proc sql ;
create table mktscore8 as
select * from mktscore5 , mktscore7
where mktscore5. stkcd = " &stkcd" and mktscore5. year = " &year" ;
quit ;


data mktscore&stkcd&year ,
set mktscore8 ;
drop mktscore ;
run ;


data mktscore9 ;
merge mktscore9 mktscore&stkcd&year ;
by stkcd year ;
run ;


proc sql ;
drop table mktscore&stkcd&year ;
quit ;
run ;


% mend mktscore ;
% include " mktscore. txt" ;


宏文本" mktscore. txt"
options date notes source ;
data mktscore1 ;
set paper2. gover_province1 ;
```

```
keep stkcd year mktscore;
if mktscore = .   then   delete;
run;
data aa1;
set mktscore1;
year1 = input(year,4.);
run;
data aa;
set aa1;
where year1 > = 2000;
run;
data _null_;
set aa;
a = '% mktscore(';
b = ',';
c = ')';
file "mktscore.txt";  / * C:\Documents and Settings\Administrator\mk-
tscore.txt * /
put a $ stkcd $ b $ year1 $ c $;
run;
```

数据结构如表 13 – 3 所示。(表中变量 median_mktscore 表示公司所属地区市场化进程程度的中值, mean_mktscore 表示公司所属地区市场化进程

表 13 – 3　　　　　　　　　　　　数据结构

	stkcd	year	median_mktscore	mean_mktscore	obs_mktscore
11	000002	2000	6.38	6.4875	4
12	000002	2001	6.47	6.826	5
13	000002	2002	6.85	7.1266666667	6
14	000002	2003	7.23	7.3928571429	7
15	000002	2004	7.705	7.63875	8
16	000002	2005	8.18	7.9211111111	9
17	000002	2006	8.405	8.184	10
18	000002	2007	8.81	8.659	10
19	000002	2008	9.175	9.116	10
20	000002	2009	9.77	9.624	10

程度的均值，变量 obs_mktscore_表示计算公司所属地区市场化进程程度中值或均值的观测数，如编号为 11 的观测，median_mktscore 的计算方法为该公司 1991～2000 年期间所属地区年度市场化进程程度的中值，计算观测数为 4 个；mean_mktscore 的计算方法为该公司 1991～2000 年期间所属地区年度市场化进程程度的均值，计算观测数为 4 个)。

13.4　公司治理机制变量描述性统计分析

13.4.1　基本特征分布：表 6－2

data reg1；

set paper2. reg1；

drop median_asset median_opecycle；

run；

proc means data = reg1　mean std min median max　n；

var state median_shr1 median_hfd_5 duality median_board median_ratio_dd median_mktscore；

output out = aaa(drop = _type_ _freq_) mean = mean std = std min = minimum median = median max = maximum　n = obs；

run；

分析结果如图 13－1 所示。

MEANS PROCEDURE					
变量	标签	均值	标准差	最小值	中位数
state		0.6924930	0.4615075	0	1.0000000
median_shr1	median_shr1	0.3979167	0.1590371	0.0518000	0.3789000
median_hfd_5	median_hfd_5	0.0270059	0.2509009	3E-6	0.0057350
duality		0.1148133	0.3188285	0	0
median_board	median_board	9.5691489	1.9513470	5.0000000	9.0000000
median_ratio_dd	median_ratio_dd	0.2706047	0.1006349	0	0.3095238
median_mktscore	median_mktscore	6.5283511	1.9022786	0.4800000	6.5200000

变量	标签	最大值	N
state		1.0000000	4982
median_shr1	median_shr1	0.8302000	4982
median_hfd_5	median_hfd_5	10.0000000	4982
duality		1.0000000	4982
median_board	median_board	19.0000000	4982
median_ratio_dd	median_ratio_dd	0.5555556	4982
median_mktscore	median_mktscore	10.0300000	4982

图 13－1　分析结果

13.4.2 公司资金投向选择（growth_corr）与治理机制变量间的相关性：表 6－3

```
data reg1 ;
set paper2. reg1 ;
drop median_asset median_opecycle ;
run ;
proc corr data = reg1 pearson ;
var corrni state median_shr1 median_hfd_5 duality median_board median_ratio_dd median_mktscore ;
run ;
```

分析结果如图 13－2 所示。

```
                              Pearson 相关系数, N = 4982
                              Prob > |r| under H0: Rho=0

                                    median_    median_            median_   median_    median_
                 corrni    state      shr1      hfd_5    duality    board   ratio_dd   mktscore

corrni          1.00000  -0.00990   0.02677   -0.00660  0.00724   0.06669   0.05667    0.07613
corrni                    0.4849    0.0588     0.6412   0.6094    <.0001    <.0001     <.0001

state          -0.00990   1.00000   0.29600    0.01331  -0.07246  0.15570  -0.08623   -0.00195
state           0.4849              <.0001     0.3477   <.0001    <.0001    <.0001     0.8906

median_shr1     0.02677   0.29600   1.00000    0.04138  -0.08268 -0.04332  -0.01361   -0.02107
median_shr1     0.0588    <.0001               0.0035   <.0001    0.0022    0.3368     0.1371

median_hfd_5   -0.00660   0.01331   0.04138    1.00000  -0.00992 -0.01773  -0.04207   -0.02978
median_hfd_5    0.6412    0.3477    0.0035               0.4838   0.2109    0.0030     0.0355

duality         0.00724  -0.07246  -0.08268   -0.00992  1.00000  -0.03229  -0.01704    0.00009
duality         0.6094    <.0001    <.0001     0.4838             0.0227    0.2291     0.9949

median_board    0.06669   0.15570  -0.04332   -0.01773  -0.03229  1.00000  -0.10785   -0.00690
median_board    <.0001    <.0001    0.0022     0.2109   0.0227             <.0001     0.6261

median_ratio_dd 0.05667  -0.08623  -0.01361   -0.04207  -0.01704 -0.10785  1.00000    0.33284
median_ratio_dd <.0001    <.0001    0.3368     0.0030   0.2291   <.0001               <.0001

median_mktscore 0.07613  -0.00195  -0.02107   -0.02978   0.00009 -0.00690  0.33284    1.00000
median_mktscore <.0001    0.8906    0.1371     0.0355    0.9949   0.6261   <.0001
```

	corrni	state	median_shr1	median_hfd_5	duality	median_board	median_ratio_dd	median_mktscore
Spearman 相关系数, N = 4982								
Prob > |r| under H0: Rho=0								
corrni corrni	1.00000	-0.01364 0.3359	0.02803 0.0479	-0.03898 0.0059	0.00826 0.5599	0.05388 0.0001	0.06201 <.0001	0.06793 <.0001
state	-0.01364 0.3359	1.00000	0.30270 <.0001	-0.22495 <.0001	-0.07246 <.0001	0.14948 <.0001	-0.07705 <.0001	-0.00745 0.5993
median_shr1 median_shr1	0.02803 0.0479	0.30270 <.0001	1.00000	-0.54082 <.0001	-0.08236 <.0001	-0.05583 <.0001	-0.01688 0.2335	-0.02473 0.0809
median_hfd_5 median_hfd_5	-0.03898 0.0059	-0.22495 <.0001	-0.54082 <.0001	1.00000	0.04520 0.0014	0.12280 <.0001	-0.00626 0.6588	-0.04487 0.0015
duality	0.00826 0.5599	-0.07246 <.0001	-0.08236 <.0001	0.04520 0.0014	1.00000	-0.04963 0.0005	-0.00295 0.8354	-0.00292 0.8367
median_board median_board	0.05388 0.0001	0.14948 <.0001	-0.05583 <.0001	0.12280 <.0001	-0.04963 0.0005	1.00000	-0.08576 <.0001	-0.00844 0.5515
median_ratio_dd median_ratio_dd	0.06201 <.0001	-0.07705 <.0001	-0.01688 0.2335	-0.00626 0.6588	-0.00295 0.8354	-0.08576 <.0001	1.00000	0.33703 <.0001
median_mktscore median_mktscore	0.06793 <.0001	-0.00745 0.5993	-0.02473 0.0809	-0.04487 0.0015	-0.00292 0.8367	-0.00844 0.5515	0.33703 <.0001	1.00000

图 13 - 2　分析结果

13.4.3　公司资金投向选择（growth_syn）与治理机制变量间的相关性：表6-4

proc corr data = paper2. reg2 pearson　spearman ;

var syni state median_shr1 median_hfd_5 duality median_board median_ratio_dd median_mktscore;

run ;

分析结果如图 13 - 3 所示。

	syni	state	median_shr1	median_hfd_5	duality	median_board	median_ratio_dd	median_mktscore
Pearson 相关系数, N = 4982								
Prob > |r| under H0: Rho=0								
syni syni	1.00000	-0.02296 0.1051	-0.00039 0.9778	-0.02460 0.0825	-0.00581 0.6816	0.05874 <.0001	0.08725 <.0001	0.05976 <.0001
state	-0.02296 0.1051	1.00000	0.29600 <.0001	0.01331 0.3477	-0.07246 <.0001	0.15570 <.0001	-0.08623 <.0001	-0.00195 0.8906
median_shr1 median_shr1	-0.00039 0.9778	0.29600 <.0001	1.00000	0.04138 0.0035	-0.08268 <.0001	-0.04332 0.0022	-0.01361 0.3368	-0.02107 0.1371
median_hfd_5 median_hfd_5	-0.02460 0.0825	0.01331 0.3477	0.04138 0.0035	1.00000	-0.00992 0.4838	-0.01773 0.2109	-0.04207 0.0030	-0.02978 0.0355
duality	-0.00581 0.6816	-0.07246 <.0001	-0.08268 <.0001	-0.00992 0.4838	1.00000	-0.03229 0.0227	-0.01704 0.2291	0.00009 0.9949
median_board median_board	0.05874 <.0001	0.15570 <.0001	-0.04332 0.0022	-0.01773 0.2109	-0.03229 0.0227	1.00000	-0.10785 <.0001	-0.00690 0.6261

median_ratio_dd	0.08725	-0.08623	-0.01361	-0.04207	-0.01704	-0.10785	1.00000	0.33284
median_ratio_dd	<.0001	<.0001	0.3368	0.0030	0.2291	<.0001		<.0001
median_mktscore	0.05976	-0.00195	-0.02107	-0.02978	0.00009	-0.00690	0.33284	1.00000
median_mktscore	<.0001	0.8906	0.1371	0.0355	0.9949	0.6261	<.0001	

Spearman 相关系数, N = 4982
Prob > |r| under H0: Rho=0

	syni	state	median_shr1	median_hfd_5	duality	median_board	median_ratio_dd	median_mktscore
syni	1.00000	-0.01815	0.01047	-0.03294	-0.00590	0.03645	0.06157	0.04700
syni		0.2002	0.4599	0.0201	0.8774	0.0101	<.0001	0.0009
state	-0.01815	1.00000	0.30270	-0.22495	-0.07246	0.14948	-0.07705	-0.00745
state	0.2002		<.0001	<.0001	<.0001	<.0001	<.0001	0.5993
median_shr1	0.01047	0.30270	1.00000	-0.54082	-0.08236	-0.05583	-0.01688	-0.02473
median_shr1	0.4599	<.0001		<.0001	<.0001	<.0001	0.2335	0.0809
median_hfd_5	-0.03294	-0.22495	-0.54082	1.00000	0.04520	0.12280	-0.00626	-0.04487
median_hfd_5	0.0201	<.0001	<.0001		0.0014	<.0001	0.6588	0.0015
duality	-0.00590	-0.07246	-0.08236	0.04520	1.00000	-0.04963	-0.00295	-0.00292
duality	0.6774	<.0001	<.0001	0.0014		0.0005	0.8354	0.8367
median_board	0.03645	0.14948	-0.05583	0.12280	-0.04963	1.00000	-0.08576	-0.00844
median_board	0.0101	<.0001	<.0001	<.0001	0.0005		<.0001	0.5515
median_ratio_dd	0.06157	-0.07705	-0.01688	-0.00626	-0.00295	-0.08576	1.00000	0.33703
median_ratio_dd	<.0001	<.0001	0.2335	0.6588	0.8354	<.0001		<.0001
median_mktscore	0.04700	-0.00745	-0.02473	-0.04487	-0.00292	-0.00844	0.33703	1.00000
median_mktscore	0.0009	0.5993	0.0809	0.0015	0.8367	0.5515	<.0001	

图 13 - 3　分析结果

第 14 章

公司治理机制、会计信息质量对公司资金投向选择影响回归分析的 SAS 程序

14.1 公司治理对公司资金投向选择的影响（基于 growth_corr）：表 6 - 5

单个公司治理变量对资金投向选择的影响①

```
data reg1 ;
set paper2. reg1 ;
drop median_asset median_opecycle ;
run ;
proc reg data = reg1 ;
model corrni = state asset median_mtb median_roa median_lev stdsale ope-
cycle ;
quit ;
run ;
```

回归结果如图 14 - 1 所示。

————————

① 这里仅列出公司实际控制人性质 SOE（这里程序中所用变量名为 state）与资金投向选择 growth_corr 之间多因素分析的 SAS 程序，其他单个公司治理机制指标对资金投向选择的影响分析只需进行变量替换即可，不再赘述。

```
                        REG 过程
                      模型：MODEL1
                  因变量：corrni  corrni

                     读取的观测数          4982
                     使用的观测数          4982

                        方差分析

                          平方
  源        自由度          和          均方        F 值    Pr > F

  模型          7        19.90160     2.84309      24.29   <.0001
  误差        4974       582.29315    0.11707
  校正合计     4981       602.19475

              均方根误差       0.34215    R 方         0.0330
              因变量均值       0.18583    调整 R 方     0.0317
              变异系数       184.12459

                        参数估计值

                                参数           标准
  变量       标签        自由度  估计值          误差         t 值     Pr > |t|

  Intercept  Intercept      1   -0.80477     0.13840       -5.81    <.0001
  state                     1   -0.04139     0.01089       -3.80     0.0001
  asset                     1    0.05221     0.00633        8.25    <.0001
  median_mtb median_mtb     1   -0.00539     0.00194       -2.77     0.0056
  median_roa median_roa     1    0.58183     0.19372        3.00     0.0027
  median_lev median_lev     1   -0.03124     0.03502       -0.89     0.3724
  stdsale    stdsale        1   -0.00030306  0.00061530    -0.49     0.6224
  opecycle                  1   -0.01426     0.00560       -2.55     0.0109
```

图 14 - 1   回归结果

多个公司治理变量对资金投向选择的影响

data reg1；

set paper2. reg1；

drop median_asset median_opecycle；

run；

proc reg data = reg1；

model corrni = state median_shr1 median_hfd_5 duality median_board median_ratio_dd median_mktscore asset median_mtb median_roa median_lev stdsale opecycle；

quit；run；

回归结果如图 14 - 2 所示。

```
                          REG 过程
                        模型：MODEL1
                    因变量：corrni   corrni

                    读取的观测数        4982
                    使用的观测数        4982


                          方差分析

                          平方
   源          自由度        和          均方       F 值    Pr > F

   模型          13      22.05188    1.69630    14.53    <.0001
   误差        4968     580.14287    0.11678
   校正合计     4981     602.19475


              均方根误差       0.34172      R 方        0.0366
              因变量均值       0.18583    调整 R 方     0.0341
              变异系数       183.89526


                          参数估计值

                                   参数         标准
   变量         标签        自由度   估计值        误差        t 值     Pr > |t|

Intercept      Intercept       1    -0.74754     0.13920     -5.37     <.0001
state                          1    -0.04048     0.01144     -3.54      0.0004
median_shr1    median_shr1     1     0.01710     0.03304      0.52      0.6049
median_hfd_5   median_hfd_5    1     0.00340     0.01935      0.18      0.8607
duality                        1     0.01448     0.01532      0.95      0.3445
median_board   median_board    1     0.00710     0.00266      2.67      0.0076
median_ratio_dd median_ratio_dd 1    0.07771     0.05278      1.47      0.1410
median_mktscore median_mktscore 1    0.00763     0.00279      2.74      0.0062
asset                          1     0.04152     0.00686      6.05     <.0001
median_mtb     median_mtb      1    -0.00597     0.00195     -3.06      0.0022
median_roa     median_roa      1     0.67312     0.19619      3.43      0.0006
median_lev     median_lev      1    -0.02876     0.03512     -0.82      0.4129
stdsale        stdsale         1  -0.00031368   0.00061481    -0.51      0.6099
opecycle                       1    -0.01084     0.00567     -1.91      0.0561
```

图 14 -2   回归结果

14.2   公司治理对公司资金投向选择的影响
（基于 growth_syn）：表 6 -6

单个公司治理变量对资金投向选择的影响[①]

proc reg data = paper2. reg2 ;

model syni = state asset median_mtb median_roa median_lev stdsale opecy-

cle ;

---

① 这里仅列出公司实际控制人性质 SOE（这里程序中所用变量名为 state）与资金投向选择 growth_syni 之间多因素分析的 SAS 程序，其他单个公司治理机制指标对资金投向选择的影响分析只需进行变量替换即可，不再赘述。

quit;run;

回归结果如图 14 - 3 所示。

```
                            REG 过程
                          模型: MODEL1
                        因变量: syni  syni

                      读取的观测数        4982
                      使用的观测数        4982

                            方差分析

    源          自由度         平方和           均方        F 值      Pr > F

  模型             7         6.09150       0.87021      27.22     <.0001
  误差          4974       159.02530       0.03197
  校正合计       4981       165.11680


              均方根误差       0.17881      R 方          0.0369
              因变量均值       0.15541      调整 R 方      0.0355
              变异系数       115.05732


                          参数估计值

  变量         标签        自由度      参数         标准         t 值      Pr > |t|
                                    估计值        误差

Intercept    Intercept      1      -0.38795     0.07233      -5.36     <.0001
state                       1      -0.02799     0.00569      -4.92     <.0001
asset                       1       0.03001     0.00331       9.08     <.0001
median_mtb   median_mtb     1      -0.00144     0.00102      -1.42     0.1555
median_roa   median_roa     1       0.21295     0.10124       2.10     0.0355
median_lev   median_lev     1      -0.07556     0.01830      -4.13     <.0001
stdsale      stdsale        1    0.00017051   0.00032155      0.53     0.5959
opecycle                    1      -0.00762     0.00293      -2.61     0.0092
```

图 14 - 3   回归结果

多个公司治理变量对资金投向选择的影响

proc reg data = paper2. reg2;

model syni = state median_shr1 median_hfd_5 duality median_board median_ratio_dd median_mktscore asset median_mtb median_roa median_lev stdsale opecycle;

quit;run;

回归结果如图 14 - 4 所示。

```
                          REG 过程
                        模型: MODEL1
                     因变量: syni  syni

                   读取的观测数        4982
                   使用的观测数        4982

                        方差分析
                           平方
     源         自由度        和          均方       F 值    Pr > F

    模型          13      6.99770     0.53828    16.91    <.0001
    误差        4968    158.11910     0.03183
    校正合计     4981    165.11680

              均方根误差     0.17840    R 方      0.0424
              因变量均值     0.15541    调整 R 方  0.0399
              变异系数     114.79829

                       参数估计值

                                   参数          标准
宽里           标签         自由度   估计值        误差      t 值    Pr > |t|

Intercept      Intercept      1    -0.36315     0.07267    -5.00    <.0001
state                         1    -0.02262     0.00597    -3.79    0.0002
median_shr1    median_shr1    1    -0.03004     0.01725    -1.74    0.0816
median_hfd_5   median_hfd_5   1    -0.01002     0.01010    -0.99    0.3215
duality                       1    -0.00174     0.00800    -0.22    0.8282
median_board   median_board   1     0.00304     0.00139     2.19    0.0283
median_ratio_dd median_ratio_dd 1   0.11305     0.02756     4.10    <.0001
median_mktscore median_mktscore 1   0.00101     0.00146     0.69    0.4896
asset                         1     0.02554     0.00358     7.13    <.0001
median_mtb     median_mtb     1    -0.00154     0.00102    -1.52    0.1293
median_roa     median_roa     1     0.28967     0.10242     2.83    0.0047
median_lev     median_lev     1    -0.07849     0.01833    -4.28    <.0001
stdsale        stdsale        1     0.00018708  0.00032097   0.58    0.5600
opecycle                      1    -0.00559     0.00236    -1.89    0.0593
```

图 14 – 4   回归结果

14.3 公司治理、会计信息质量对公司资金投向选择的影响 (基于 growth_corr): 表 6 – 7

单个公司治理变量、会计信息质量对资金投向选择的影响①

data reg1 ;

set paper2. reg1 ;

———————————

① 这里仅列出公司实际控制人性质 SOE (这里程序中所用变量名为 state)、会计信息质量与资金投向选择 growth_corr 之间多因素分析的 SAS 程序,其他单个公司治理机制指标、会计信息质量对资金投向选择的影响分析只需进行变量替换即可,不再赘述。

```
    drop median_asset median_opecycle;
    run;
    data rank_accounting(keep = stkcd year rank_accounting);
    set result2. rank_accounting;
    run;
    proc sql;
    create table reg2 as
    select  *
    from reg1 , rank_accounting
    where reg1. stkcd = rank_accounting. stkcd and reg1. year = rank_account-
ing. year;
    quit;
    run;
    data reg3;
    set reg2;
    rank_accounting_state = rank_accounting * state;
    run;
    proc reg data = reg3;
    model corrni = rank_accounting state rank_accounting_state
    asset median_mtb median_roa median_lev stdsale opecycle;
    quit;run;
```

分析结果(略)

多个公司治理变量、会计信息质量对资金投向选择的影响

```
    data reg1;
    set paper2. reg1;
    drop median_asset median_opecycle;
    run;
    data rank_accounting(keep = stkcd year rank_accounting);
    set result2. rank_accounting;
    run;
    proc sql;
    create table reg2 as
```

```
select  *
from reg1 , rank_accounting
where reg1. stkcd = rank_accounting. stkcd and reg1. year = rank_accounting. year ;
quit ;
run ;
data reg3 ;
set reg2 ;
rank_accounting_board = rank_accounting * median_board ;
rank_accounting_dd = rank_accounting * median_ratio_dd ;
rank_accounting_state = rank_accounting * state ;
rank_accounting_mktscore = rank_accounting * median_mktscore ;
run ;
proc reg data = reg3 ;
model corrni = rank_accounting state   median_board median_ratio_dd median_mktscore
rank_accounting_state rank_accounting_board rank_accounting_dd rank_accounting_mktscore
asset median_mtb median_roa median_lev stdsale opecycle ;
quit ; run ;
```

分析结果(略)

14.4 公司治理、会计信息质量对公司资金投向 选择的影响 (基于 growth_syn)：表 6 −8

单个公司治理变量、会计信息质量对资金投向选择的影响①

```
data reg1 ;
```

---

① 这里仅列出公司实际控制人性质 SOE (这里程序中所用变量名为 state)、会计信息质量 与资金投向选择 growth_syn 之间多因素分析的 SAS 程序，其他单个公司治理机制指标、会计信息 质量对资金投向选择的影响分析只需进行变量替换即可，不再赘述。

```
set paper2. reg2;
drop median_asset median_opecycle;
run;
data rank_accounting(keep = stkcd year rank_accounting);
set result2. rank_accounting;
run;
proc sql;
create table reg2 as
select  *
from reg1 ,rank_accounting
where reg1. stkcd = rank_accounting. stkcd and reg1. year = rank_account-
ing. year;
quit;
run;
data reg3;
set reg2;
rank_accounting_state = rank_accounting * state;
run;
proc reg data = reg3;
model syni = rank_accounting state rank_accounting_state
asset median_mtb median_roa median_lev stdsale opecycle;
quit;run;
```

分析结果(略)

多个公司治理变量、会计信息质量对资金投向选择的影响

```
data reg1;
set paper2. reg2
drop median_asset median_opecycle;
run;
data rank_accounting(keep = stkcd year rank_accounting);
set result2. rank_accounting;
run;
proc sql;
```

```
create table reg2 as
select *
from reg1, rank_accounting
where reg1. stkcd = rank_accounting. stkcd and reg1. year = rank_account-
ing. year;
quit;
run;
data reg3;
set reg2;
rank_accounting_board = rank_accounting * median_board;
rank_accounting_dd = rank_accounting * median_ratio_dd;
rank_accounting_state = rank_accounting * state;
rank_accounting_mktscore = rank_accounting * median_mktscore;
run;
proc reg data = reg3;
model syni = rank_accounting state   median_board median_ratio_dd medi-
an_mktscore
rank_accounting_state rank_accounting_board rank_accounting_dd rank_
accounting_mktscore
asset median_mtb median_roa median_lev stdsale opecycle;
quit; run;
```

分析结果（略）

第 15 章

稳健性检验的 SAS 程序：两阶段回归模型（2SLS）分析（表 6-9）

15.1 计算扣除公司治理因素（独立董事比例、市场化指数）影响后的 predictabilty_residual

```
data gover1 ;
set paper2. reg1 ;
keep stkcd year median_board median_ratio_dd duality state median_shr1
median_mktscore median_hfd_5 ;
run ;
data acc1 ;
set result2. rank_persistence ;
keep stkcd year persistence1 predictability ;
run ;
proc sql ;
create table acc_gover as
select *
from acc1 , gover1
where gover1. stkcd = acc1. stkcd and gover1. year = acc1. year ;
quit ;
run ;
```

```
data persistence_all1;
set acc_gover;
where stkcd = "000002";
run;

data   persistence_all2;
set   persistence_all1;
run;

proc reg data = persistence_all2    outest = mmcoff;
model predictability = median_ratio_dd   median_mktscore;
quit; run;

data mmcoff(keep = intercept dd mkt);
set mmcoff;
rename   median_ratio_dd = dd   median_mktscore = mkt;
run;

proc sql;/* 给每个观测值增加截距项和系数 */
create table persistence_all3 as
select * from persistence_all2, mmcoff;
quit;

data persistence_all4;
set persistence_all3;
residual = predictability − (intercept + dd * median_ratio_dd + mkt * medi-
an_mktscore);
run;

proc sql;
create table persistence_all5 as
select stkcd, year, residual, count(residual) as obs from persistence_all4;
quit;
```

```
data    persistence_all6 ;
set persistence_all5 ;
run ;
% macro persistence( stkcd )' ;
data persistence_all1 ;
set acc_gover ;
where stkcd = " &stkcd" ;
run ;

data    persistence_all2 ;
set    persistence_all1 ;
run ;

proc reg data = persistence_all2 noprint outest = mmcoff ;
model predictability = median_ratio_dd    median_mktscore ;
quit ;

data mmcoff( keep = intercept dd mkt ) ;
set mmcoff ;
rename median_ratio_dd = dd    median_mktscore = mkt ;
run ;

proc sql ; / * 给每个观测值增加截距项和系数 * /
create table persistence_all3 as
select  *  from persistence_all2 , mmcoff ;
quit ;

data persistence_all4 ;
set persistence_all3 ;
residual = predictability – ( intercept + dd * median_ratio_dd + mkt * medi-
an_mktscore ) ;
run ;
```

```
proc sql;
create table persistence_all5 as
select stkcd, year, residual, count(residual) as obs from persistence_all4;
quit;

data   persistence&stkcd;
set persistence_all5;
run;

data persistence_all6;
merge persistence_all6 persistence&stkcd;
by stkcd year;
run;

proc sql;
drop table persistence&stkcd;
quit;
run;
% mend persistence;
% include "persistence. txt";
run;
```

宏文本"persistence. txt"

```
proc sql;
create table dd as
select distinct stkcd from
acc_gover;
quit;

data _null_;
set dd;
a = '% persistence(';
```

```
b = ')';
file " persistence. txt" ;
put a $ stkcd $ b $ ;
run ;
```

15.2 计算扣除公司治理因素（独立董事比例、市场化指数）影响后的 persistence_residual

```
data gover1 ;
set paper2. reg1 ;
keep stkcd year median_board median_ratio_dd duality state median_shr1
median_mktscore median_hfd_5 ;
run ;
data acc1 ;
set result2. rank_persistence ;
keep stkcd year persistence1 predictability ;
run ;
proc sql ;
create table acc_gover as
select  *
from acc1 ,gover1
where gover1. stkcd = acc1. stkcd and gover1. year = acc1. year ;
quit ;
run ;

data persistence_all1 ;
set acc_gover ;
where stkcd = "000002" ;
run ;

data   persistence_all2 ;
set   persistence_all1 ;
```

```
run;

proc reg data = persistence_all2    outest = mmcoff;
model persistence1 = median_ratio_dd    median_mktscore;
quit; run;

data mmcoff( keep = intercept dd mkt);
set mmcoff;
rename    median_ratio_dd = dd    median_mktscore = mkt;
run;

proc sql;/ * 给每个观测值增加截距项和系数 * /
create table persistence_all3 as
select  *  from persistence_all2 , mmcoff;
quit;

data persistence_all4;
set persistence_all3;
residual = persistence1 – ( intercept + dd * median_ratio_dd + mkt * median_
mktscore);
run;

proc sql;
create table persistence_all5 as
select stkcd, year, residual ,count( residual) as obs from persistence_all4;
quit;
data    persistence_all6;
set persistence_all5;
run;
options nodate nonotes nosource;
% macro persistence( stkcd);
data persistence_all1;
set acc_gover;
```

```
    where stkcd = " &stkcd" ;
    run ;


    data   persistence_all2 ;
    set   persistence_all1 ;
    run ;


    proc reg data = persistence_all2 noprint outest = mmcoff ;
    model persistence1 = median_ratio_dd   median_mktscore ;
    quit ;


    data mmcoff( keep = intercept dd mkt ) ;
    set mmcoff ;
    rename median_ratio_dd = dd   median_mktscore = mkt ;
    run ;


    proc sql ;/ * 给每个观测值增加截距项和系数 * /
    create table persistence_all3 as
    select  *  from persistence_all2 , mmcoff ;
    quit ;


    data persistence_all4 ;
    set persistence_all3 ;
    residual = persistence1 - ( intercept + dd * median_ratio_dd + mkt * median_
mktscore ) ;
    run ;


    proc sql ;
    create table persistence_all5 as
    select stkcd , year , residual , count( residual ) as obs from persistence_all4 ;
    quit ;


    data   persistence&stkcd ;
```

```
set persistence_all5 ;
run ;

data persistence_all6 ;
merge persistence_all6 persistence&stkcd ;
by stkcd year ;
run ;

proc sql ;
drop table persistence&stkcd ;
quit ;
run ;
% mend persistence ;
% include " persistence. txt" ;
run ;
```

宏文本" persistence. txt"
```
proc sql ;
create table dd as
select distinct stkcd from
acc_gover ;
quit ;

data _null_ ;
set dd ;
a = '% persistence(' ;
b = ')' ;
file " persistence. txt" ;
put a $ stkcd $ b $ ;
run ;
```

15.3 residual（predictability）\residual（persistence）与公司资金投向选择(growth_corr)的关系

residual（persistence）

```
data corrni_10;
set paper2. corrlast_10;
keep stkcd year corrni;
run;
data rank_accrualquality1;
set result2. persistence_residual;
where obs >3;
run;
proc sort data = rank_accrualquality1;
by year;
quit;
proc rank data = rank_accrualquality1 group = 10 out = rank_accrualquali-
ty2;
by year;
var residual;
ranks quality_rank;
label quality_rank = quality_rank;
run;
data rank_accrualquality;
set rank_accrualquality2;
quality_rank = quality_rank +1;
run;
proc sql;
create table reg_var as
select corrni_10. stkcd,corrni_10. year,corrni_10. corrni,
rank _ accrualquality. quality _ rank, asset _ last. median _ asset, mtb _
```

last. median_mtb , roa_last. median_roa , lev_last. median_lev ,

opecycle_last. median_opecycle , stdsale_last2. stdsale

from

corrni_10 , rank _ accrualquality , paper2. asset _ last , paper2. mtb _ last , pa-per2. roa_last , paper2. lev_last , paper2. opecycle_last ,

paper2. stdsale_last2

where

corrni_10. stkcd = rank _ accrualquality. stkcd = asset _ last. stkcd = mtb _ last. stkcd = roa_last. stkcd = lev_last. stkcd = opecycle_last. stkcd

= stdsale_last2. stkcd and

corrni_10. year = rank_accrualquality. year = roa_last. year = asset_last. year = mtb_last. year = lev_last. year = opecycle_last. year

= stdsale_last2. year ;

quit ;

run ;

data　reg1 ;

set reg_var ;

asset = log(median_asset) ;

opecycle = log(median_opecycle) ;

run ;

proc reg data = reg1 ;

model corrni = quality_rank asset median_mtb median_roa median_lev std-sale opecycle ;

quit ;

run ;

分析结果(略)

residual （predictability）

data corrni_10 ;

set paper2. corrlast_10 ;

keep stkcd year corrni ;

run ;

```
data rank_accrualquality1 ;
set result2. predictabilty_residual ;
where obs > 3 ;
run ;
proc sort data = rank_accrualquality1 ;
by year ;
quit ;
proc rank data = rank_accrualquality1 group = 10 out = rank_accrualquali-
ty2 ;
by year ;
var residual ;
ranks quality_rank ;
label quality_rank = quality_rank ;
run ;
data rank_accrualquality ;
set rank_accrualquality2 ;
quality_rank = quality_rank + 1 ;
run ;
proc sql ;
create table reg_var as
select corrni_10. stkcd , corrni_10. year , corrni_10. corrni ,
rank _ accrualquality. quality _ rank , asset _ last. median _ asset , mtb _
last. median_mtb , roa_last. median_roa , lev_last. median_lev ,
opecycle_last. median_opecycle , stdsale_last2. stdsale
from
corrni_10 , rank _ accrualquality , paper2. asset _ last , paper2. mtb _ last , pa-
per2. roa_last , paper2. lev_last , paper2. opecycle_last ,
paper2. stdsale_last2
where
corrni_10. stkcd = rank _ accrualquality. stkcd = asset _ last. stkcd = mtb _
last. stkcd = roa_last. stkcd = lev_last. stkcd = opecycle_last. stkcd
 = stdsale_last2. stkcd and
corrni_10. year = rank_accrualquality. year = roa_last. year = asset_last. year =
```

```
mtb_last. year = lev_last. year = opecycle_last. year
    = stdsale_last2. year ;
    quit ;
    run ;
    data    reg1 ;
    set reg_var ;
    asset = log( median_asset) ;
    opecycle = log( median_opecycle) ;
    run ;


    proc reg data = reg1 ;
    model corrni = quality_rank asset median_mtb median_roa stdsale median_
lev    opecycle ;
    quit ;
    run ;
```
分析结果(略)

15. 4　residual (persistence) \residual (predictability)　与公司资金投向选择(growth_syn)的关系

residual (predictabilty)

```
data corrni_10 ;
set paper2. sygrowth_10 ;
keep stkcd year syni ;
run ;
data rank_accrualquality1 ;
set result2. predictabilty_residual ;
where obs > 3 ;
run ;
proc sort data = rank_accrualquality1 ;
by year ;
```

```
quit;
proc rank data = rank_accrualquality1 group = 10 out = rank_accrualquali-
ty2;
by year;
var residual;
ranks quality_rank;
label quality_rank = quality_rank;
run;
data rank_accrualquality;
set rank_accrualquality2;
quality_rank = quality_rank + 1;
run;
proc sql;
create table reg_var as
select corrni_10. stkcd, corrni_10. year, corrni_10. syni,
rank _ accrualquality. quality _ rank, asset _ last. median _ asset, mtb _
last. median_mtb, roa_last. median_roa , lev_last. median_lev,
opecycle_last. median_opecycle, stdsale_last2. stdsale
from
corrni_10, rank _ accrualquality, paper2. asset _ last, paper2. mtb _ last, pa-
per2. roa_last, paper2. lev_last, paper2. opecycle_last,
paper2. stdsale_last2
where
corrni_10. stkcd = rank _ accrualquality. stkcd = asset _ last. stkcd = mtb _
last. stkcd = roa_last. stkcd = lev_last. stkcd = opecycle_last. stkcd
= stdsale_last2. stkcd and
corrni_10. year = rank_accrualquality. year = roa_last. year = asset_last. year =
mtb_last. year = lev_last. year = opecycle_last. year
= stdsale_last2. year;
quit;
run;
data  reg1;
set reg_var;
```

```
asset = log( median_asset ) ;
opecycle = log( median_opecycle ) ;
run ;
```

```
proc reg data = reg1 ;
model syni = quality_rank asset median_mtb median_roa stdsale median_
lev  opecycle ;
quit ;
run ;
```

分析结果（略）

residual （persistence）

```
data corrni_10 ;
set paper2. sygrowth_10 ;
keep stkcd year syni ;
run ;
data rank_accrualquality1 ;
set result2. persistence_residual ;
where obs > 3 ;
run ;
proc sort data = rank_accrualquality1 ;
by year ;
quit ;
proc rank data = rank_accrualquality1  group = 10  out = rank_accrualquali-
ty2 ;
by year ;
var residual ;
ranks quality_rank ;
label quality_rank = quality_rank ;
run ;
data rank_accrualquality ;
set rank_accrualquality2 ;
quality_rank = quality_rank + 1 ;
```

```
run;
proc sql;
create table reg_var as
select corrni_10. stkcd, corrni_10. year, corrni_10. syni,
rank _ accrualquality. quality _ rank, asset _ last. median _ asset, mtb _
last. median_mtb, roa_last. median_roa , lev_last. median_lev,
opecycle_last. median_opecycle, stdsale_last2. stdsale
from
corrni_ 10, rank _ accrualquality, paper2. asset _ last, paper2. mtb _ last, pa-
per2. roa_last, paper2. lev_last, paper2. opecycle_last,
paper2. stdsale_last2
where
corrni_ 10. stkcd = rank _ accrualquality. stkcd = asset _ last. stkcd = mtb _
last. stkcd = roa_last. stkcd = lev_last. stkcd = opecycle_last. stkcd
= stdsale_last2. stkcd and
corrni_10. year = rank_accrualquality. year = roa_last. year = asset_last. year =
mtb_last. year = lev_last. year = opecycle_last. year
= stdsale_last2. year;
quit;
run;
data   reg1;
set reg_var;
asset = log( median_asset);
opecycle = log( median_opecycle);
run;

proc reg data = reg1;
model syni = quality_rank asset median_mtb median_roa stdsale median_lev
opecycle;
quit;
run;
```

分析结果(略)

15.5 residual (persistence) \residual (predictability) 与公司资金投向选择(growth_abnomal)的关系

residual (predictabilty)

```
data corrni_10;
set paper2. abnomal_growth;
year1 = substr( year,9,4) ;/ * 将数值转换成字符 * /
keep stkcd year year1 median_ni;
run;
data rank_accrualquality1;
set result2. predictabilty_residual;
where obs >3;
run;
proc sort data = rank_accrualquality1;
by year;
quit;
proc rank data = rank_accrualquality1 group = 10 out = rank_accrualquali-
ty2;
by year;
var residual;
ranks quality_rank;
label quality_rank = quality_rank;
run;
data rank_accrualquality;
set rank_accrualquality2;
quality_rank = quality_rank + 1;
run;
proc sql;
create table reg_var as
select corrni_10. stkcd,corrni_10. year1,corrni_10. median_ni,
```

```
rank _ accrualquality. quality _ rank, asset _ last. median _ asset, mtb _
last. median_mtb, roa_last. median_roa , lev_last. median_lev,
    opecycle_last. median_opecycle, stdsale_last2. stdsale
    from
    corrni_10, rank _ accrualquality, paper2. asset _last, paper2. mtb _ last, pa-
per2. roa_last, paper2. lev_last, paper2. opecycle_last,
    paper2. stdsale_last2
    where
    corrni_10. stkcd = rank _ accrualquality. stkcd = asset _ last. stkcd = mtb _
last. stkcd = roa_last. stkcd = lev_last. stkcd = opecycle_last. stkcd
    = stdsale_last2. stkcd and
    corrni _ 10. year1 = rank _ accrualquality. year = roa _ last. year = asset _
last. year = mtb_last. year = lev_last. year = opecycle_last. year
    = stdsale_last2. year;
    quit;
    run;
    data  reg1;
    set reg_var;
    asset = log( median_asset);
    opecycle = log( median_opecycle);
    run;


    proc reg data = reg1;
    model median_ni = quality_rank asset median_mtb median_roa median_lev
stdsale opecycle;
    quit;
    run;
    分析结果(略)
```

residual （persistence）

```
    data corrni_10;
    set paper2. abnomal_growth;
    year1 = substr( year,9,4);/ * 将数值转换成字符 * /
```

```
keep stkcd year year1 median_ni;
run;
data rank_accrualquality1;
set result2. persistence_residual;
where obs >3;
run;
proc sort data = rank_accrualquality1;
by year;
quit;
proc rank data = rank_accrualquality1 group = 10 out = rank_accrualquali-
ty2;
by year;
var residual;
ranks quality_rank;
label quality_rank = quality_rank;
run;
data rank_accrualquality;
set rank_accrualquality2;
quality_rank = quality_rank +1;
run;
proc sql;
create table reg_var as
select corrni_10. stkcd, corrni_10. year1, corrni_10. median_ni,
rank _ accrualquality. quality _ rank, asset _ last. median _ asset, mtb _
last. median_mtb, roa_last. median_roa, lev_last. median_lev,
opecycle_last. median_opecycle, stdsale_last2. stdsale
from
corrni_10, rank _ accrualquality, paper2. asset _ last, paper2. mtb _ last, pa-
per2. roa_last, paper2. lev_last, paper2. opecycle_last,
paper2. stdsale_last2
where
corrni_10. stkcd = rank _ accrualquality. stkcd = asset _ last. stkcd = mtb _
last. stkcd = roa_last. stkcd = lev_last. stkcd = opecycle_last. stkcd
```

```
    = stdsale_last2. stkcd and
    corrni _ 10. year1  = rank _ accrualquality. year  =  roa _ last. year  =  asset _
last. year = mtb_last. year = lev_last. year = opecycle_last. year
    = stdsale_last2. year;
    quit;
    run;
    data   reg1;
    set reg_var;
    asset = log( median_asset);
    opecycle = log( median_opecycle);
    run;


    proc reg data = reg1;
    model median_ni = quality_rank asset median_mtb median_roa stdsale me-
dian_lev opecycle;
    quit;
    run;
```

分析结果(略)

参考文献

［1］白重恩、刘俏、陆洲、宋敏、张俊喜：《中国上市公司治理结构的实证研究》，载《经济研究》2005 年第 2 期。

［2］陈汉文、林志毅、严晖：《公司治理结构与会计信息质量》，载《会计研究》1999 年第 5 期。

［3］陈晓、江东：《股权多元化、公司业绩与行业竞争性》，载《经济研究》2000 年第 8 期。

［4］陈小悦、徐晓东：《股权结构、企业绩效与投资者利益保护》，载《经济研究》2001 年第 11 期。

［5］财政部会计司编写组：《企业会计准则讲解 2006》，人民出版社 2006 年版。

［6］崔学刚：《公司治理对会计透明度的作用机理研究》，北京大学光华管理学院博士后出站报告 2007 年。

［7］方军雄：《市场化进程与资源配置效率改善》，载《经济研究》2006 年第 5 期。

［8］樊纲、王小鲁、朱恒鹏：《中国市场化指数——各地区市场化相对进程 2009 年报告》，经济科学出版社 2010 年版。

［9］高雷、张杰：《公司治理、资金占用与盈余管理》，载《金融研究》2009 年第 5 期。

［10］刘立国、杜莹：《公司治理与会计信息质量关系的实证研究》，载《会计研究》2003 年第 2 期。

［11］刘星、刘伟：《监督，抑或共谋？——我国上市公司股权结构与公司价值的关系研究》，载《会计研究》2007 年第 6 期。

［12］李青原：《会计信息质量与公司资本配置效率——来自我国上市公司的经验证据》，载《南开管理评论》2009 年第 12 期。

［13］李维安：《公司治理》，南开大学出版社 2001 年版。

［14］李维安：《演进中的中国公司治理：从行政治理到经济治理》，

载《南开管理评论》2009 年第 1 期。

[15] 林钟高、吴利娟：《公司治理与会计信息质量的相关性研究》，载《会计研究》2004 年第 8 期。

[16] 卢静、胡运权：《会计信息与管理者报酬激励契约研究综述》，载《会计研究》2007 年第 1 期。

[17] 潘琰、辛清泉：《所有权、公司治理机构与会计信息质量》，载《会计研究》2004 年第 4 期。

[18] 邱月华、曲晓辉：《是盈余稳健性还是盈余管理？来自中国证券市场的经验证据》，载《中国会计评论》2009 年第 4 期。

[19] 孙永祥、黄祖辉：《上市公司的股权结构与绩效》，载《经济研究》1999 年第 12 期。

[20] 谭劲松、郑国坚：《产权安排、治理机制、政企关系与企业效率》，载《管理世界》2004 年第 2 期。

[21] 吴建友：《论我国董事会制度对虚假财务报告的监督》，载《审计研究》2001 年第 4 期。

[22] 夏立军：《国外盈余管理计量方法述评》，载《外国经济与管理》2002 年第 10 期。

[23] 夏立军、方轶强：《政府控制、治理环境与公司价值》，载《经济研究》2005 年第 5 期。

[24] 徐莉萍、辛宇、陈工孟：《股权集中度和股权制衡及其对公司经营绩效的影响》，载《经济研究》2006 年第 1 期。

[25] 徐昕、沈红波：《银行贷款的监督效应与盈余稳健性——来自中国上市公司的经验证据》，载《金融研究》2010 年第 2 期。

[26] 赵德武：《论西方会计目标理论不同学派的会计思想——兼论我国会计理论的困惑和选择》，载《会计研究》1995 年第 4 期。

[27] 曾颖、陆正飞：《信息披露质量与股权融资成本》，载《经济研究》2006 年第 2 期。

[28] 周中胜、陈汉文：《会计信息透明度与资源配置效率》，载《会计研究》2008 年第 12 期。

[29] 朱世武：《SAS 编程技术教程》（第 2 版），清华大学出版社 2013 年版。

[30] 朱世武：《金融计算与建模：理论、算法与 SAS 程序》，清华大学出版社 2007 年版。

［31］中华人民共和国国家统计局编：《中国统计年鉴》2010 年。

［32］Ali A. , Zarowin. The Role of Earnings Levels in Annual Earnings – Returns Studies. *Journal of Accounting Research*, 1992（30）：286 – 296.

［33］American Institute of Certified Public Accountants（AICPA）. *Comprehensive Report of the Special Committee on Financial Reporting*. New York：AICPA, 1994.

［34］Bai C. , Q. Liu, J. Lu, M. Song, J. Zhang. Corporate Governance and Market Valuation in China. *Journal of Comparative Economics*, 2004（32）：599 – 616.

［35］Ball R. , Kothari S. and Robin A. The Effect of International Institutional Factors on Properties of Accounting Earnings. *Journal of Accounting and Economics*, 2000（29）：1 – 52.

［36］Ball R. , Shivakumar L. Earnings Quality in UK Private Firms：Comparative Loss Recognition Timeliness. *Journal of Accounting and Economics*, 2005（39）：83 – 128.

［37］Basu S. The Conservatism Principle and the Asymmetric Timeliness of Earnings. *Journal of Accounting and Economics*, 1997（24）：3 – 37.

［38］Beaver W. H. *An Accounting Revolution*. 2rd Edition, Englewood Cliffs, New Jersey：Prentice – Hall, 1989.

［39］Beaver W. H. *Financial Reporting：an Accounting Revolution*. 3rd Edition, Englewood Cliffs, N. Y. Prentice – Hall, 1999.

［40］Bhattacharya U. , H. Daouk, M. Welker. The World Price of Earnings Opacity. *The Accounting Review*, 2003, 78（3）：641 – 678.

［41］Biddle G. , G. Seow, A. Siegel. Relative Versus Incremental Information Content. *Contemporary1 Accounting Research*, 1995（12）：1 – 23.

［42］Biddle G. , Hilary G. Accounting Quality and Firm – Level Capital Investment. *The Accounting Review*, 2006, 81（5）：963 – 982.

［43］Biddle G. , Hilary G. , Verdi R. How Does Financial Reporting Quality Relate to Investment Efficiency? *Journal of Accounting and Economics*, 2009（48）：112 – 131.

［44］Burgstahler D. , Dichev I. Earnings Management to Avoid Earnings Decreases and Losses. *Journal of Accounting and Economics*, 1997（24）：99 – 129.

［45］ Bushman R. , Smith A. Transparency, Financial Accounting Information and Corporate Governance. *FRBNY Economic Policy Review*, 2003 (9): 65 – 87.

［46］ Bushman R. , Piotroski J. , Smith A. What Determines Corporate Transparency? *Journal of Accounting Research*, 2004 (42): 207 – 252.

［47］ Bushman R. , Q. Chen, E. Engel, A. Smith. Financial Accounting Information, Organizational Complexity and Corporate Governance Systems. *Journal of Accounting and Economics*, 2004, 37 (2): 139 – 201.

［48］ Byrd J. , Hickman K. Do Outside Directors Monitor Managers? Evidence from Tender Offer Bids. *Journal of Financial Economics*, 1992 (32): 195 – 221.

［49］ Chen J. P. , Z. Li, X. Su. Rent Seeking Incentives, Political Connections and the Control Structure of Private Firms: Chinese Evidence. *Journal of Corporate Finance*, 2005, City University of Hong Kong, and Shanghai University of Finance and Economics.

［50］ Dechow P. M. , R. Sloan, A. P. Sweeney. Detecting Earnings Management. *The Accounting Review*, 1995 (70): 193 – 225.

［51］ Dechow P. M. , I. D. Dichev. The Quality of Accruals and Earnings: the Role of Accrual Estimation Errors. *The Accounting Review*, 2002 (Supplement): 35 – 59.

［52］ Degeorge F. , Patel J. , Zeckhauser R. Earnings Manipulation to Exceed Thresholds. *Journal of Business*, 1999 (72): 1 – 33.

［53］ Easley D. , O'Hara M. Information and the Cost of Capital. *Journal of Finance*, 2004 (59): 1553 – 1583.

［54］ Engel E. , R. M. Hayes, X. Wang. CEO Turnover and Properties of Accounting Information. *Journal of Financial Economics*, 2003 (36): 197 – 226.

［55］ Fan J. , T. J. Wong, T. Zhang. Politically Connected Ceos, Corporate Governance and Post'Ipo Performance of China's Partially Privatized Firms. *Journal of Financial Economics*, 2007a (84): 265 – 590.

［56］ Fan J. , T. J. Wong, T. Zhang. Organizational Structure as a Decentralization Device: Evidence from Corporate Pyramids. Working Paper, 2007b, Chinese University of Hong Kong, and City University of Hong Kong.

[57] Francis J. R. , K. Schipper, L. Vincent. The Relative and Incremental Explanatory Power of Earnings and Alternative (to Earnings) Performance Measures for Returns. *Contemporary Accounting Research*, 2003 (20): 121 – 164.

[58] Francis J. , R. LaFond, P. M. Olsson, K. Schipper. Cost of Equity and Earnings Attribute. *The Accounting Review*, 2004, 70 (4), 967 – 1010.

[59] Francis J. R. , Huang S. , Khurana I. K. , Pereira R. Does Corporate Transparency Contribute to Efficient Resource Allocation? *Journal of Accounting Research*, 2009 (47): 943 – 989.

[60] Fudenberg D. , J. Tirole. A Theory of Income and Dividend Smoothing Based on Incumbency Rents. *Journal of Political Enconomy*, 1995 (103): 75 – 93.

[61] Givoly D. , C. Hayn. The Changing Time – Series Properties of Earnings, Cash Flow and Accruals: Has Financial Reporting Become More Conservative? *Journal of Accounting and Economics*, 2000 (29): 287 – 320.

[62] Graham J. , C. Harvey, S. Rajgopal. Financial Reporting Policies: Evidence from The Field. Working Paper, 2003, Duke University and University of Washington.

[63] Healy P. The Effect of Bonus Schemes on Accounting Decisions. *Journal of Financial Economics*, 1985 (7): 85 – 107.

[64] Hermalin B. , Weisbach, M. The Effects of Board Compensation and Direct Incentives on Firm Performance. *Financial Management*, 1991 (20): 101 – 112.

[65] Himmelberg C. P. , Hubbard R. G. , Palia D. Understanding the Determinants of Managerial Ownership and the Link Between Ownership and Performance. *Journal of Financial Economics*, 1999 (53): 353 – 384.

[66] Jensen M. , Meckling W. Theory of the Firm: Managerial Behavior, Agency Costs and Ownership Structure. *Journal of Financial Economics*, 1976 (3): 305 – 360.

[67] Jones, Jennifer. Earnings Management During Import Relief Investigation. *Journal of Accounting Research*, 1991, 29 (2): 193 – 228.

[68] Klein A. Audit Committee, Board Of Director Characteristics, and

Earnings Management. *Journal of Accounting and Economics*, 2002 (33): 375 – 400.

[69] Kole S. Measuring Managerial Equity Ownership: a Comparison of Sources of Ownership Data. *Journal of Corporate Finance*, 1995 (1): 413 – 435.

[70] La Porta R. , F. Lopez-de – Silanes A. Shleifer, and R. Vishny. Law and Finance. *Journal of Political Economy*, 1998 (106): 1113 – 1155.

[71] La Porta R. , F. Lopez-de – Silanes, A. Shleifer. Corporate Ownership Around the World. *Journal of Finance*, 1999 (54): 471 – 517.

[72] Larcker D. F. , Richardson S. A. , Tuna I. Corporate Governance, Accounting Outcomes, and Organizational Performance. *The Accounting Review*, 2007, 82 (4): 963 – 1008.

[73] Lev B. Some Economic Determinants of the Time – Series Properties of Earnings. *Journal of Accounting and Economics*, 1983 (5): 31 – 38.

[74] Leuz C. , D. Nanda, P. Wysocki. Earnings Management and Investor Protection: An International Comparison. *Journal of Financial Economics*, 2003 (69): 505 – 527.

[75] Liu Q. , Lu Z. Corporate Governance and Earnings Management in the Chinese Listed Companies: a Tunneling Perspective. *Journal of Corporate Finance*, 2007 (13): 881 – 906.

[76] McConnell J. , Servaes H. Additional Evidence on Equity Ownership and Corporate Value. *Journal of Financial Economics*, 1990 (27): 595 – 612.

[77] Morck R. , Shleifer A. , Vishny R. W. Management Ownership and Market Valuation: an Empirical Analysis. *Journal of Financial Economics*, 1988 (20): 293 – 315.

[78] Morck R. , Yeung B. , Yu W. The Information Content of Stock Markets: Why do Emerging Markets Have Synchronous Stock Price Movements? *Journal of Financial Economics*, 2000 (58): 215 – 260.

[79] Myers S. C. , Majluf N. Corporate Financing and Investment Decisions When Firms Have Information that Investors do Not Have. *Journal of Financial Economics*, 1984 (13): 187 – 221.

[80] Parker S. The Association Between Audit Committee Characteristics and the Conservatism of Financial Reporting. Working Paper, 2000, Santa Clara

University.

［81］ Penman S. , X - J. Zhang. Accounting Conservatism, the Quality of Earnings and Stock Returns. *The Accounting Review*, 2002 (77): 237 -264.

［82］ Pope P. , M. Walker. International Differences in the Timeliness, Conservatism and Classification of Earnings. *Journal of Accounting Research*, 1999, 37 (supplement): 53 -99.

［83］ Revsine L. , D. Collins, B. Johnson. Financial Reporting and Analysis. Second Edition, Upper Saddle River, 2002, NJ: Prentice - Hall.

［84］ Richardson S. Earnings Surprise and Short Selling. *Accounting Horizons*, 2003, 17 (supplement): 49 -61.

［85］ Roll R. R². *Journal of Finance*, 1988 (43): 541 -566.

［86］ Rosenstein S. , Wyatt J. Outside Directors, Board Independence and Shareholder Wealth. *Journal of Financial Economics*, 1990 (26): 175 - 191.

［87］ Sun Q. , H. S. Tong. China Share Issue Privatization: the Extent of Its Success. *Journal of Financial Economics*, 2003 (70): 183 -222.

［88］ Teoh S. H. , Welch I. , Wong T. J. Earnings Management and the Underperformance of Seasoned Equity Offerings. *Journal of Financial Economics*, 1998a (50): 63 -99.

［89］ Teoh S. H. , Welch I. , Wong T. J. Earnings Management and the Underperformance of Initial Public Offerings. *Journal of Finance*, 1998b (53): 1935 -1974.

［90］ Trueman B. , S. Titman. An Explanation for Accounting Income Smoothing. *Journal of Accounting Research*, 1988, 26 (supplement): 127 - 139.

［91］ Tian L. Government Shareholding and the Value of China's Modern Firms. William Davidson Institute Working Paper, 2001, No. 395, University of Michigan Business School.

［92］ Xie B. , Davidson Ⅲ W. N. , DaDalt P. J. Earnings Management and Corporate Governance: the Role of the Board and the Audit Committee. *Journal of Corporate Finance*, 2003 (9): 316 -956.

［93］ Xu X. , Y. Wang. Ownership Structure and Corporate Governance in Chinese Stock Companies. *China Economic Review*, 1999 (10).

［94］ Wurgler J. Financial Markets and the Allocation of Capital. *Journal of Financial Economics*, 2000 （58）: 187 – 214.

［95］ Yuji ljiri. *Theory of Accounting Measurement*, 1975, Sarasota, Florida: American Accounting Association.

［96］ Yermack D. Higher Market Valuation for Firms With a Small Board of Directors. *Journal of Financial Economics*, 1996 （40）: 185 – 211.